U0590577

后土地财政时代辽宁 财政问题研究

邢文妍　著

辽 宁 大 学 出 版 社

图书在版编目（CIP）数据

后土地财政时代辽宁财政问题研究/邢文妍著. ——
沈阳：辽宁大学出版社，2014.6
ISBN 978-7-5610-7696-5

Ⅰ.①后…　Ⅱ.①邢…　Ⅲ.①地方财政－研究－辽宁
省　Ⅳ.①F812.731

中国版本图书馆 CIP 数据核字（2014）第 115524 号

出　版　者：辽宁大学出版社有限责任公司
　　　　　　（地址：沈阳市皇姑区崇山中路 66 号　　邮政编码：110036）
印　刷　者：鞍山新民进电脑印刷有限公司
发　行　者：辽宁大学出版社有限责任公司
幅面尺寸：148mm×210mm
印　　张：9.25
字　　数：260 千字
出版时间：2014 年 6 月第 1 版
印刷时间：2014 年 7 月第 1 次印刷
责任编辑：贾海英
封面设计：韩　实
责任校对：刘玲瑞

书　　号：ISBN 978-7-5610-7696-5
定　　价：26.00 元

联系电话：024－86864613
邮购热线：024－86830665
网　　址：http://www.lnupshop.com
电子邮件：lnupress@vip.163.com

目　　录

第一篇　辽宁财政发展问题概述

第三篇　辽宁财政支持地方金融发展研究

第四篇　辽宁财政预算绩效改革与监督研究

第一篇 辽宁财政发展问题概述

第一章　深化财税体制改革背景下辽宁公共财政体系解析

党的十八大报告提出，要加快改革财税体制，完善公共财政体系。近年来，辽宁积极推进财税体制改革，取得了阶段性成果，但是在政府间财政分配体系、地方税体系建设以及公共支出管理等方面还存在较多问题。本章从优化政府间财政分配体系、有效发挥政府职能，完善地方税体系、壮大地方税收收入，强化公共财政支出管理、提高财政绩效三方面有针对性地提出了完善辽宁公共财政体系的政策建议。

一、深化财税体制改革的政策背景分析

（一）党的十八届三中全会"公报"和"决定"对财政体制改革内容的描述

1. "公报"关于财税体制改革相关内容的描述

党的十八届三中全会指出，要紧紧围绕使市场在资源配置中起决定性作用深化经济体制改革，坚持和完善基本经济制度，加快完善现代市场体系、宏观调控体系、开放型经济体系，加快转变经济发展方式，加快建设创新型国家，推动经济更有效率、更加公平、更可持续发展。全会指出，经济体制改革是全面深化改革的重点，核心问题是处理好政府和市场的关系，使市场在资源配置中起决定性作用和更好发挥政府作用。全会提出财政是国家治理的基础和重

要支柱，科学的财税体制是优化资源配置、维护市场统一、促进社会公平、实现国家长治久安的制度保障。必须完善立法、明确事权、改革税制、稳定税负、透明预算、提高效率，建立现代财政制度，发挥中央和地方"两个积极性"。要改进预算管理制度，完善税收制度，建立事权和支出责任相适应的制度。

2. "决定"关于财税体制改革相关内容的描述

财政是国家治理的基础和重要支柱，科学的财税体制是优化资源配置、维护市场统一、促进社会公平、实现国家长治久安的制度保障。现行财税体制是在1994年分税制改革的基础上逐步完善形成的，对实现政府财力增强和经济快速发展的双赢目标发挥了重要作用。随着形势发展变化，现行财税体制已经不完全适应合理划分中央和地方事权、完善国家治理的客观要求，不完全适应转变经济发展方式、促进经济社会持续健康发展的现实需要，我国经济社会发展中的一些突出矛盾和问题也与财税体制不健全有关。本次财税体制改革，主要涉及改进预算管理制度、完善税收制度、建立事权和支出责任相适应的制度等，主要目的是明确事权、改革税制、稳定税负、透明预算、提高效率，加快形成有利于转变经济发展方式、有利于建立公平统一市场、有利于推进基本公共服务均等化的现代财政制度，形成中央和地方财力与事权相匹配的财税体制，更好地发挥中央和地方"两个积极性"。

（二）深化财税体制改革政策解读

1. 深化税制改革的必要性和紧迫性

1994年，按照建立社会主义市场经济体制的要求，我国实施了新中国成立以来规模最大、内容最丰富、影响最深刻的一次税制改革，形成了现行税制的基本框架。进入21世纪，特别是党的十六大以来，按照"简税制、宽税基、低税率、严征管"的原则，进一步调整和完善了税制，包括全面取消农业税、统一内外资企业所得税、推行增值税转型改革、顺利实施成品油税费改革；同时，改革出口退税制度、开展营业税改征增值税改革试点、稳步推进房产税改革试点和资源税改革等，初步形成了与社会主义市场经济体制基本适应的多税种、多环节、多层次调节的复合税收体系，为促进我国经济社会持续快速发展发挥了重要作用。但是，现行税收制度在推动科学发展、实现公平正义、促进统一市场建设和依法治税等方面，还存在诸多不完善的地方。

首先是税制结构不够完善。比如，税种功能交叉重叠与调节缺位并存。在增值税征收过程中，不动产尚未纳入抵扣范围，对货物和劳务分别征收增值税和营业税，存在重复征税现象；在资源环境约束日益趋紧的形势下，反映要素稀缺、供求关系、环境损害程度的环境税制度尚未建立。

其次是税收调节分配的功能偏弱。主要表现在：消费税范围较窄、税率偏低、环节单一，调节收入和引导消费的功能未能有效发挥；房产税、城镇土地使用税计税依据不合理、免税范围较大，减弱了税收调节财富分配的功能；个人所得税实行分项征收，未能体现量能负担原则，导致税负不公。

最后是税收法治化程度亟待提高。比如，现行税收优惠政策过多、惩罚较少，出于宏观调控考虑的短期安排较多，着眼于制度建设的长期安排较少，尤其是区域性税收优惠政策过多过滥。又如，征管体制有待完善。当前企业所得税由国税和地税机关分别征收，一些地方掌握政策尺度不同，税政与税基核定不一致。

2. 深化税制改革的目标取向

深化税制改革要依据"五位一体"总布局、总要求，改革税收制度，优化税制结构，推进依法治税，理顺国家与企业、国家与个人之间的税收分配关系，在保持宏观税负总体稳定的基础上，充分发挥税收筹集财政收入、调节分配、促进结构优化的职能作用，加快形成有利于科学发展、社会公平、市场统一的税收制度体系。要更大程度、更广范围发挥市场在资源配置中的决定性作用，为完善社会主义市场经济体制和全面深化改革开放奠定更加科学有效、适应性更强的税制基础。

一是优化税制结构。随着经济社会发展水平变化和征管条件改善，促进直接税和间接税比例的调整，进一步提高所得税、持有环节不动产税的收入比重；健全地方主体税种，调动地方组织收入的积极性，增强自主性；明确和规范税制要素，税制设计尽可能简单透明，以降低税收成本，减少自由裁量权，规范征管秩序。科学划分中央税、共享税和地方税，合理配置各级政府税收收入归属权。

二是完善调节功能。通过改进和完善税收政策，引导地方政府更多地关注经济发展质量；坚持税收"取之于民、用之于民"基本理念，正确处理经济效率与社会公平之间的关系；建设全国统一公平市场，逐步消除现行税制存在的对不同市场主体的税收不平等待遇，促进自由竞争和要素充分流动，进一步激发市场主体活力。

三是稳定宏观税负。要强化税收筹集财政收入的功能作用，也要保持宏观税负相对稳定。因此，改革要税费联动、有减有增，兼顾需要与可能，既要考虑保障国家发展和人民对公共服务的需要，保持财力适度增长，又要充分考虑企业、个人的承受能力，将税收负担水平控制在合理范围之内。同时，解决以费代税造成的税费功能叠加问题，实现税费功能归位，规范政府收入秩序。

四是推进依法治税。规范税收优惠政策管理，在法律规定范围内赋予地方必要的税权。要严格税收征管，维护国家税法的统一、尊严和权威，推动形成科学立法、严格执法、全民守法的依法治税新局面。

3. 深化税制改革的主要任务

深化税制改革要建立规范的现代增值税制度，进一步发挥消费税调节功能，加快资源税从价计征改革，加快推进房产税制度改革，建立健全综合与分类相结合的个人所得税制度，开征环境保护税，加强和改进税收优惠政策设定，完善国税、地税征管体制。

第一，建立规范的现代增值税制度。近期，在交通运输业和部分现代服务业全面推行"营改增"基础上，逐步将邮电通信业、铁路运输业、建筑、房地产业、金融和生活服务业等纳入改革序列。综合考虑财力许可等因素，可以逐步将不动产纳入增值税抵扣范围，进一步让利于市场主体和纳税人。

第二，进一步发挥消费税调节功能。适当扩大并调整消费税征收范围，把高耗能、高污染产品及部分高档消费品纳入征收范围，放大消费税引导合理消费行为的作用。研究将消费税由目前主要在生产（进口）环节征收改为主要在零售或批发环节征收。

第三，加快资源税从价计征改革。目前，原油、天然气资源税从价计征改革已在全国范围内实施，部分金属和非金属矿资源税从价计征改革试点也在部分地区实施。下一步改革的重点是，推进煤炭资源税从价计征改革，清理取消相关收费基金，适当提高从量计征的资源品目的税额，逐步扩大资源税征收范围。

第四，加快推进房产税制度改革。要在认真总结上海、重庆等地试点经验的基础上，完善政策、科学决策，逐步建立统一完整的房地产税制度。

第五，建立健全综合与分类相结合的个人所得税制度。当前我国改革的重点应是适当合并相关税目，形成合理税率，完善税前基本扣除，加快完善个人所得税征管配套措施。

第六，开征环境保护税。我国开征环境保护税条件日趋成熟，要尽快将现行排污收费改为征税，开征独立的环境保护税，促进形成节约能源资源、保护生态环境的发展方式和消费模式。

第七，加强和改进税收优惠政策设定。加强对税收优惠特别是区域税收优惠政策的规范管理。对执行到期的应彻底终止不再延续，对未到期限的要明确政策终止的过渡期，对带有试点性质且具有推广价值的，应尽快在全国范围内实施。区域发展规划应与税收优惠政策脱钩，同时，严格禁止各种越权税收减免。

第八，完善国税、地税征管体制。进一步加强税收征管，积极构建以明晰征纳双方权利义务为前提，以风险管理为导向，以重点税源管理为着力点，以信息化建设为支撑的现代税收征管体系。

二、辽宁深化财税体制改革取得的成效

（一）财政收入持续增长，财政运行基础坚实

辽宁财政收入规模继续扩大，呈现出增长的态势。如表 1 所示，从总量来看，2012 年辽宁财政一般预算收入突破 3000 亿元的大关，实现 3106.4 亿元，较 2010 年的 2004.8 亿元，增长了54.9％，位居全国第 7 位；从财政收入占 GDP 的比重来看，由2010 年的 10.8％增长到 2012 年的 12.5％，再上升到 2013 年上半年的 14.4％，创出了分税制改革以来的新高点，这表明辽宁财政实力不断提升，财政运行基础坚实。

表 1 辽宁公共预算收支完成情况

年份	财政预算收入					财政预算支出			
	总量（亿元）	位次	占 GDP 的比重（％）	增长（％）	位次	总量（亿元）	位次	增长（％）	位次
2010	2004.8	7	10.8	26	13	3194.4	8	19.1	19
2011	2643.2	7	11.9	31.8	13	3905.9	7	22.2	26
2012	3106.4	7	12.5	17.5	19	4558.6	6	16.7	19
2013 上半年	1776	7	14.4	5.7	29	2135.83	6	13.8	12

资料来源：《辽宁统计年鉴 2013》整理而得

从财政收入的结构来看，辽宁积极优化财政收入结构，强化税源建设，运用信息化手段，使得税收收入保持了较快的增长态势，主要税种贡献的财政收入增加，税收收入保持了较快的增长态势。由表 2 可知，近年来税收收入占财政收入的比重一直维持在 75％左右；2010 年至 2012 年，税收收入的平均增速为 25.2％，略高于同期财政一般预算收入的增速，但 2013 年上半年增速有所下降，仅比上年同期增长 8.6％。2012 年税收收入 2317.2 亿元，主要税

种的贡献为：营业税 606.5 亿元，同比增长 9％；企业所得税
242.4 亿元，同比增长 6.7％；城镇土地使用税 221.9 亿元，同比
增长 52.3％。

表2　　　　　　　辽宁财政一般预算收入结构情况

年份	税收收入（亿元）	增长（％）	占财政收入的比重	非税收入（亿元）	增长（％）	占地方财政的比重（％）
2010	1516.7	28.1	75.7	488.1	19.9	24.3
2011	1974.9	30.2	75	668.3	36.9	25
2012	2317.2	17.3	74.6	788.19	17.94	25.4
2013 上半年	1322.5	8.6	74.5	453.5	−1.8	25.5

资料来源：《辽宁统计年鉴》整理而得

（二）财政支出结构趋于合理，"三农"和民生支出成为重点

辽宁省不断优化财政支出结构，刚性支出、法定支出、重点支
出得到有力保障，切实用于保障和改善民生的重点项目上。从财政
支出总规模来看，由表 1 可知，2012 年财政一般预算支出 4558.6
亿元，较 2010 年的 3194.4 亿元，增长了 42.7％，支出总量在全
国排名第 6 位。从财政支出结构来看，2012 年主要支出项目完成
情况是：教育 728.8 亿元，占比 16％，同比增长 33.9％；社会保
障和就业 727.7 亿元，占比 16％，增长 10.7％；农林水事务 405
亿元，占比 9％，增长 23％；医疗卫生 200.2 亿元，占比 4.4％，
增长 10％；科学技术 101.2 亿元，占比 2.2％，增长 16.1％；节
能环保 93.3 亿元，占比 2％，增长 25％。

辽宁坚持工业反哺农业，不断加大"三农"投入力度。2010
年到 2012 年，一般预算支出中的农林水事务支出的增速均高于同
期财政一般预算支出的平均增速。例如，2012 年农林水事务支出
为 405 亿元，同比增长 23％，高于一般预算支出增速 6.3 个百分
点。与此同时，辽宁财政更加注重对"支农"结构的调整，重点支
持现代农业发展和保障粮食安全，水利改革发展，以及支持农产品

深加工项目。2012 年投入 73 亿元用于落实各项惠农补贴和农村金融奖补政策；投入 59.9 亿元用于支持现代农业的发展。在支农政策的带动下，农民收入有了大幅度提升，2012 年辽宁省农民人均纯收入达到历史最高点 9384 元，比全国平均水平 7917 元高出 1467 元，绝对额排名在全国 31 个省份中列第 9 位。

在保障和改善民生方面，对教育事业发展、就业工作、养老保险制度建设、医疗卫生体制改革等投入加大。充分体现了公共财政向民生倾斜的特点。其中，在支持教育事业发展方面，2012 年省财政投入 24.7 亿元用于支持学前教育和义务教育等基础教育发展；在促进就业方面，2012 年投入 38.4 亿元用于推进就业与再就业，促使全年新增实名制就业 81.9 万人；在养老保险制度建设方面，投入 15.9 亿元用于全面实施新型农村社会养老保险和城镇居民社会养老保险；在医疗卫生体制改革方面，投入 6.8 亿元用于完善基层医疗卫生机构补偿机制，不断提升基层医疗机构服务能力；在保障性住房建设方面，投入 58.6 亿元用于保障性安居工程和扶贫工程。据统计，2012 年在改善民生上的支出为 3206.4 亿元，同比增长 20%，高于财政一般预算支出增幅 3.3 个百分点，占财政一般预算支出的比重达到了 70.3%。

（三）财税政策不断健全，经济结构调整继续深入

辽宁通过财政补贴、贴息、债券、减免税费等手段，积极推动经济结构调整，促进经济健康协调发展。一方面，落实稳定增长的各项财政税收政策，2012 年辽宁省财政投入 382 亿元，引导社会投资向民生工程等社会发展的薄弱环节倾斜。另一方面，积极支持经济结构调整，转变发展方式。其中，在支持实施区域发展战略方面，2012 年投入 28 亿元支持三大区域发展战略；在支持实施"五项工程"方面，2012 年投入 41.1 亿元加快推进科技创新，深化国有企业改革；在支持服务业方面，2012 年投入 11.1 亿元重点支持服务业聚集区和商贸物流业发展；在支持生态环境建设方面，2012 年投入 24.4 亿元促进循环经济发展，投入 125.9 亿元用于生态环

保工程建设。

（四）财税改革稳步推进，公共财政体系不断健全

在财政体制改革方面，积极建立财权与事权相匹配的财政运行机制，完善省以下财政体制，健全县级基本财力保障机制。2012年，为了进一步增强县级政府财政实力，下达转移支付补助资金156.1亿元；用于落实支持县域经济发展的各项补助政策投入6.9亿元。在各级财政支持下，2012年，辽宁44个县（市）公共财政收入达到875亿元，同比增长24.6%，占全省的比重达到28.2%，比上年提高2个百分点。

在税制改革方面，积极推进结构性减税，充分发挥税收对经济的调节和推动作用。2013年8月，辽宁在八大行业实施"营改增"改革工作，据统计，2013年辽宁在实施"营改增"、落实提高小微企业增值税和营业税起征点政策以及取消和减免收费方面，共减轻企业和居民负担19.4亿元。[①]

在预算制度改革方面，预算科学化、精细化管理水平不断提高，预算公开力度加大。"全口径"预算编制工作积极探索推进，在部门预算、国库集中支付制度、政府采购制度、非税收入收缴管理等方面的改革不断深入。在2009年财政部下发的《财政支出绩效评价管理暂行办法》的引领下，辽宁财政绩效评价体系不断完善，绩效评价范围和规模逐年扩大。2005年辽宁率先在全国启动了"阳光财政"建设，现在已经初步构建起财政信息公开制度、民主决策制度以及监督制约制度和绩效考评制度，提高了财政政策和收支预算的透明度。

---

① 黄琳. 辽宁省2013年公共财政收入3337亿元，增长7.5% [N]. 辽宁日报，2014-01-02.

三、辽宁公共财政体系存在的主要问题

（一）政府间财权与事权不匹配，转移支付不够规范

1994 年实行分税制改革后，中央财政收入比重偏高，但事权责任却更多地由地方财政承担。例如，2012 年我国地方财政收入占全国财政收入的比重为 52.1％，而地方政府财政支出占全国政府支出的比重却高达 85.1％。对于辽宁来说，近年来财政收入增长乏力，而财政支出却刚性攀升，收支缺口逐年扩大。由表 1 可知，从绝对值来看，2010 年财政收支的缺口为 1189.6 亿元，2011 年扩大为 1262.7 亿元，2012 年再扩大到 1452.2 亿元。从增速来看，虽然 2010 年至 2012 年辽宁财政收入的增速略大于财政支出的增速，但 2013 年上半年财政收入的增速远小于财政支出的增速，财政收支矛盾进一步加剧。

辽宁省以下各级政府之间财力划分比例、事权责任以及规范等问题也没有清晰界定，县乡财政仍然困难。2007 年我国进行了政府收支分类改革，但省以下财政并未随着此次改革明确划分事权和财权，造成了地方财政过分依赖上级拨款的现象。而且辽宁县乡财政本身肩负着基层的财力分配，县乡财政供养的人数多，财政支出的范围广，随着民生支出等政策性财政支出的快速增长，财政支出压力进一步加大。例如，"三农"支出除中央的资金支持外还需要地方政府填补配套资金，这就加大了县乡财政压力。

政府间转移支付不够规范，没有形成稳定长效的机制。2012 年中央一般性转移支付预算数为 22526.19 亿元，占比 56.4％；专项转移支付预算数为 17386.26 亿元，占比 44.6％。[①] 虽然转移支

---

① 财政部．关于 2012 年中央对地方税收返还和转移支付预算的说明［EB/OL］．www.yss.mof.gov.vn，2012－01－14.

付有效地弥补了地方财力的不足，但是指定用途的专项转移支付占比偏多，存在较多弊端。这种转移支付方式，首先会影响地方的预算自主权，无法有效发挥地方政府因地制宜、统筹安排资金的优势；其次，专项转移支付种类项目繁多，存在项目设置交叉重复、资金投向分散、整合使用相关资金较为困难等问题，这就进一步加剧了县乡财政负担；最后，这种转移支付方式造成了财政资金的分配权过度集中于中央和省级政府，容易滋生各种寻租和腐败行为。

（二）地方税体系有待完善，主体税种不突出

辽宁地方税体系不尽完善，财政收入增长乏力。从财政收入来看，辽宁财政收入增速放缓态势明显，"十一五"时期，辽宁财政一般预算收入年均增速达到24.3％，2012年下滑到17.5％，2013年上半年仅为5.7％（见表1）。从税收收入来看，辽宁财政收入中税收收入比重偏低，财政收入结构不合理。近年来，辽宁税收收入占财政收入的比重一般维持在75％左右，而2012年全国税收收入占财政收入的比重为86％，深圳税收收入占财政收入的比重为90％，在多数国家税收收入占财政收入的比重都超过了90％。

辽宁非税收入占比偏高，严重影响了地方财政收入的质量。由于地方财政困难，促使地方政府通过土地出让等形式获得更多的非税收入。2012年辽宁非税收入占财政一般预算收入的25.4％，远高于全国同期14％的水平。由表2可知，2010年至2012年非税收入的平均增速为24.9％，而且2011年和2012年，非税收入的增速均高于同期税收收入的增速。因为非税收入具有受到限制少、极易膨胀和难以统筹安排使用的特点，所以非税收入比重越大，财政运行中不稳定因素越多，地方政府运行的规范性越差，社会承担的隐性负担越重。辽宁非税收入的不合理比重必然会给经济的健康可持续运行带来风险。

辽宁税收覆盖面狭窄，地方主体税种缺失。由于地方税收入规模相对较小，地方主体税种缺失，所以财政收入更易受到国家税收调整变化的影响。2012年辽宁地区各项税收合计4646.47亿元，地方税税收 2317.2 亿元，占总税收的 49.9%，其中营业税收入 606.49 亿元，占地方税收入的比重为 26.2%，城镇土地使用税 221.92 亿元，资源税 109.3 亿元，房地产税 64.17 亿元，由此可见，除营业税外，其他地方税种的税收收入占比较低。2013 年"营改增"结构性减税的实施，使原有的营业税税源逐步纳入增值税的征收范围，这意味着辽宁最主要的地方税种也变成了分成模式。而目前辽宁也没有建立与不动产保有环节相关的各种财产性税种，所以地方主体税种的缺失严重影响了辽宁税收收入的长效增长。

（三）公共支出管理不够完善，预算管理仍需加强

公共财政支出管理有待改进，财政支出结构仍需优化。一是教育支出投入仍需加大，2012 年辽宁财政一般预算内教育支出 728.8 亿元，占辽宁生产总值的比重为 3%，仍然没有实现财政性教育支出占生产总值比重 4% 的目标；二是医疗卫生投入较低，2012 年财政性医疗卫生支出 200.2 亿元，占一般预算支出的比重为 4.4%，同比增长 10%，此指标不仅占比较低，而且增速也低于一般预算支出的平均增速；三是民生支出仍有提高空间，2012 年辽宁民生支出为 3206.4 亿元，占财政一般预算支出的比重达到了 70.3%，而同期江苏省民生支出 5314.31 亿元，占财政一般预算支出的 75.6%，所以辽宁省民生支出仍有继续提高的空间。

在预算管理领域，辽宁预算管理的基础工作仍然薄弱。目前存在的主要问题是预算编制和执行的科学化、精细化程度仍需提升，预算的完整性、透明性离社会公众的期望还有一定的差距。这样就无法充分发挥地方人大和社会各界对预算的监督功能，降低了政府的公信力。另外，预算绩效评价体系不够完善，绩效评估的范围、方法和内容有待进一步改进，预算绩效评估目前还没能覆盖全部财政支出。

四、深化财税体制改革，完善辽宁公共财政体系的政策建议

（一）优化政府间财政分配体系，有效发挥政府职能

优化财政分配体系，重点放在适度加强中央事权和支出责任，深化省以下分税制改革，以及完善转移支付机制上，更好地发挥政府职能。

第一，优化政府间财政分配关系，要适度加强中央事权和支出责任。在中央对地方、省对市县实行的分税制财政体制保持基本稳定的前提下，合理划分中央与地方、地方各级政府的财权和事权，适度加强中央事权和支出责任，这样才能从根本上解决土地财政、融资平台等关键问题，优化政府间财政分配关系。

第二，优化财政分配体系，要深化省以下分税制改革。对于辽宁省来说，要深化省以下分税制改革，推进"省直管县，乡财县管"等改革措施，减少财政级次，提高资金使用效率，增强县乡财政实力。例如，适当降低与土地、房产直接相关的税种收入中市县财政的分享比例；调整优化土地出让金收入分配，集约利用土地资源等。

第三，优化财政分配体系，要完善转移支付制度。一方面，要调整优化转移支付结构，提高一般性转移支付比重到50%以上，通过转移支付手段调节不同地区之间、上下级政府间的财力分配，弥补地方政府履行地方事权存在的财力不足；另一方面，要严格控制新增专项转移支付项目，对现有专项转移支付项目进行全面梳理和分类，以此缓解县乡财政困境，提高基层政府公共服务的能力，实现城乡协调发展。

（二）完善地方税体系，壮大地方税收收入

完善地方税体系，就需要继续实施和优化结构性减税，培育地方主体税种，并加强税收的征收管理，以此不断壮大地方税收收入。

第一，继续实施和优化结构性减税，推进税制改革。辽宁已经开始在八大行业实施"营改增"试点，随着改革效应的逐步显现，可以适时扩大"营改增"的行业范围，例如，将邮电通讯、铁路运输、建筑安装等行业纳入试点范围，最终实现全行业和全区域覆盖，避免重复征税，促进民间投资。另外，面对"营改增"后地方财力减少的现状，可以调整增值税分成比例，建议改为五五分成，弥补地方财力缺口。

第二，培育地方主体税种，完善地方税收体系。随着结构性减税的深入，地方税收收入增速降低，培育地方主体税种势在必行。首先，作为地方主体税种，应该具有税基宽、税源丰富、增长潜力大、便于地方征管的特点，而资源税、房地产税、车船税具有以上特点，是地方主体税种的优选对象，而且这三种税也是国外许多国家地方税的主体。其次，建议适时征收物业税，因为物业税与现行的房产税不同，是对房屋的公允价值课税，这样既为地方政府提供了长期可持续的财政收入来源，而且又有助于为过热的房地产市场降温，推动经济社会和谐发展。最后，建议赋予省一级政府必要的税收立法权和税收优惠权。地方政府可以根据地理位置、资源禀赋、产业结构等实际情况，因地制宜地作出相关税收决策，巩固地方税源。

第三，加强税收的征收管理，确保税收足额及时入库。首先，加强税收执法，严格控制减免税，坚决制止和纠正越权减免税和擅自出台先征后返政策等变相减免税行为，特别是要加强对区域税收优惠的规范管理，维护税收政策的公平性和权威性。其次，完善非税收入收缴管理。近年来，辽宁省非税收入增长迅速，所占比例也较大，所以规范非税收入的收缴管理迫在眉睫。要建立统一的非税

收入收缴管理体系，将所有执收单位和所有非税收入项目全部纳入非税收入收缴改革范围，统一全省非税收入收缴数据，实行非税收入自动分成。最后，加大对中小微型企业的税收减免。通过税收政策鼓励中小微企业做大做强，加大对科技开发税收优惠的力度，并通过降低税率、加速折旧、设备投资抵免、再投资退税等多种形式，减轻中小企业税费负担，提高中小企业竞争力。

（三）强化公共财政支出管理，提高财政绩效

强化公共财政支出管理，就是要优化财政支出结构，完善各项财政优惠政策，推动预算管理改革，健全财政支出绩效评价制度，不断提高财政绩效。

第一，优化财政支出结构，促进以改善民生为重点的社会转型。首先，健全财政投入保障机制，支持教育优先发展。继续贯彻落实国家和省中长期教育改革和发展规划纲要，逐步提高财政性教育经费支出占国内生产总值比例达到 4%。其次，完善社会保障制度。加大财政投入，支持加快建立覆盖城乡居民的社会保障体系，消除广大群众在养老、医疗等方面的后顾之忧。大力支持保障性住房建设，健全财政扶持政策，完善住房保障政策体系。再次，支持医疗卫生体制改革。深化医药卫生体制改革，加快建立覆盖城乡居民的基本医疗卫生制度，支持全面实施"五项重点改革"。最后，加大调整居民收入分配力度。充分发挥财政在收入分配中的调控职能作用，大力调整国民收入分配结构，提高中低收入者、退休人员收入水平，提高扶贫标准，最低工资标准和重点优抚对象待遇水平，切实减轻困难群众的负担。

第二，完善各项财政优惠政策，以经济增长带动经济结构调整。首先，重点支持现代产业体系建设，通过各项财政政策，全面实施工业"五项工程"，促进产业集群发展，提高工业核心竞争力和综合实力。其次，支持国有企业深化改革和鼓励民营企业发展。进一步探索国有资本退出渠道和退出方式，筹措资金妥善解决留存企业内外债务和职工安置等历史遗留问题，并推动企业兼并重组，

鼓励民营企业、外资企业等各类投资主体参与企业改革重组。再次，支持三大区域发展战略。进一步完善沿海经济带产业项目贴息等财政政策，推动沈阳经济区同城化和一体化建设，加大对辽西北地区产业园区、产业项目和生态环境建设的投入力度。最后，支持节能环保建设，增强可持续发展能力。贯彻落实鼓励节能减排财税政策，加快淘汰落后生产能力，保护环境，发展循环经济。

第三，推动预算管理改革，切实提高财政管理绩效。首先，要全面推进"全口径"预算的编制，使预算编制更加科学化、精细化，在原有预算基础上编制综合预算，全面反映政府的各项收支情况和管理活动。其次，加强对预算的监督，提高财政管理绩效。通过增强审计部门的能力建设，充分发挥其对财政资金绩效的审计功能，并完善人大、政协和社会公众的监督审查功能，提高财政资金使用效率，减少腐败。最后，逐步推进预算公开化，积极完善"阳光财政"建设，提高政府公信力。

第四，健全财政支出绩效评价制度，提高财政资金效率。按照"积极试点、分步实施"的原则，深化预算绩效评估制度，争取将所有公共支出纳入绩效评估范围，并将评估结果作为分配下一年度的预算资金的重要参考依据，激励各部门有效使用财政资金，并建立相应的问责机制。

第二章 振兴东北老工业基地的财政政策分析

以 2003 年中共中央、国务院下发《关于实施东北地区等老工业基地振兴战略的若干意见》为标志，实施振兴东北地区等老工业基地战略已经十年。十年来，财政政策作为国家重要的宏观经济调控手段起着不可替代的关键作用。

一、振兴东北老工业基地财政政策取得的成效

为振兴东北老工业基地，国家出台了一系列财政政策促进东北地区经济社会发展，通过财政投资政策、财政补贴政策、税收政策的实施，十年来东北老工业基地的面貌焕然一新。

（一）财政政策的实施促进 GDP、财政收入、人均可支配收入稳步增长

1. 东北三省 GDP 增势强劲

实施振兴东北老工业基地战略十年来，东北三省的 GDP 从 2002 年的 1.14 万亿元增长到 2012 年的 5.04 万亿元，翻了两番多。如图 1 所示，GDP 的增速，除了 2009 年受到金融危机的影响下降到 9.4%，其他各年均以 10% 以上速度增长，十年来年均增速达到 12.7%，高于同期全国平均水平 10.7%。2012 年，在经济增速整体放缓的大形势下，东北三省 GDP 增速仍达到了 11.1%，远高于同期全国平均水平 7.8% 的增速，经济发展势头良好。

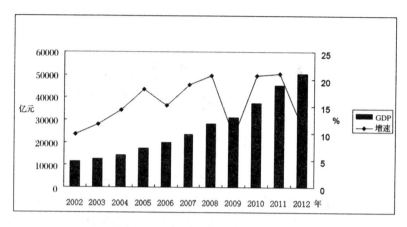

图 1　东北三省 GDP 及其增长情况

2. 东北三省的财政收入保持高速增长

2012 年东北三省实现地方财政一般预算收入 5307 亿元，见图 2。其中辽、吉、黑三省分别达到 3103 亿元、1041 亿元和 1163 亿元，是 2002 年的东北三省 763 亿元的近 7 倍。实施振兴东北老工业基地战略十年来，东北三省地方一般预算收入年均增长 19.5%，地方财政收入占 GDP 的比重也从 2002 年的 6.67%提高到 2012 年的 10.51%，地方财力不断增强，见图 1。

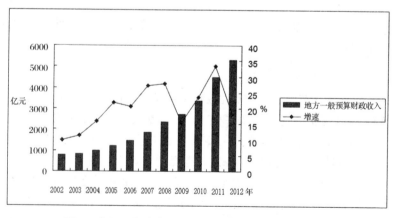

图 2　东北三省地方一般预算财政收入及其增长情况

3. 东北三省人均可支配收入稳定增长

2012 年，辽、吉、黑三省城镇居民人均可支配收入分别达到 23223 元、20208 元和 17760 元，而 2002 年人均可支配收入分别为 6524 元、6260 元和 6101 元，收入分别增长了 2.6 倍、2.2 倍、1.9 倍；2012 年，辽、吉、黑三省农民人均纯收入分别为 9384 元、8598 元和 8604 元，2002 年农民人均纯收入分别为 2751 元、2301 元和 2405 元，分别增长了 2.4 倍、2.7 倍、2.6 倍。实施振兴战略十年来，东北三省城乡居民收入显著提高，2012 年全国城镇居民人均可支配收入 24565 元，农民人均纯收入 7917 元，可见，辽、吉、黑三省农村居民收入均超过了全国平均水平，辽、吉两省城镇居民收入与全国平均水平差距较小，而黑龙江城镇居民收入水平与全国平均水平还有一定差距。

（二）资源枯竭城市财力性转移支付，促进东北资源城市加快转型

2007 年中央财政下达了首批 12 个资源枯竭城市财力性转移支付 8.32 亿元，其中东北地区资源型城市经济转型试点城市有 5 个，分别是阜新、伊春、辽源、白山、盘锦，以及典型资源枯竭地区 1 个，为大兴安岭。2008 年中央财政下达了第二批确定的 32 个资源枯竭城市，财力性转移支付 34.8 亿元，其中东北地区纳入 11 座城市；2009 年中央财力性转移支付资金提高到 50 亿元；2010 年中央财政对首批 12 座资源枯竭城市财力性转移支付到期，4 年累计下达财力性转移支付资金 168 亿元，并对历史遗留问题尚未根本解决、可持续发展能力较弱的辽源、阜新等 11 座城市，延长中央财力性转移支付年限至 2015 年；2011 年中央财政下达第三批确定的 25 座资源枯竭城市，财力性转移支付资金 135 亿元，其中东北地区纳入 6 座城市。2012 年中央财力转移支付资金 160 亿元，支持全国 69 座资源枯竭城市，其中东北地区占了 21 座城市。中央财政在加大转移支付力度的同时，还引入激励机制，引导省级政府加大投入力度，从而形成国家、省、资源型城市三级联动格局。据了解，中央财政将在"十二五"期间针对全国69个资源枯竭型城市投入近1000亿元，再加上省级的配套资金，69个资源枯竭型城市在"十二五"期间有望获得超过5000亿元的资金支持。

在中央和各级政府的鼎力支持下，东北地区资源枯竭城市经济增长加速，产业结构不断优化。首先，资源型产业"一业独大"的局面正在改变，产业发展趋向多元化。例如，阜新的液压装备制造、辽源的纺织袜业、盘锦石化及精细化工产业等接续替代产业集群初具竞争优势。其次，棚户区改造稳步推进，民生工程得到重视。以阜新市为例，2005年开始启动的辽宁省面积最大的棚户区改造工程，使10万户居民得以安置。另外，阜新、辽源和伊春等试点城市在解决资源枯竭带来的下岗失业职工多、待业人员多、公亡遗属和工伤职工及离退休人员多、不稳定因素多，住房难、行路难、入学难、就医难、就业难和生活难等"五多六难"问题上，成效更加明显。最后，生态环境逐步改善，城市功能提升。例如，阜新市海州矿曾经是亚洲最大的机械化露天煤矿，资源枯竭后留下一个长4公里、宽2公里、深350米的巨大矿坑。如今，在矿坑上建起了国家矿山公园，工业遗产旅游如火如荼，"伤疤"变成了"聚宝盆"。

（三）增值税转型促进东北三省投资快速增长

自2004年7月1日起，率先在东北三省8个行业实行生产型增值税改为消费型增值税，对企业购进机器设备所含增值税予以抵扣。2009年1月1日起，在全国所有地区、所有行业推行增值税转型改革。增值税转型财税政策实施以来，东北三省的投资环境得到极大改善，招商引资能力不断增强。

首先，带动东北地区固定资产投资增加。鼓励企业增加机器设备投资，加快设备更新改造，促进企业技术进步和发展，全面带动了东北地区投资规模的扩大。东北三省固定资产投资从2002年的3469亿元，增加到2012年的41026亿元。2003年东北三省固定资产投资增速22.3%，低于全国平均水平5.4个百分点。实施增值税转型的改革政策以来，固定资产投资增势强劲，如图 3 所示，实施振兴战略十年来，东北三省固定资产投资年均增长 26.8%，增速居四大区域板块首位，占全国比重从 8.1% 上升到 11.2%。

其次，提高了企业的综合实力。2004 年和 2009 年的增值税转型政策，降低了增值税的课税税基，切实减少了企业的税负，使重复征税减少，技改资金增加，企业综合竞争力增强。例如，全国最大的化工原料生产基地吉化公司，对旧装置进行大规模技改、扩建，在资金急缺的紧要关头，得到退税款 0.81 亿元，使企业增值税平均税负下降 0.2 个百分点，提高了企业市场竞争能力。

最后，增值税转型改革涵养了企业税源。增值税转型改革使企业得到了实惠，转型企业通过扩大再生产中的生产与消费过程带动相关产业链直至全社会企业的生产与消费，实现良性循环，东北三省财税收入也实现了倍级式增长。

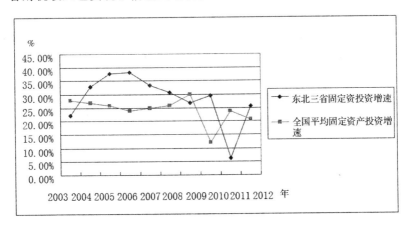

图 3　东北三省固定资产投资增长情况

（四）新旧企业所得税优惠促进东北三省工业快速发展

2004 年 7 月 1 日起，对东北地区工业企业的固定资产（房屋、建筑物除外），可在现行规定折旧年限的基础上，按不高于 40% 的比例缩短折旧年限；受让或投资的无形资产，可在现行规定摊销年

限的基础上，按不高于 40％的比例缩短摊销年限。东北地区企业
的计税工资税前扣除标准提高到每月人均 1200 元，具体扣除标准
由省级人民政府根据当地平均工资水平，在不超过上述限额内确
定。2007 年 3 月 16 日，《中华人民共和国企业所得税法》由中华
人民共和国第十届全国人民代表大会第五次会议通过，自 2008 年
1 月 1 日起施行。新企业所得税法在纳税人、税率、扣除、税收优
惠等方面有了较多改进。

　　新企业所得税的出台，以及旧企业所得税对东北地区的优惠，
有力地促进了东北地区企业的快速发展。企业所得税的减免从短期
来看，可以增加企业的现金流，从长期来看，可以增加企业的竞争
力和促进产业升级。东北三省规模以上工业企业工业总产值从
2003 年的 11685.21 亿元，增加到 2012 年的 77860.7 亿元，增长
了 5 倍多；2011 年东北三省规模以上工业实现利润 5133.83 亿元，
是 2003 年 971.26 亿元的 5.3 倍。由图 4 可见，东北三省工业总产
值持续增长，只有 2009 年受金融危机影响，以及 2012 年受整体经
济增速放缓的影响，增速略有放缓。2012 年东北三省规模以上工
业增加值同比增长 10.9％，仍高于同期全国平均增速的 10.0％。

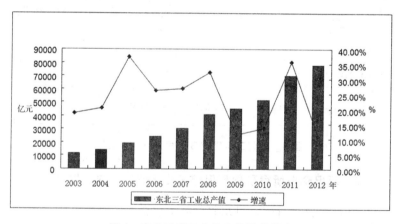

图 4　东北三省工业总产值及其增速

(五) 农业税取消，东北地区农业得到长足发展

2003 年，率先在黑龙江、吉林省实行全面免征农业税政策，并扩大东北地区粮食生产补贴的范围和规模。2006 年 1 月 1 日起，《农业税条例》废止，标志着在中国延续了 2600 多年的"皇粮国税"终于走下了历史舞台。2009 年，国务院下发了《关于进一步实施东北地区等老工业基地振兴战略的若干意见》，提出"加快发展现代农业，巩固农业基础地位"。

在这些财税政策的推动下，东北地区粮食生产连创历史新高，2012 年东北三省粮食总产量达到 11170 万吨（见图 5），其中辽、吉、黑三省分别达到 2070 万吨、3340 万吨和 5760 万吨。2011 年，黑龙江省粮食总产量首次超过河南省，连续两年跃居全国第一位。自实施振兴战略十年来，2012 年东北三省粮食产量比 2002 年 6666.4 万吨增长了近 68%，粮食产量占全国比重从 14.5% 上升到 18.9%，为国家粮食安全作出了重大贡献。

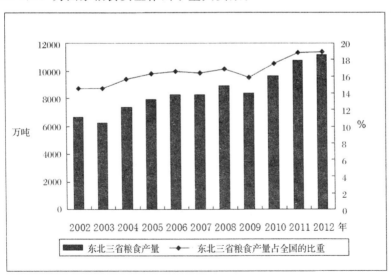

图 5　东北三省粮食产量及其占全国比重

（六）企业历史欠税豁免，加速推进企业改组改制

经国务院批准，财政部、国家税务总局于 2006 年 12 月 15 日下发《关于豁免东北老工业基地历史欠税有关问题的通知》规定，东北老工业基地企业在 1997 年 12 月 31 日前形成的，截至该通知下发之日尚未清缴入库且符合该通知规定的欠税予以豁免。

东北三省作为老工业基地，在计划经济时期，很多企业都是高奉献、低积累，再加上一直进行的财政税收体制改革，多种原因形成了企业难以归还的历史欠税。而这些历史欠税都是由长期形成的体制、机制等客观原因造成的。企业历史欠税豁免这一政策的出台，是为了进一步推动东北地区国有企业的改组改制，减轻企业负担，增强企业活力，促进企业长足发展。据统计，这项免税政策规模达到 100 多亿元，极大地盘活了东北三省的存量资产，帮助国有企业轻装上阵，推动了改制工作的顺利推进。

二、振兴东北老工业基地财政政策实施中存在的主要问题

实施振兴东北地区等老工业基地战略十年来，东北地区财政政策的实施和调整，对东北老工业基地的振兴起到了重要的推动作用，但也不可避免地存在一些问题。

（一）经济总量占全国比重变化不大，城镇居民可支配收入有待提高

十年来，虽然东北三省 GDP 增长迅速，但是 GDP 占全国比重仍然偏低。如图 6 所示，2002 年东北三省 GDP 占全国比重为 9.61%，随后开始处于下滑态势，到 2007 年下滑到最低点 8.99%，2008 年开始回升，2012 年上升到最高点 9.71%，这与 2012 年长江三角洲经济区占比 19.3% 的差距仍然较大，主要原因

在于我国区域经济发展不平衡，东北地区整体经济实力远远落后于
长江三角洲等经济发达地区，所以东北地区区域经济需进一步协调
发展。

2012 年，辽、吉、黑三省城镇居民人均可支配收入分别达到
23223 元、20208 元和 17760 元，而同期全国城镇居民人均可支配
收入为 24565 元，上海城镇居民人均可支配收入为 40188 元。由于
东北老工业基地企业改制、职工下岗等多种因素影响，十年来，东
北三省城镇居民可支配收入均低于全国平均水平，与发达经济地区
的差距较大，城镇居民可支配收入有待进一步提高。

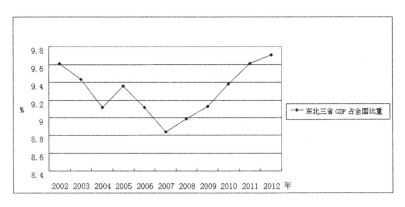

图 6　东北三省 GDP 占全国比重

（二）资源枯竭城市转型包袱沉重，后续发展动力不足

在中央财力转移支付和省级财政的大力支持下，东北地区资源
枯竭型城市转型成效明显，但是仍然存在较多问题。

1. 历史包袱沉重，社会保障压力大

随着国有企业改革深入，"企业办社会"的职能大部分交给地
方政府，为解决"企业办社会"遗留的社会问题，政府倾注了大量
财力。例如，鸡西市从 2001 年开始，陆续接收了原鸡西矿务局 8
个破产煤矿，共移交办社会机构 347 个，接收人员 8500 多人。据
统计，近几年鸡西市为解决"企业办社会"等遗留问题已垫付资金

14亿多元。① 另外，伴随着企业改制，造成大量下岗失业人员，就业再就业困难重重，社会保障压力增大。例如，伊春市在2008年转型之初，工资、养老保险、医疗费等拖欠累计达5亿多元。

2. 产业结构不合理，接续替代产业后劲不足

经过多年的转型，目前资源枯竭城市的产业结构仍然以第二产业为主，产业转型方向也集中在依托本地资源发展的深加工、能源、机械制造等方面，加之自主创新能力薄弱、技术设备落后、转型升级步伐缓慢，接续替代产业后劲不足。例如，阜新市在过去的十余年间，通过各种渠道引进和建设千万元以上项目2500多个，项目总投资近千亿元，形成了新型能源等三大产业基地和皮革、液压等六大重点产业集群。但从目前的产业和产品结构来讲，三大产业基地只是拉开了序幕，六个重点产业集群还只是雏形，相关企业还不多，产业链条、产品链条还不完善。另外，随着国家对转变经济发展方式的要求越来越迫切，土地供应和环境评价约束条件越来越紧，很多项目迟迟不能落地。

3. 生态环境破坏严重，保护与修复任务重大

长期以来，矿产工业的粗放型经济增长，设备简陋陈旧，技术力量薄弱，环保措施不到位，各种大量"掠夺式"的开采使得生态环境遭到破坏，地面沉陷、房屋拉裂、水资源流失等问题十分普遍。例如，石油城市盘锦市的生态环境恢复治理难度很大，地下水长期超采造成了咸水体浸入、海水倒灌，湿地等生态环境遭到了不同程度破坏，这要靠长期治理才能得到解决。

（三）增值税改革不够深入

2004年增值税改革，存在以下三方面主要问题：第一，采用"增量抵扣"，限制了优惠效果。"增量抵扣"的方式，虽然考虑到了政府的财力问题，但是由于增量的限制，认定的八大行业中多数

---

① 资源枯竭城市转型艰难［EB/OL］．http：//news. cnfol. com/130222/101，1277，14444868，00. shtml，2013－02－22.

企业不能纳入试点范围，使得这项政策不能全面反映增值税转型试点的效果，造成了东北三省实际退税额与预测数额相差甚远。第二，行业范围偏窄。东北地区最初只在八个行业试点，虽然涵盖了东北地区大部分工业企业，但仍有相当比例的企业被排斥在外。2004年，东北地区共认定试点企业40306户，占东北地区工业企业增值税一般纳税人登记户数的62%。第三，只在部分行业和地区，而非全部行业和地区试点，会滋生各种形式的避税、骗税行为，增加税收征管的难度。例如，一些企业采取将老企业的设备"卖"给新企业，或者将存量固定资产通过变卖的方式获得抵扣。

2009年在全国范围内实施的增值税转型改革比较彻底，真正意义上转向了"消费型"增值税，克服了2004年增值税改革存在的问题，但仍然存在一定不足。第一，增值税转型后仍然存在重复征税问题。增值税范围界定为在我国境内销售货物或提供加工、修理修配劳务以及进口货物的活动，纳税人为从事上述活动的单位和个人。而将除加工、修理修配以外的其他劳务提供活动排除在征税范围之外征收营业税。这就造成了增值税抵扣链条的中断，对不同行业的流转额实行两套平行税制，造成行业之间税负失衡。第二，对纳税人要区分一般纳税人和小规模纳税人，而小规模纳税人的界定标准比较模糊，缺乏刚性，造成各地的实际标准不一样。这不仅使得占纳税人多数的小规模纳税人处于不利的竞争地位，同时应税收入的核定也给税务机关的征收管理带来了困难。

（四）新旧企业所得税改革，东北地区获惠较少

1. 特定地区投资税率优惠的过渡期，延缓了东北企业享受公平待遇的时机

新企业所得税法规定企业所得税的基本税率为25%，相对于现行内资企业33%的税率显然是降低了，但是对于在东南沿海经济特区、经济技术开放区、上海浦东新区投资享受24%或15%优惠税率的外资企业而言，税负将会有所增加。而新企业所得税法对外资企业所得税法规定享受税收优惠的外资老企业设置了五年的过

渡性保护措施，虽然这种过渡避免了外资投入出现较大波动，但是，这对于急需大量外资投入的东北地区而言，在吸引外资上落后于东南沿海等经济特区。

2. 新企业所得税法的优惠税率不利于东北企业发展

在税率方面，新企业所得税规定统一后的企业所得税的基本税率为 25％，内资企业和外资企业一致，国家需要重点扶持的高新技术企业为 15％，小型微利企业为 20％。因为东北地区集中了较多的国有大中型企业，而东南沿海地区则以中小型企业为主，相比之下，东北部地区享受的企业所得税优惠较少，这必然会加大东北地区企业的税收负担，影响其综合竞争力。

（五）消费税、资源税征税范围狭窄

1. 消费税征税范围仍需扩大

2006 年 4 月，我国进行了消费税改革，调整了消费税税目和税率。但是，此次调整尚不到位，征税范围仍需扩大，以发挥其调节作用。某些造成资源浪费和环境污染的消费品仍在税收调节之外，如高档木制家具、电池、氟利昂、化肥、农药、煤炭等，这些对生态环境的保护是极其不利的。例如，东北地区森林资源浪费严重，有些林区已无林可伐，对每年需要消耗掉 130 万立方米木材的木制一次性筷子征收消费税，其环保用意十分明显。① 然而与木制高档家具所耗用的木材相比，对木制一次性筷子征收消费税的环保意义显然要大打折扣。

2. 现行资源税不利于东北地区可持续发展

2004 年对东北地区的低丰度油田和衰竭期矿山，经省级人民政府批准，可以在不超过 30％的幅度内降低资源税适用税额标准。而我国现行资源税制主要包括资源税、城镇土地使用税、耕地占用税等税种，在保护资源和增加财政收入方面发挥了积极作用。但

---

① 李绍平，王甲山. 加强东北区域生态安全的税收政策研究 ［J］. 东北大学学报，2007（3）.

是，目前资源税仅对矿产品和盐类征税，征税范围过窄，草场、滩涂、湿地、森林等资源尚未纳入征税范围。东北地区的上述资源相对丰富，由于缺乏税收调控，遭到了破坏性开发，一定程度上影响了东北地区经济的可持续发展。

三、完善振兴东北老工业基地财政政策的建议

为了进一步推动东北老工业基地的调整改造，振兴东北老工业基地的财政政策需要不断完善，以适应老工业基地快速发展变化的需求。

（一）加大东北老工业基地财政转移支付力度，促进老工业基地协调发展

1. 逐步加大对老工业基地的一般转移支付规模

逐步加大中央财政对东北老工业基地一般转移支付规模，按照规范和公平的原则均衡地区间财力差异。通过一般转移支付，提高东北地区地方政府统筹安排资金的能力，因地制宜统筹安排财政支出和落实管理责任，并不断加强资金的绩效管理。例如，根据东北三省实际情况，在产业结构调整、民生工程、统筹城乡发展等重点方面加大投入。

2. 加大扶持资源枯竭型城市转型的专项转移支付力度

进一步加大对资源型城市的专项转移支付力度，重点用于完善社会保障、教育卫生、环境保护、公共基础设施建设和专项贷款贴息等方面，建立健全资源型城市可持续发展的长效机制。首先，设立历史遗留问题专项转移支付，用于解决国企改革遗留的养老保险基金缺口、历史欠账等问题；其次，利用专项资金的支持，发展接续替代产业，优化产业结构，提升产业竞争力；最后，加强生态保护，建立健全资源开发补偿机制，提高采矿权价款和矿产资源补偿费，提高煤炭可持续发展基金留成比例等，保护生态环境。

（二）利用财政贴息，促进产业结构优化升级

财政贴息政策，建议贴息贷款由中央政府承担，地方政府可以给予一定额度，由符合规定的企业直接到中央规定的银行办理。向东北老工业基地贷款，促进新兴产业的发展，解决单一资源型城市的转型问题，并可以降低投资成本，吸引东北老工业基地的投资建设。重点放在以下两方面：第一，对东北地区传统产业和产品升级的专项贷款贴息政策。例如，对符合国家装备制造业、重化工业、信息产业发展规划产业基础好、发展潜力大的企业，给予中长期贷款中央财政 3 年贴息的政策。第二，建立推动东北地区技术进步和优化产业结构的财政贴息。对于东北老工业基地装备制造业的基本建设项目、技术改造项目、高精尖产品生产环节的流动资金贷款给予一定的贷款贴息，并利用财政贴息贷款扶持重点行业技术改造，促进产业结构优化升级。

（三）进一步深化增值税改革，加快经济结构调整

1. 不断拓宽增值税征收范围

经国务院批准，2012 年 1 月 1 日，上海市正式启动营业税改征增值税试点改革；2012 年 8 月 1 日起至 2012 年年底，将交通运输业和部分现代服务业营业税改征增值税试点范围，由上海市分批扩大至北京、天津、江苏、浙江、安徽、福建、湖北、广东、厦门和深圳 10 个省、市。营业税改增值税，打通了增值税抵扣链条，有利于完善税制，消除重复征税，调整产业结构，促进社会专业化分工和三次产业融合，将对国民经济健康协调发展产生积极而深远的影响。但是由于东北地区目前仍然以第二产业为主，物流和现代服务业发展相对落后，所以，"营改增"试点推动较慢，2013 年 8 月 1 日起，辽宁已推广升级版"营改增"试点，在交通运输业和部分现代服务业基础上，将广播影视作品的制作、播映、发行也纳入试点范围，这种结构性减税，将有效避免重复征税，加快产业转型升级，激发老工业基地企业活力，建议从辽宁开始试行，逐步推广

到东北三省。

2. 调整小规模纳税人的界定标准，保护纳税人权益

虽然 2012 年增值税转型配套改革将小规模纳税人的税率进行了合并，但实际税率结构复杂的总体局面并未得到实质改变。由于国家对一般纳税人的监管日趋成熟，可尝试对小规模转为一般纳税人的标准进行较大幅度下调，对此可考虑分批次、分步骤地将小规模纳税人逐步转换为一般纳税人，并对现存的种种不规范的税率逐步进行调整、取消，尽可能减少税率档次，向两档次的法定税率结构靠拢，强化税法的严肃性。

（四）给予东北企业所得税优惠，增强企业活力

鉴于企业所得税对东北经济发展带来的负面影响，可以考虑从以下几方面进行改进：第一，对在东北投资的外资企业实行优惠税率。目前企业所得税规定的基本税率为 25%，微利企业税率为 20%。基于东北地区国有大中型企业较多，建议对东北地区投资的外资企业予以一定的税收优惠，按照 20% 的优惠税率，吸引外资到东北地区投资。第二，给予企业兼并重组，以及民营经济税收优惠。对于民营企业和外资企业与东北地区国有企业间的兼并、联合和重组，予以减免企业所得税的优惠政策。这样可以进一步加快产业结构调整布局，发展壮大非公有制经济。第三，鼓励发展循环经济。加快推进资源枯竭城市转型，实行企业所得税减免优惠，对于企业开展资源节约和综合利用，推进清洁生产，鼓励企业利用科学技术发展循环经济，走可持续发展的新型工业化道路具有重要推动作用。

（五）完善消费税、资源税，实现东北地区资源环境可持续发展

1. 进一步扩大消费税征税范围

将对环境造成严重污染、难以降解和无法再回收利用的电池、塑料袋、饮料容器等一次性产品，对臭氧层造成破坏的氟利昂产

品，消耗大量木材的高档木制家具，以及过度使用对农业土壤造成污染的化肥、剧毒农药等产品征收消费税。另外，可以借鉴国际经验，择机开征环境税，通过开征水污染、空气污染、垃圾污染等环境税筹集资金，治理环境。

2. 完善资源税

资源税的征收不但要包括矿产资源，还应逐步包括土地、森林、山岭、草原、水、动植物、海洋、空间等自然资源。基于目前的征收管理水平，应该将水资源、森林资源、草原资源、海洋资源等纳入征收范围，待条件成熟后再对其他资源征收税，对于非再生、非替代、稀缺资源课以重税，以合理保护东北地区生态环境，促进东北地区可持续发展。

第三章 后土地财政时代辽宁
土地财政转型研究

近年来，随着辽宁省经济建设步伐全面展开，城市化进程快速推进，辽宁地方财政对土地财政的依赖也更加明显，土地财政成了名副其实的"第二财政"；但是伴随着后土地财政时代的到来，土地资源的减少、土地出让金占地方财政收入比重的下降，辽宁土地财政转型势在必行。

一、土地财政与后土地财政时代的内涵

（一）土地财政的内涵

1. 土地财政的含义

土地财政一般是指地方政府利用土地所有权和管理权获取收益进行的财政收支活动和利益分配关系。

从财政管理体制来看，土地财政的主体属于地方政府预算内财政收支体系外的自有支配收入。由于政府体系对预算内资金的管理相对集权化和透明化，而地方政府对于预算外资金的收支权限自由度较大，后者是地方政府软预算约束在现今阶段的重要体现。由于土地财政收入的主体是土地出让收入，在 2006 年以前属于预算外收入，此后至今属于地方政府的基金收入，总之都属于地方政府自己掌控的自有收入，与地方政府规范的预算内财政收支体系相比，土地财政又被称为"第二财政"。

从运作流程来看，"征地——卖地——收税收费——抵押贷款——再征地"是土地财政的典型运作流程。地方政府将获取的土地资产收益通过金融机构信贷的杠杆放大作用，获取更多的可支配资金，对地方经济施加了更大影响。对土地循环型畸形依赖，蕴含着巨大的系统风险。

从工业化与城市化加速发展的进程来看，土地财政核心收入是地方政府垄断的土地出让收入，在单位时间内可出让土地面积一定的情况，土地财政得以实现的必要前提是地价的大幅上升，否则，土地财政也无法成为"第二财政"。而地价大幅上升的起点是源于20世纪90年代以来中国工业化与城市化的突发猛进，1998年中国住房制度改革以后，城市房地产市场步入了发展的快车道，工业与房地产业对土地的需求激增，与此同时，房价与地价一起大幅上涨，土地财政形成与发展也是水到渠成的结果。土地财政的发展壮大就是城市化与工业化经济发展的一个映射。

2. 土地财政的构成

土地财政主要由土地资产收益、土地类税收、行政事业性收费及其抵押贷款收入四部分组成。

（1）小口径的"土地财政"

小口径的土地财政，主要是指土地资产收益及其相关的行政性收费收入，如图1所示的非税收入。从全国地方财政收入构成来看，它是地方政府财政预算外收入最主要的来源。土地资产收益主要包括国有土地使用权出让收入、国有土地使用权交易的租赁和转让所得，按现行预算管理体制，均属预算外非税收入。另外，地方政府在获取土地出让收入的同时，还能取得相关的行政性收费，它主要包括三类：一是土地管理部门收取的费用，如耕地开垦费、管理费、业务费、登报费、房屋拆迁费、拆抵指标费、收回国有土地补偿费、新增建设用地有偿使用费；二是财政部门的收费，如土地使用费、土地租金；三是其他有关部门收取土地从征用到出让过程中的相关费用，涉及农业、房产、水利、交通、邮电、文物、人防、林业等行业部门。

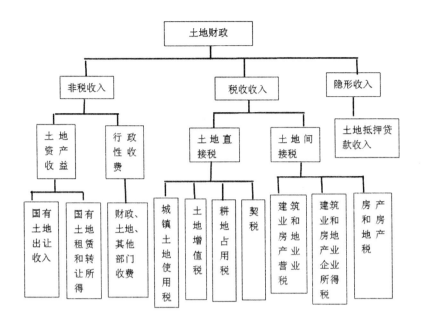

图 1　土地财政的构成

（2）中口径的"土地财政"

中口径的"土地财政"包含土地非税收入和土地税收收入。土地税收收入是指与土地相关的房地产业和建筑业税费收入。在中国现行的税制结构中，与土地最直接相关的税种有耕地占用税、城镇土地使用税和土地增值税、契税。还包括与土地间接相关的税种，主要有建筑业和房地产业营业税、建筑业和房地产业企业所得税、房产和房地产税。按照现行的分税制安排，除企业所得税和个人所得税由中央和地方分享外，其余税种收入和附加收费均归地方政府所有。本章对辽宁土地财政的研究主要是指中口径的"土地财政"。

（3）大口径的"土地财政"

大口径的"土地财政"，包含土地非税收入、土地税收收入和土地隐形收入。土地隐形收入的组成主体是地方政府土地的抵押贷款收入。地方政府通常以政府所属的土地储备中心、政府性公司和开发区为融资平台，以土地为抵押获得银行信贷支持，获取地方政府发展经济所需的资金支持，弥补地方自身财政资金的不足。土地财政的一个重要制度性创新是政府促成金融与土地相结合，金融赋予土地的流动性，实现了土地由资源向资本的转变。

（二）后土地财政时代的内涵

"后土地财政时代"是一个相对概念，指的是受国家房地产市场宏观调控政策影响及土地资源（耕地）瓶颈约束，现行的土地财政模式不能再长久维持，在这一时期，地方政府无法继续依靠土地出让金与土地房产税费收入及土地储备抵押融资收入维持地方支出的情形。[①]

1. 土地资源的稀缺性决定了用于建设的后备土地资源减少

土地资源是不可再生资源，它的有限性决定了它的稀缺性。随着我国工业化和城镇化建设的推进，我国耕地每年减少 600 多万亩。[②] 工业化、城镇化的快速推进导致土地要素流出粮食生产领域，工业化、城镇化与粮食生产相互争地的矛盾日渐突出。耕地约束构成了我国粮食安全的重大挑战，后备土地资源的匮乏进一步加剧了耕地资源紧张状况。根据《国土资源"十二五"规划纲要》，未来 5 年，中国要确保耕地面积不减少、质量有提高。耕地保有量保持在 18.18 亿亩，基本农田不低于 15.6 亿亩，土地整治总面积 4 亿亩以上，补充耕地 2400 万亩。同时，民生用地应优先保障，3600 万套保障性住房用地应保尽保。这些政策的出台，充分证明了在后土地财政时代，用于建设的土地资源将会缩减，"土地财政"不是一种可持续的发展模式，不能为地方政府带来稳定的财政收入，而重视土地的集约利用成为未来发展的方向。

[①] 王玉波. "后土地财政时代"地方政府角色转变与公共财政体系重构 [J]. 改革, 2013（2）.

[②] 新华网. 工业化、城镇化推进导致我国耕地年减少 600 多万亩 [EB/OL]. http：//www. hnai. gov. cn/new/73791, 2013−10−17.

2. 国家对房地产市场的宏观调控，促使土地出让金占财政收入比重下降

2011 年年底举行的中央经济工作会议，明确要求"坚持房地产调控政策不动摇，促进房价合理回归"；2012 年 2 月，中央再次对房地产市场调控明确表态：

房地产调控目标有两个：一是促使房价合理回归不动摇，二是促进房地产市场长期、稳定、健康发展。2013 年，房地产调控的"国五条"出台，包括完善稳定房价工作责任制、坚决抑制投机投资性购房、增加普通商品住房及用地供应、加快保障性安居工程规划建设、加强市场监管等五项内容。近年来，中央对房地产市场的调控，使得房地产投资需求和房价快速上涨的趋势得到了有效地抑制。根据政府数据，2011 年 10 月份中国 15 个最大城市的房产交易量同比下降 39％。① 房地产市场的波动传至土地市场，使得土地交易量萎缩。土地交易量的萎缩，一方面带来土地出让金收入的减少，另一方面抑制土地抵押贷款的扩张，带来地方债的违约风险。一份 23 省（市）土地财政依赖度排名报告显示，截至 2012 年年底，23 个省（市）最少的有 1/5 债务靠卖地偿还。② 因此，在后土地财政时代，国家宏观调控和地方政府利益之间的矛盾突显，必须深化财税体制改革，改变地方财政对土地财政的依赖。

---

① 欧阳德. 中国大城市上月房产交易量同比下降 39％ [N]. 金融时报，2011－11－22.

② 新华网每日经济新闻. 土地市场降温冲击地方债，土地交易量已出现萎缩 [EB/OL]. http://news.xinhuanet.com/house/gy/2014 － 05 － 13/c_1110655442.htm，2014－05－13.

二、辽宁土地财政的发展现状分析

（一）辽宁土地财政与基本经济状况

从辽宁的基本经济状况看，2007－2012 年的 6 年间，无论是地区国民生产总值还是财政预算收入都呈现极强的发展势头，地区生产总值 2012 年是 2007 年的近 1 倍还多，辽宁财政收入除了2012 年略有下降外，其他各年增速强劲，可见辽宁经济发展状况良好（见表 1）。伴随着经济发展，辽宁省的土地财政收入也从2007 年的 830.46 亿元增长到 2012 年 3085.48 亿元，增长了 2.7倍；土地财政收入增速在 2010 年达到最高值 76.18％后，急速下滑，2012 年出现了负增长，但这 5 年的平均增速仍达到 34.3％（见图 2）。从土地财政收入占财政收入的比重来看，2007 年辽宁省土地财政占财政收入的比重为 26.33％，此后快速上升，2011 年达到最大值 46.55％，2012 年回落到 39.86％。由此可见，土地财政收入是辽宁地方财政的重要组成部分。再从土地财政收入占 GDP的比重来看，由 2007 年的 7.44％ 上升到 2010 年的最高值16.81％，随后下滑到 2012 的 12.42％，同样保持了相似的发展态势。2010 年后土地财政增速以及土地财政占比下降的主要原因在于受到宏观经济调控的影响，地方经济发展更注重结构调整，经济发展增速放缓；另外，国家对房地产市场的宏观调控，直接影响了建筑业和房地产的税收收入。

表 1　　　　　　　辽宁省土地财政与基本经济状况

年份	财政收入（亿元）	GDP（亿元）	土地财政收入（亿元）	土地财政/财政收入（％）	土地财政/GDP（％）
2007	3153.8	11164.3	830.46	26.33	7.44
2008	3716.3	13668.6	1082.5	29.13	7.92
2009	4615.2	15212.5	1760.87	38.15	11.58
2010	6728.2	18457.3	3102.28	46.11	16.81
2011	7824.2	22226.7	3641.95	46.55	16.39
2012	7741.4	24846.4	3085.48	39.86	12.42

数据来源：《辽宁统计年鉴 2013》整理

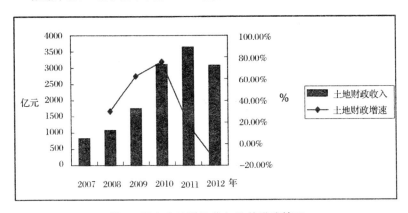

图 2　辽宁土地财政收入及其增速情况

（二）辽宁土地财政的结构分析

1. 辽宁土地财政结构特征

从辽宁省土地财政构成比例图（图 3）可以看到，土地间接税收比例相对最小，维持在 15％左右，土地财政直接税收大约在 20％左右，而土地出让金是土地财政收入的主体，除了 2012 年土地出让金占土地财政收入为 57.4％以外，其他各年都在 60％以上，这充分反映了辽宁省近年来土地财政的运作主要以土地出让为主导。

表2　　　　2007－2012 年辽宁土地财政收入及其构成　　　单位：亿元

年份	土地出让收入	土地直接税收入	土地间接税收入	土地财政收入
2007	512.8	138.37	179.29	830.46
2008	717.1	193.29	172.11	1082.5
2009	1231.8	319.62	209.45	1760.87
2010	2324.4	435.01	342.87	3102.28
2011	2598	624.79	419.16	3641.95
2012	1771	854.97	459.51	3085.48

数据来源：《辽宁统计年鉴 2013》整理

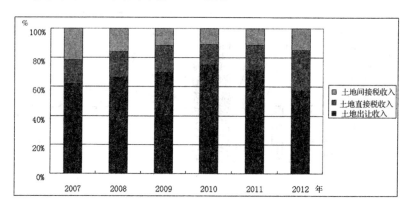

图3　辽宁省土地财政收入构成比例图

2. 土地直接税构成

从辽宁省土地直接税收构成来看，契税收入占绝对主体地位，平均占比为 38.5％。其次是城镇土地使用税，平均占比 28.9％。土地增值税和耕地占用税占比相当，大约在 16％ 左右（见表3）。契税是以所有权发生变动的不动产为征税对象，向产权承受人征收的财产税，征税范围包括土地和房产两类。契税占比从 2007 年的 46.8％ 下降到 2012 年的 33.6％，这表明近年来虽然辽宁省土地、房产交易频繁，但是趋缓态势明显。

表3　　　　　2007－2012年辽宁土地直接税收入及其构成　　　单位：亿元

年份	城镇土地使用税	土地增值税	耕地占用税	契税	土地直接税收入合计
2007	49.42	18.24	5.97	64.74	138.37
2008	66.03	24.78	24.33	78.15	193.29
2009	85.18	47.99	69.56	116.89	319.62
2010	108.05	77.59	96.43	152.94	435.01
2011	145.75	128.80	140.40	209.84	624.79
2012	221.92	190.38	225.20	217.47	854.97

数据来源：《辽宁年鉴2013》整理

3. 土地间接税构成

表4　　　　　2007－2012年辽宁土地间接税收入及其构成　　　单位：亿元

年份	房产税	建筑业		房地产业		土地间接税收入合计
		建筑业企业所得税	建筑业营业税	房地产业企业所得税	房地产业营业税	
2007	29.86	7.03	54.07	19.86	68.47	179.29
2008	35.38	8.99	61.6	28.33	37.81	172.11
2009	41.09	16.14	77.58	20.22	54.42	209.45
2010	45.91	21.51	100.59	49.06	125.8	342.87
2011	55.87	29.2	126.13	61.98	145.98	419.16
2012	64.17	36.6	142.23	66.3	150.21	459.51

数据来源：辽宁房产税、建筑业企业所得税、房地产业企业所得税来自《中国税务年鉴2008－2013》；辽宁建筑业营业税、房地产营业税，按照：

$$当年辽宁建筑业营业税 = \frac{当年全国建筑业营业税}{当年全国营业税} \times 当年辽宁营业税，当$$

$$年辽宁房地产业营业税 = \frac{当年全国房地产业营业税}{当年全国营业税} \times 当年辽宁营业税，计算$$

而得。

　　从辽宁省土地间接税收构成来看，五项间接税税收收入呈逐年上涨的态势（见表 4），而且建筑业和房地产业营业税发展速度和规模超过两行业的企业所得税。2012 年，辽宁土地间接税为 459.51 亿元，占土地财政收入的 15%，可见间接税对预算内财政收入具有重要的作用。

（三）辽宁土地出让情况分析

1. 土地出让的规模

2004 年，辽宁省政府出台了《辽宁省国有土地使用权招标拍卖挂牌出让办法》，原先划拨、租赁等方式批租的土地开始走上招标、拍卖市场，土地出让更加规范化。如表 5 所示，辽宁国有土地出让面积除 2008 年受到金融危机影响略有下降外，其他各年保持了增长态势，2011 年出让国有土地 28719.14 公顷，是 2007 年的 2.6 倍；从成交价款和每公顷成交价格来看也呈上升趋势，2011 年每公顷成交价格 1089.83 万元，是 2007 年 646.37 万元的 1.7 倍。

表 5　　　　　2007－2011 年辽宁省土地出让规模

年份	出让面积（公顷）	成交价款（万元）	每公顷成交价格（万元/公顷）
2007	10956.67	7082055.77	646.37
2008	7787.86	6202027.94	796.37
2009	14841	8954802	603.38
2010	22160.4	19167013	864.92
2011	28719.14	31299049	1089.83

资料来源：《中国国土资源年鉴 2008－2012》整理

2. 土地出让的方式

地方政府的土地供应分为两种方式：一是划拨，二是出让。而出让也包含两种形式：一种是市场化程度较低，并未体现出充分竞争性的"协议土地出让"方式，另一种是透明度和竞争程度高的完全市场化运作的"招、拍、挂出让"方式。从辽宁省国有土地供应比例看（见图 4），土地的行政划拨比例波动性较大，2007 年最低为22.7％，2011年最高达到55.7％；辽宁省协议出让土地占土地出让的比重逐年下降，而市场化程度较高的招、拍、挂方式占据主导地位，5年的平均比重为55.7％。由此可见，随着土地出让市场的日益完善，辽宁各级政府更青睐以招、拍、挂方式进行土地出让，其土地出让方式不断向市场化方向发展，同时也进一步证明了土地出让金是土地财政的主要来源。

表6　　　　　2007－2011辽宁国有土地供应情况　　　　单位：公顷

年份	总量	划拨	出让	
			招、拍、挂	协议
2007	14173.73	3217.06	6479.61	4477.06
2008	11030.63	3242.77	6323.58	1564.28
2009	19932.28	5091.28	13071.96	1769.03
2010	29261.15	7100.75	19909.24	2251.16
2011	64838.22	36119.08	27243.05	1476.1

资料来源：《中国国土资源年鉴2008－2012》整理

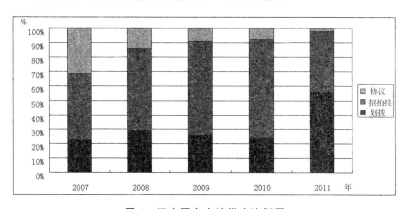

图4　辽宁国有土地供应比例图

三、土地财政对辽宁经济发展的影响分析

（一）土地财政对辽宁经济发展的积极作用

地方政府的财政总收入包括一般预算收入、预算外收入以及政府性基金预算收入。在目前的财政收入结构中，地方政府的土地出让收入归为政府性基金预算收入。因此，土地出让收入首先作为地方财政收入的一部分对地方政府的财政能力产生了直接的影响，尤其是在分税制改革后，土地财政收入有效地弥补了地方财政收入的不足。从上述第二部分的分析可知，2012 年辽宁土地出让收入1771 亿元，占财政收入 7741.4 亿元的 22.9％，而 2010 年、2011年两年占比更高，都到达了 30％以上。另外，地方政府可以通过被出让土地的使用者征收城镇土地使用税、土地增值税、耕地占用税、契税等获得土地财政直接税收，以及通过房地产和建筑企业上交的营业税和企业所得税获得土地财政带来的间接税收，这是土地出让对地方政府财政收入的间接贡献。2012 年，辽宁省土地财政的直接税收和间接税收合计 1314.48 亿元，占到财政收入的16.98％，可见土地财政带来的税收是预算内财政收入的重要组成部分。因此，土地出让较大程度上支撑了辽宁省地方财政能力，保障了辽宁经济建设的资金需求，有力地促进了经济社会的发展。

（二）土地财政对辽宁经济发展的消极影响

1. 土地资源过度消耗

地方政府通过土地出让来填充财政收入，促进经济增长，而且取得了一定的效果。就目前来看，地方政府主要是通过大量土地出让建设用地来实行土地财政的。建设用地不断地扩张，逐渐占用耕地，导致耕地面积逐年减少。以辽宁沈阳市为列，从 2001 年开始，沈阳市真正意义上进行土地有偿出让，沈阳市人均耕地面积随之逐

渐减少，从 2000 年的 0.0993 公顷/人下降到 2004 年的 0.0958 公顷/人。2004 年国务院发布文件《国务院关于将部分土地出让金用于农业土地开发有关问题的通知》，沈阳市土地出让收入的 15％或以上用来开发和整理农业用地，2004 年后相应地增加了耕地面积；但从 2006 年开始，沈阳市的人均耕地面积又在逐年减少。依靠部分土地出让金收入来开发整理土地，增加的耕地面积已经跟不上耕地减少的速度，2009 年人均耕地面积减至 0.0952 公顷/人。① 由此可见，土地财政造成了土地资源的过度消耗，土地供需矛盾日益突出。

2. 房价持续走高

在房地产开发的各种资源中，土地作为载体无疑是最重要的资源。所以，在不断上涨的房价背后，地方政府对土地财政的依赖是推动高房价的一大根源。根据目前辽宁省实际情况，由第二章的分析可知，辽宁每公顷土地出让价格逐年升高。而辽宁政府出让土地大多是以挂牌、拍卖的方式来进行的，在具体的操作中，地方政府出让土地对房地产市场的影响大体是通过两种方式产生的，一是限制土地的供给量，二是控制挂牌、拍卖土地的底价。一方面，地方政府处于土地市场的垄断地位，可以任意决定土地的供应量。只要让土地的供给量低于实际需求，就会造成供不应求的局面，从而使开发商争先恐后地以高价拿地，造成"天价"。② 而房价又是建立在地价的基础上的，以很高的价格拿地的开发商建成住房以后，必然以更高的价格将商品房卖出，高地价又推动了高房价。另一方面，地方政府在拍卖土地时一般会把底价定得较高，有时即使在房地产市场不景气时期，由于开发商资金紧张，也会出现土地流拍的现象。而土地流拍就进一步减少了土地供应，所以，地方政府能够

① 刘姿含.沈阳经济发展的"土地财政"依赖与转型研究［D］.东北财经大学，2011.

② 丁军.土地财政对房地产市场价格的影响.经济研究［J］.中国城市经济，2010（10）.

以一个较高的价格出让土地，获取较高的土地出让收益。以沈阳市为例，2007 年沈阳市商品房成交均价为 3322 元/平方米，到 2013 年涨到 7780 元/平方米，翻了 1 倍多。

3. 财政金融风险加大

我国《预算法》对于地方政府发行地方政府债券是有明确规定的，除另有规定的情况外，地方政府是不被允许发行地方政府债券的，所以也就不允许政府直接向银行借款，因而地方融资平台相继出现。地方融资平台是指由地方政府发起设立，以土地、财政补贴资金、股权等作为资产，建立起的资产和现金流达到融资标准的公司，主要用以实现债务融资，进而将其资金用于城市基础建设。截至 2010 年年末，辽宁有省、市、县各级地方政府融资平台达 184 家。根据辽宁省公布的 2010 年审计报告指出，2010 年年末，政府性债务余额 3921.6 亿元（不含大连市），其中，政府负有偿还责任的债务 2676.9 亿元，占 68.3%，政府负有担保责任的债务 998 亿元，占 25.4%，其他相关债务 246.7 亿元，占 6.3%。辽宁省 11 个市级、34 个县（区）政府负有偿还责任的债务 2108.9 亿元中，有 1138.9 亿元是承诺以土地出让收入为偿债来源，占 54%。部分市、县债务率较高，偿债压力较大。有 5 个市级和 4 个县（区）政府负有偿还责任债务率高于 100%，远远超过国际警戒线。很多平台公司资产变现能力偏低，偿债能力受制约。截至 2010 年年末，辽宁省有 83 家平台公司资产总额中包含市政基础设施等不能变现的资产 964.5 亿元，占 33.6%。① 另外，《辽宁省审计报告》指出，至 2010 年年末，辽宁省有 184 家融资平台公司，其中有 59 家存在注册资本不实等诸多问题，涉及违规资金 440.8 亿元。由此可见，辽宁省地方政府通过地方融资平台实现融资的能力受到限制，在预期投资收益无法保证、财政收入不稳定的情况下，资金链一旦断裂，就会造成地方金融风险和财政风险的显性化。

---

① 张霓. 辽宁地方政府融资平台转型与融资方式创新［J］. 辽宁经济，2012 (4).

四、后土地财政时代辽宁土地财政转型的政策建议

通过第二部分和第三部分的分析可知，土地财政在辽宁财政收入中占有较大比重，是辽宁财政收入的重要来源，对辽宁经济发展起到了一定的促进作用，但是地方政府依靠土地财政谋取经济发展是不可持续的，带来了土地资源的过度消耗、房价的持续走高，以及财政金融风险加大，因此，在后土地财政时代加快辽宁省土地财政转型对于促进辽宁地方财政可持续发展具有重要意义。

(一) 完善现行财税体制，扩大房产税试点，适时开征物业税

1. 明确政府间事权和支出责任

合理划分政府间事权和支出责任，在当前中央财政财权较为集中的情况下，中央财政应该更多地承担一部分支出责任，尤其应加大中央对基础性公共服务的支出责任。例如，安排住房保障专项资金，保证困难地区保障性住房建设。另外，进一步优化现行税制，调整政府间财力划分，适当提高地方政府收入分享份额，扩大地方一般预算中自主性收入的比重，摆脱下级财政过度依赖上级财政转移支付的格局，使地方财权、财力与事权、支出责任间能较大程度匹配。从而减轻地方政府的支出责任，改变地方政府财政收支不平衡的局面，确保政府能够不依赖于土地财政收入而保证财政自给。

2. 加快房产税立法，扩大房产税试点

房产税是指以房屋为征税对象，按房屋的计税余值或租金收入为计税依据，向产权所有人征收的一种财产税。2011 年 1 月 28 日，上海、重庆开始试点房产税。通过上海和重庆的施行来看，房产税不能起到遏制房地产市场投机投资性需求和平抑房价的作用，却对增加地方财政收入起到了积极作用。但是目前房产税涉及重复征税等问题，因而应加快房产税的立法工作，逐步扩大房产税

试点。

3. 适时开证物业税

物业税，也称财产税或地产税，是以房屋、土地等不动产为征收对象，对其所有者或者承租者征收的税款。物业税按年征收，不动产价值的高低决定着所征物业税的多少，即以财产持有为课税前提，以财产价值作为课税依据。物业税是一种地方税。在 2009 年 5 月，面对全国各地土地财政严重和房价飞速上涨的情况，国务院就已经出台文件《关于 2009 年深化经济体制改革工作的意见》，要求各地深化房地产的税制改革，研究开征物业税。虽然辽宁省还没有明确开征物业税的具体时间，但是一项税种的设计必须有合适的纳税人、课税对象、税基和税率才能实行。若要开征物业税，需要根据辽宁的实际情况，设计一种适合辽宁省的较为科学合理的税制。开征物业税是解决地方财政收入来源不足、摆脱土地财政严重依赖的合理手段。

（二）严格执行土地储备制度，加强土地资源管理

1. 科学制订土地储备计划

在当前，土地储备除了要服务于国有土地资产保值增值的需要外，更重要的是发挥其对经济社会发展的调控职能，如对房价的稳定作用、对产业结构调整的引导作用。因此，辽宁省土地管理部门应切实做好土地储备工作，科学制订土地储备计划。在一定程度上，土地储备计划的完善程度直接关系到其他经济社会发展规划，如土地利用规划、住房规划、经济发展目标、产业结构比例等。因此，土地管理部门应理顺土地储备与经济社会发展的关系，根据调控土地市场的需要，结合经济社会发展规划、土地利用规划等总体规划，合理确定土地储备规模，完善土地储备计划。在制订土地储备计划的同时，土地管理部门还应遵循可持续发展原则。在土地收购、储备以及使用权移转的过程中，应充分考虑长远规划与短期利用之间的矛盾，协调好基于土地的经济社会长远发展与资源消耗的关系，避免盲目收储地、放地等政府短期行为；严格杜绝为获取土地收益而进行的违法占地、违法批地行为。在科学的土地储备计划的指导下，土地管理部门还应相应完善有利于计划实施的配套方案，以提高计划实施的效率。如在土地总体储备规模既定的情况下，应适当考虑在经济适用房宜建区加大土地储备力度，以保证经济适用房建设目标的实现。

2. 严格控制建设用地增速

由以上分析可知，辽宁省人均耕地面积在逐年减少，因而严格控制建设用地的增速，加强土地资源管理尤为重要。首先，建设用地审批要体现产业政策方向。2010年4月，经国务院同意，国家发改委正式批复沈阳经济区为国家新型工业化综合配套改革试验区，这标志着沈阳经济区成为国务院批准设立的第8个国家综合配套改革试验区。因此，基于沈阳经济区的发展目标，建设用地的审批项目应当以工业项目为主，并以高科技企业为增长点，体现政府产业政策导向。其次，实行差别定价，实现价格调控。在全面实行工业用地招、拍、挂出让和工业用地最低价标准的基础上，建立工业用地出让价格差别定价机制，利用价格杠杆来促进产业结构转型升级。最后，强力征收土地闲置费并收回闲置土地。对被界定为闲置或未充分利用的土地，根据不同情况，强力收取相应的土地闲置费。对闲置两年或两年以上的土地，坚决依法收回土地使用权。

(三) 创新土地出让方式，实行土地出让收入共享制

1. 创新土地出让方式

辽宁省地方政府应在政策允许的范围内，积极创新土地经营方式，在实现土地资源价值的同时，保证其对市场经济宏观调控作用的发挥。一方面，发挥协议出让的产业扶持作用。辽宁省政府应积极完善当前的协议出让机制，明确具体的产业政策依据，从而充分发挥协议出让的产业扶持作用。另外，在协议的过程中，政府部门还可以就协议内容进行变革，除就出让的价款进行协商外，还可以适当增加与经营情况相关的附生效条件条款或限制性条款，以增强土地协议出让的实施效率。另一方面，改革招、拍、挂出让的具体

内容，根据不同企业类型合理确定出让形式。如对于实力比较雄厚的外资企业和房地产企业，可以继续采用批租制出让土地，而对于多数中小型企业，则可以实行年租、季租、月租等短租制。在经营性用地的招、拍、挂中，政府部门还可以通过不同供地条件的设置来实现对宏观经济的调控，起到弱化市民对房价上涨的预期，稳定房价目的。

2. 实行土地出让收入共享制

建议实行土地出让收入共享制，调整中央与地方政府之间的土地收益分配关系，通过中央政府参与土地出让金的分享，降低地方政府对土地出让收入的依赖。中央政府集中一部分土地出让收入，有利于促进社会公平和区域间均衡发展，省级政府提取一部分收入，有利于调节各地的土地开展整理工作，并有效履行全省范围内土地总量调控、规划管理和重大用地行为审查等职能。另外，应该将"土地出让金"正式纳入预算管理范围，这样有利于土地出让金收入规范化管理，并明确其具体用途，目前国务院规定了五大类用途，即征地和拆迁补偿支出、土地开发支出、支农支出、城市建设支出、其他支出，应该进一步细化支出顺序和保障重点，例如，征地和拆迁补偿支出必须足额保障；土地开发支出要严格控制、支农支出要重点倾斜；城市建设支出和其他支出要严格执行预算等。

（四）加强土地财政监管，防范财政金融风险

1. 加大土地财政管理力度

地方政府对土地的管理应该是贯穿于土地市场发展全过程的系统活动，包括对土地市场的培育、对土地供应规模的限定、对土地利用规划的坚持、对土地利用效率的把握、对土地收益分配及使用范围的界定，等等。就辽宁省当前土地财政的发展状况而言，应该切实加大对土地财政的管理力度，严格控制以获取土地出让金收入为目的的土地出让，加强对土地利用绩效的评估，合理分配土地收益，完善土地收益使用向农村、农民、农业倾斜的机制，大幅提升土地财政发展的经济社会效益。

2. 规范地方融资平台建设

目前辽宁地方融资平台存在较大的财政风险。首先，加强清理整顿，防止融资平台贷款风险爆发。一方面，全面测算辽宁地方政府的财政偿还能力，合理确定贷款总规模和新增贷款总量，防止地方政府负债总量规模的进一步盲目膨胀；另一方面，多管齐下，落实融资平台贷款还款来源，有效保全资产，确保总体风险处在可控范围之内。其次，借鉴国际经验，探索市政债券发行。从发达国家的经验看，允许地方政府发行债券，是各国筹集城市公共基础设施项目建设资金的主要做法，也是实行分税分级财政体制国家的普遍经验，如英国、美国、德国和日本等国家，地方政府债在其财政收入及债券市场体系中都占有重要地位。因此，在借鉴成功经验的基础上，结合辽宁实际，逐步建立一套规范的地方政府举债融资机制。再次，完善制度建设，加强地方政府负债管理。一方面，强化地方人大对本级政府预算的监督。地方政府或其所属机构的资本运营、债务事项，应该明确向各级人大公布并接受监督。另一方面，建立强制性的政府财政信息披露制度，使地方政府隐形债务透明化。最后，完善地方政府债务风险管理体制，建立多层次政府债务风险预警指标体系，对地方政府债务风险转变为金融风险和财政风险的传递链条乃至债务危机的触发条件进行深入探讨与关注。

第四章　后金融危机时代辽宁经济结构调整的财政政策选择

　　2008 年 9 月以来，国际金融危机全面爆发并迅速蔓延，辽宁经济也遭受了一定的冲击。更为重要的是，长期以来辽宁省经济结构不合理的问题显得更加突出。在后金融危机时代，充分利用危机带来的经济调整期，进一步调整经济结构，力争在应对危机的同时实现经济结构优化升级是辽宁省实现可持续发展的必由之路。

一、后金融危机时代辽宁经济结构调整的迫切性

　　国际金融危机已经过去了 4 年，伴随着世界经济格局的重组，全球金融体制的改革，新的科学技术革命，以及中国财税体制改革的不断深入，辽宁利用危机后的时期，调整财税政策加快经济结构调整势在必行。

（一）后金融危机时代的主要特征

　　后金融危机时代是指随着金融危机的缓和而进入相对平稳期。但是由于固有的危机并没有，或是不可能完全解决，而使世界经济等方面仍存在很多的不确定性和不稳定性，是缓和与未知动荡并存的状态。这个时代主要有以下特征：

　　1. 国际经济格局重新整合

　　其一，发达国家"去工业化"进程在未来几年内有所放缓，发展中国家工业化进程受到一定程度的影响。其二，发达国家提高储

蓄率和发展中国家提高消费率成为一种发展态势。其三，"新兴市场"在国际市场上占比增加，引起了发达国家以及率先成长的发展中国家的高度关注。

2. 国际金融体系需要重塑

随着美国在全球经济总量中所占份额的进一步下降，美元国际结算货币的霸主地位、美国金融市场作为全球资源配置中心的地位将受到巨大挑战。而发展中国家在国际金融体系中的地位和作用有所增强。

3. 国际金融危机为新兴科学技术革命提供了发展契机

无论是后金融危机时代的强烈需求，还是科学技术内部所积蓄的能量，都正在催生一场以新能源技术和生命科学重大突破为标志的科技革命。发展低碳经济，建立低碳社会成为人类社会的共识。低碳经济的发展模式，为节能减排、发展循环经济、构建和谐社会提供了操作性诠释，是实现可持续经济发展的必由之路。

（二）辽宁加快经济结构调整的重要性与紧迫性

国际金融危机使得辽宁省经济结构不合理的问题进一步凸显。2009 年，辽宁省人均 GDP 5013.7 美元，这说明辽宁已经跨过了中等发达地区门槛。从低收入地区迈入中等收入地区行列，21 世纪的下一个十年，辽宁面临的挑战和风险更大。从当前看，经济增长内生动力不足，自主创新能力不强，部分行业产能过剩，城乡收入差距扩大等问题的存在，使得辽宁经济结构调整势在必行。从国内看，2010 年 4 月国家发改委正式批复"沈阳经济区"为国家新型工业化综合配套改革试验区，这给辽宁经济发展带来了新的机遇，只有坚定不移地推进经济结构调整，才能使增长更上层次、更有后劲、更可持续，才能成为中国经济发展的示范区。从国际看，加快经济结构调整是应对后危机时代激烈国际竞争的关键举措。辽宁如果仍停留在原有的经济结构和发展模式上，仍靠低水平高耗能扩张维持一时的增长，就会在新一轮国际国内竞争中陷于被动。由此可见，辽宁解决经济结构不合理的任务更加紧迫，使经济结构能够适应人民群众需求的不断变化、发展和升级，能够适应资源结构及环境变化的要求，使增长动力更具可持续性，是辽宁在后金融危机时代经济结构调整的主要目标。

二、辽宁经济结构的现状及其存在的主要问题

改革开放 30 几年来，辽宁经济发展取得了令人瞩目的成就，特别是振兴东北老工业基地的战略实施，使得辽宁基本确立了"制造大省"的地位，并为实现"制造强省"的转变奠定了坚实的基础。但是，随着国际金融危机的发生，国际国内形势发生了新的变化，辽宁经济结构的不合理性也日益突出。

（一）从产业结构来看，第二产业始终占主导地位，第三产业发展滞后

由表 1 可知，2005 年辽宁第一产业、第二产业、第三产业的产值分别为 882.4 亿元、3869.4 亿元、3295.5 亿元，产值比为 11∶48.1∶41；金融危机后的第一年——2009 年辽宁三产业产值分别为 1414.9 亿元、7906.3 亿元、5891.3 亿元，三产业产值比为 9.3∶52∶38.7；2012 年辽宁三产业产值分别为 2155.8 亿元、13230.5 亿元、9460.1 亿元，三产业产值比为 8.7∶53.2∶38.1。由此可见，辽宁第一产业在金融危机后所占比重有所下降；第二产业长期占据主导地位，金融危机后占比略有上升；第三产业较金融危机前比重下降。2012 年同期，全国三产业产值比为 10.1∶45.3∶44.6，比较而言，辽宁产业结构不合理，第一产业较全国均值偏低 1.4 个百分点，发展适中；第三产业较全国偏低 6.5 个百分点，发展较弱；第二产业占比高，占据重要地位。

一般来说，一个国家或地区第三产业越发达，这个国家或地区的经济社会发达程度和现代化水平也就越高。随着近年来政府对第三产业发展的高度重视，辽宁第三产业增长态势良好，增加值由 2000 年的 1821.2 亿元增加到 2012 年的 9460.1 亿元，年均增速超

过 10％，很多年份都超过了 GDP 的增长。但是据有关资料统计，世界发达国家第三产业化程度已达 65％以上，发展中国家也在 50％以上，而 2012 年我国只有 44.6％，辽宁省仅为 38.1％，可见辽宁第三产业总体规模偏小，服务业水平发展滞后，以生产性服务业为代表的现代服务业发展缓慢。

表1　　　　　　　　辽宁省产业结构情况　　　　　　单位：亿元

年份	生产总值	第一产业	比重（％）	第二产业	比重（％）	第三产业	比重（％）
2005	8047.3	882.4	11.0	3869.4	48.1	3295.5	41.0
2006	9304.5	939.4	10.1	4566.8	49.1	3798.3	40.8
2007	11164.3	1133.4	10.2	5544.2	49.7	4486.7	40.2
2008	13668.6	1302.0	9.5	7158.8	52.4	5207.7	38.1
2009	15212.5	1414.9	9.3	7906.3	52.0	5891.3	38.7
2010	18457.3	1631.1	8.8	9976.8	54.1	6849.4	37.1
2011	22226.7	1915.6	8.6	12152.1	54.7	8159.0	36.7
2012	24846.4	2155.8	8.7	13230.5	53.2	9460.1	38.1

数据来源：《辽宁统计年鉴2013》

（二）从第二产业内部结构来看，产业结构重型化特点显著

2005 年，辽宁规模以上工业企业总产值为 10814.51 亿元，其中轻工业总产值 1788.12 亿元，重工业总产值 9026.39 亿元，重工业的总产值是轻工业的 5 倍（见表2）。2012 年辽宁规模以上工业增加值按可比价格计算比 2011 年增长 9.9％；从轻重工业看，全年规模以上轻工业增加值比 2011 年增长 12.3％，重工业增加值增长 9.3％。据测算，1999—2006 年，辽宁工业的霍夫曼比例一直在 0.22 左右徘徊，这说明辽宁工业结构的重型化趋势显著。[①] 金融危机后，辽宁省轻工业所占比重从 2005 年的 16.53％上升到 2012

① 佟岩.产业结构变革中的辽宁经济结构调整升级研究[J].社会科学辑刊,2008(4).

年的 20.86％，轻工业比重略有上升，但重工业的绝对支配地位没
有动摇。发达国家的历史经验表明，重工业化时期往往会出现若干
高增长的主导行业。而装备制造业从 2006 年起发展成为辽宁第一
大支柱产业，集中代表了辽宁省老工业基地振兴的成果和新形象。
2008 年，辽宁省装备制造业在遭受国际金融危机冲击的情况下，
实现增加值同比增长 22.3％，增幅高于全省规模以上工业平均水
平 4.8 个百分点，对辽宁省经济的支撑作用不断增强。① 2012 年，
辽宁装备制造业工业总产值为 15389.47 亿元，占全省规模以上工
业企业总产值的 31.4％；增加值比上年增长 9.8％，占规模以上工
业增加值的比重为 30.1％；利润总额 938.99 亿元，占全省规模以
上工业企业总利润的 38.55％；利税总额 1440.95 亿元，占全省规
模以上工业企业利税总额的 31.24％。此外，辽宁省在冶金、石
化、建材工业上发展势头强劲，能源产能大幅增长。

表 2　　　　　　　　　辽宁工业产值比重情况　　　　　　单位：亿元

年份	工业总产值	轻工业		重工业	
		产值	比重	产值	比重
2005	10814.51	1788.12	16.53％	9026.39	83.47％
2006	14167.95	2421.28	17.09％	11746.67	82.91％
2007	18249.53	3277.80	17.96％	14971.73	82.04％
2008	22720.54	4098.01	18.04％	18622.54	81.96％
2009	28152.73	5440.96	19.33％	22711.77	80.67％
2010	36219.42	7053.13	19.47％	29166.29	80.53％
2011	41776.73	8153.53	19.52％	33623.21	80.48％
2012	49031.54	10225.94	20.86％	38805.60	79.14％

数据来源：《辽宁统计年鉴 2013》

---

① 张万强. 探寻新形势下辽宁装备制造业新的支撑点 [N]. 辽宁日报，2009－
02－18.

辽宁装备制造业是辽宁工业的第一大支柱产业，是我国装备制造业集聚中心，总体发展水平列居全国第 6 位，但是近年来发展滞后于东南沿海地区，产业集聚度不断下降。2010 年辽宁装备制造业区域产业份额只有 5.1％，低于广东的 18.0％，江苏的 18.1％，浙江的 7.6％和上海的 7.3％，即便与同为环渤海经济圈的山东（10.2％）相比，也存在明显差距。[1] 辽宁装备制造业经济总量在不断增长，但是实际上多以劳动密集型和资源密集型产业为主，技术密集型产业发展较为滞后，高技术含量和高附加值的产品主要依靠进口，低水平生产能力严重过剩，产品附加值低，大而不强，获利能力较低。[2] 可见，辽宁装备制造业与先进地区发展水平还有一定的差距。

（三）从消费结构来看，消费水平大幅度提升，结构不尽合理

辽宁省居民消费水平不断提高，从 2005 年的 6447 元上升到 2012 年的 17999 元，增长了 1.8 倍。但金融危机后的居民消费增速从 2008 年的 21.66％下降到 2009 年的 12.55％，增速波动性较大。金融危机后城乡居民消费差距有缩小态势，城乡消费比略有下降，从 2008 年的 3∶1 下降到 2012 年的 2.7∶1。在居民消费水平不断提高的同时，消费结构也在逐步完善，居民的消费观念由生存型向发展享受型转变，如表 3 所示。2012 年，辽宁省城镇居民平均每人支出是 23065 元，农村居民平均每人支出是 8652 元，在此带动下，辽宁省消费品市场持续升温，居民消费潜力逐步释放，社会消费品零售总额共实现 8475.3 亿元，比 2011 年增长 15.7％。其中，辽宁省城区实现零售额 7366.9 亿元，增长 15.52％；乡村消费品零售额 781.2 亿元，增长 15.0％。

---

[1]　阙澄宇，柳天恩. 辽宁装备制造业集聚分析与路径选择［J］. 辽宁大学学报，2013（3）.

[2]　梁启东，刘晋莉. 辽宁装备制造业发展研究［J］. 财经问题研究，2013（5）.

表3　　　　　　　　　辽宁居民消费情况　　　　　　　单位：元

年份	居民消费水平	增速	城镇居民	农村居民	城乡消费比
2005	6447	—	8749	3175	2.8：1
2006	6926	7.43%	9317	3508	2.7：1
2007	7965	15.00%	10950	3634	3：1
2008	9690	21.66%	13265	4409	3：1
2009	10906	12.55%	14786	5039	2.9：1
2010	13016	19.35%	17488	5955	2.9：1
2011	15635	20.12%	20560	7221	2.8：1
2012	17999	15.12%	23065	8652	2.7：1

数据来源：《辽宁统计年鉴2013》

居民消费给辽宁经济发展提供了强大的动力，拉动了辽宁经济持续增长。但是辽宁消费结构不合理，首先表现在城乡消费水平差距仍然较大，2012年城乡消费水平差距最小，但城镇消费水平仍是农村的2.7倍，而且在有些年份农村消费额增速小于城镇居民。其次，消费对经济的贡献率仍然较低。据辽宁省统计局数据显示，2012年消费对辽宁经济增长的贡献率为42.2%，投资的贡献率为71.5%，而同期消费对我国经济增长的贡献率为51.8%，投资贡献率为50.4%。由此可见，辽宁经济增长的拉动力主要是投资，消费比重偏低。最后，虽然国家不断出台对住房、教育、医疗、收入等方面改革的政策，提高居民的收入水平和社会保障水平，但是效果并不明显，居民的收入水平和社会保障水平仍然较低。在全球经济不景气和物价持续上涨的压力下，居民选择将收入用于储蓄以备不时之需的意愿远远高于用于当前消费，从而也造成了消费倾向受到抑制。

（四）从收入结构来看，城乡居民收入增长迅速，但城乡差距过大

近年来，辽宁坚持把增加城乡居民收入作为工作的重点，城乡居民收入逐年提高。从 2005 年的城镇居民可支配收入 9107.6 元，逐步增加到 2012 年的 23222.7 元；收入增长率受到金融危机的影响略有波动，2009 年最低值为 9.51％，平均增速达到 14.34％；农村居民人均收入 2012 年为 9383.7 元，是 2005 年 3690.2 元的 2.5 倍。从增速上看，农村居民收入的波动性较大，但平均增速也达到 14.34％，与城镇持平。从收入比来看，虽然近年来财政加大了对"三农"的投入，但是城乡收入比变化不明显。

表 4　　　　　　　辽宁城乡居民收入情况　　　　　　单位：元

年度	城镇居民可支配收入		农村居民人均纯收入		收入比
	绝对值	增速	绝对值	增速	
2005	9107.6	—	3690.2	—	2.47：1
2006	10369.6	13.86％	4090.4	10.84％	2.54：1
2007	12300.4	18.62％	4773.4	16.70％	2.58：1
2008	14392.7	17.01％	5576.5	16.82％	2.58：1
2009	15761.4	9.51％	5958.0	6.84％	2.65：1
2010	17712.6	12.38％	6908.0	15.94％	2.56：1
2011	20466.8	15.55％	8297.5	20.11％	2.47：1
2012	23222.7	13.47％	9383.7	13.09％	2.47：1

数据来源：《辽宁统计年鉴 2013》

从居民收入构成来看，2012 年城镇居民工资性收入 14846.1 元，家庭经营净收入 2710.30 元，财产性净收入 493.01 元，转移性净收入 7866.35 元，占比分别为 57.3％、10.4％、1.9％、30.4％；同期农村居民工资性收入 3630.2 元，家庭经营净收入 4783.4 元，财产性净收入 246.2 元，转移性净收入 724 元，占比分别为 38.7％、51％、2.6％、7.7％。由此可见，城镇居民收入的主要来源为工资性收入，农村居民收入的主要来源为家庭经营性收入。

表5　　　　　　　　辽宁城乡居民收入构成情况　　　　　　单位：元

年度	工资性收入		家庭经营净收入		财产性净收入		转移性净收入	
	城镇	农村	城镇	农村	城镇	农村	城镇	农村
2006	6611.4	1499.5	688.16	2210.8	146.49	141.8	3783.94	238.3
2007	8213.1	1719.7	765.33	2592.2	263.73	179.4	4196.30	282.1
2008	9494.6	2035.5	1483.30	2931.3	248.04	201.3	4610.32	408.4
2009	10420.6	2239.8	1553.18	3017.3	239.81	205.5	5544.11	495.4
2010	11712.7	2650	1797.82	3486.1	249.59	234.2	6254.48	537.7
2011	13093.9	3179.7	2285.41	4271	333.55	244.6	7166.95	601.2
2012	14846.1	3630.2	2710.30	4783.4	493.01	246.2	7866.35	724

数据来源：《辽宁统计年鉴2013》

辽宁省城乡居民收入结构存在的主要问题是：城乡收入差距过大，缩小态势不明显。这里的主要原因在于：一方面，城乡居民工资性收入差距过大，这是造成城乡居民收入差距的最主要原因。由表5可知，2012年城乡居民工资性收入相差11215.9元，收入比为4∶1。另一方面，城乡居民转移性收入差距过大，同样造成了城乡居民收入差距。2012年城镇居民转移性收入7866.35元，是农村724元的10.9倍，可见转移性收入在城乡间分配得不平衡。

（五）从就业结构来看，第三产业是吸纳劳动力的主力，但就业结构不合理

作为经济社会发展的一个重要的衡量指标，劳动力就业结构由于其自身的重要性，对于产业结构的影响是很明显的。随着产业结构的不断调整和优化，就业结构也要进行相应的调整和变化，否则，产业结构调整的效率将大大降低。金融危机前后，三种产业中从业人员的比重变化较大。第一产业所占劳动力比重呈逐年下降的趋势，从2006年的33.7％下降到2012年的28.7％；第三产业劳动力的比重呈现逐年上升的趋势，从2006年的38.6％上升到2012

年的 44.5％；而第二产业劳动力比重相对比较稳定，维持在 27％
左右，如表 6 所示。从不同产业吸纳劳动力比重来看，第三产业吸
纳劳动力最多，其次是第一产业，最后是第二产业。

表6　　　　　　三种产业产值比重及从业人员比重　　　　单位:％

年份	第一产业		第二产业		第三产业	
	GDP 比重	从业比重	GDP 比重	从业比重	GDP 比重	从业比重
2006	10.1	33.7	49.1	27.7	40.8	38.6
2007	10.2	32.4	49.7	27.6	40.2	40.1
2008	9.5	31.9	52.4	27.5	38.1	40.6
2009	9.3	30.6	52.0	27.2	38.7	42.2
2010	8.8	30.3	54.1	27.7	37.1	42.0
2011	8.6	29.6	54.7	27.3	36.7	43.1
2012	8.7	28.7	53.2	26.9	38.1	44.5

数据来源：《辽宁统计年鉴 2013》

　　辽宁就业结构存在的主要问题：首先，第一产业的产值比重在
各产业中占比最低，但是就业人数占比偏高。2012 年第一产业就
业比重与第二产业相当，但是产值比重不足第二产业的 1/5，由此
可见，劳动生产率和产业贡献都较低，造成了劳动力资源的严重浪
费。根据发达国家的经验，第一产业的产值比重和就业比重应该基
本上处于均衡的状态，即 2012 年从业比重应该在 8.7％左右。其
次，第二产业发展受限，吸纳就业的能力未充分体现。辽宁作为老
工业基地，政府相当重视其工业发展，而劳动者的低素质和产业的
低技术水平阻碍了高附加值产业的发展。2012 年第二产业占 GDP
比重为 53.2％，但就业比重仅为 26.9％，显然没有充分发挥劳动
密集型产业对就业的拉动。最后，第三产业从业比重虽然逐年上
升，但比重仍然偏低。美国第三产业的就业者占全国全部就业者的
70％以上，日本第三产业的就业者也占到全国就业者的 60％以上。
辽宁第三产业对就业的拉动仍然不足。

三、后金融危机时代辽宁经济结构调整升级的财政政策建议

后金融危机时代，在充分认识当前辽宁经济结构存在的主要问题基础上，要更好地完善财政税收政策，促进辽宁经济结构调整升级。

（一）促进产业升级的财税政策

1. 加大财政对第一产业的投入力度

国际金融危机的蔓延，对辽宁省农业和农村经济的负面影响逐步显现。国际市场主要农产品需求萎缩、价格回落，部分农产品出口受阻。后金融危机时代辽宁已经进入了工业反哺农业的时期，只有加大对农业的投入，才能实现城市与农村、工业与农业协同发展。因此，财政要加大对农村基础设施建设的投入，加大对现代农业的扶持力度；建立农业科技研发基金，引进发达的农业技术，发展具有地域特色的产品，开发新型的经济作物；加大对农产品的精良加工的支持，提高产品的附加值；利用税收优惠政策大力扶持乡镇农产品加工企业，提升企业自身的市场竞争力；按照国际标准，加快辽东半岛无疫病区，无公害区建设步伐，进一步开拓与日本、韩国等国家和地区农产品市场，推动养殖业快速发展。同时，政府要出台与市场相适应的政策法规，加强市场管理，维护农业市场秩序，建立公平良好的市场竞争环境和秩序。

2. 利用财税政策提升第二产业竞争力

在金融危机的冲击下，辽宁工业外部需求萎缩，增速放缓，企业总体经营状况不佳，利润减少。辽宁作为东北老工业基地，第二产业尤其是装备制造业对辽宁经济发展具有举足轻重的作用，因而在后金融危机时代，利用财税政策引导第二产业向层次丰富、结构完整的工业体系转变尤为重要。首先，加大国债投资和地方财政贴

息倾斜力度。从 2003 年开始，国家发改委实施了东北老工业基地改造国债资金和高新技术产业发展专项。可加大国债项目的投资力度，加快第二产业升级步伐。同时，采用地方财政贴息政策对东北老工业基地装备制造企业的基本建设项目、技术改造项目以及高精尖产品生产环节的流动资金贷款给予一定的财政贴息。其次，完善企业所得税优惠政策。扩大企业技术研发费加计扣除范围，可参照亏损弥补、税收抵免的办法，将技术研发费结转抵扣的年限确定为5 年；对于亏损企业技术研发费的加计扣除额，可并入当年度的亏损额结转到以后纳税年度，并且按规定的期限抵扣或弥补。再次，建立装备制造业研发基金。由中央与地方共同出资设立国家重点装备制造业产品研发基金，主要用于开发核心技术、重大成套设备、自主知识产权以及用信息技术改造传统装备制造业产品，以增强民族工业的核心竞争能力。最后，支持以企业为主体的产学研相结合的技术创新体系，对于共性、基础性和原创性技术的研发工作，给予必要的财政补贴。

3. 发挥财税杠杆作用，促进第三产业发展

第三产业的发展水平已经成为衡量一个地区发展水平、现代化程度的重要标志。辽宁第三产业占比偏低，要通过大力发展第三产业加快产业结构调整。首先，财政设立第三产业发展专项资金。专项用于对辽宁第三产业考核奖励、规划编制以及项目投入的贴息补助。重点扶持第三产业领域基本建设项目和技术改造项目、符合经济增长方式转变要求和人民生活质量提升需求的旅游、商贸和新兴服务业等，从而提高第三产业对经济增长的贡献率，满足人民群众日益增长的物质和文化生活需要。其次，扶植中小型服务行业的发展。设立创业风险投资引导专项资金，用于引导社会资金流向创业投资和中小企业信用担保企业。全面落实营业税优惠政策，降低起征点，对旅游业、物流业、运输业按规定落实营业税政策，以降低第三产业纳税人的税负。最后，加大对自主创新、科技进步的投入。鼓励支持企业建立各种形式的研发机构。对正常运作的国家级、省级工程技术中心和重点实验室给予定额补助，重点扶持为工

业经济发展服务的平台建设等。

(二) 促进消费的财税政策

1. 健全社会保障体系，解除广大居民后顾之忧

建立和完善城乡统筹的社会保障体系。社会保障支出是覆盖城乡最全面的转移性财政支出，健全的社会保障体系可以解除人们特别是低收入者的后顾之忧，起到稳定居民消费预期的功能。一方面，进一步扩大社会保障体系的覆盖范围，适时开征社会保障税。建立统筹城乡的多层次社会保障体系，把养老、医疗、失业、工伤、生育保险等社会保障措施覆盖到城镇就业人员、城镇非就业人员、农村居民和城乡贫困人群等特殊困难群体，在制度上实现对城乡居民的全覆盖和社会福利体制均等化。另一方面，提高社会保障水平，具体包括提高城镇居民医保和新农合的财政补助标准、提高城乡居民最低生活保障标准等。根据辽宁各地区的生活水平，经济发达地区可以在地方财政支出中提高最低生活保障标准，对于不发达地区，中央和省级财政应该加大转移支付力度，以保证低收入阶层的基本生活需要。

2. 降低居民生活必需品的增值税税率，提高增值税和营业税起征点

作为间接税，增值税中的很大一部分最终会转嫁给消费者。我国现行增值税的基本税率为 17%，对与居民生活密切相关的 5 类商品实行 13% 的低税。可以考虑对一部分生活必需品实行更低的税率，或者在最终的消费环节予以免税或实行零税率的优惠。生活必需品增值税负的下降，可以增加居民的可支配收入，进而起到鼓励消费和扩大消费的作用。另外，要继续提高增值税和营业税的起征点。因为增值税和营业税的起征点优惠只针对个人纳税人，所以起征点的提高直接影响的就是个体税收。这在促进下岗职工再就业，减轻低收入者的纳税负担以及增加收入方面起到重要的杠杆效用。

3. 继续深化个人所得税制改革，适时开征遗产税

自 2011 年 9 月 1 日起，辽宁个人所得税中的工资、薪金所得减除费用标准从 2000 元/月提高到 3500 元/月，适用的超额累进税率为 3% 至 45%，税率档次由 9 级降为 7 级。这是自 1993 年开始实施 800 元的税前费用扣除标准以来我国进行的第三次调整。另外，适时开征遗产税，将富人的一部分收入转为财政收入，然后通过转移支付手段救济低收入者，缩小贫富差距，不但不会抑制有效需求，而且还会增加低收入者的消费能力。

4. 深化住房制度建设，加大保障房财政投入力度

深化住房制度改革，增强宏观调控的有效性，减轻居民在住房方面的负担。整顿房地产市场秩序，规范土地出让制度，遏止房价过快上涨的势头。加强住房保障制度建设，增加廉租房建设投入，保证人民"住有所居"。2011 年，辽宁省本级财政继续安排 0.5 亿元廉租住房保障专项补助资金；棚户区改造省补助 15.07 亿元。

（三）提高城乡收入水平的财税政策

1. 创造良好财税创业环境，提高居民经营性收入比重

营造良好的创业环境，提高居民经营性收入比重。在当前全球经济相对低迷，财产性收入增加不确定的情况下，辽宁省要想解决劳动力剩余，大幅度提高城乡居民的收入，较为可取的途径是借助当前"沈阳经济区"建设的大好时期，利用税收优惠和财政补贴创造条件来鼓励居民自主创业，通过自主创业来提高居民的经营性收入比重。辽宁省财政可以设立政府引导基金，在创业资金、人员、技术等方面给予支持，降低居民创业门槛，引导居民积极自主创业。

2. 大力发展服务业，提高社会就业率

居民的收入水平与社会的就业率息息相关，提高社会的就业率不仅能拉动农村剩余劳动力转移，而且能从根本上提高居民的收入。一方面，降低行业准入门槛，促进行业间税负公平。根据辽宁经济发展的实际，探索有益的行业准入模式，在确保经济安全的前

提下积极稳妥地推进垄断行业的开放力度，加大对非公有制企业的税收优惠力度，实现各经济类型企业在税收上的同等国民待遇，促进现代服务业各行业协调发展。另一方面，丰富税收优惠方式，充分发挥税收政策的导向激励作用。转变税收优惠方式，将以降低税率、减免税额为主的直接优惠，转为以间接优惠为主，提高税收政策的稳定性，如允许服务企业的外购固定资产实行加速折旧，将原本应上缴的税金作为营业利润留存下来，用于扩大再生产，有效提高现代服务业资本投入的动机。另外，将服务性企业的生产经营环节纳入到税收优惠范围，允许企业将技术开发费用按一定比例在所得税税前扣除。

3. 加大对农民补贴力度，缩小城乡居民收入差距

辽宁要将提高居民的收入水平，缩小城乡差距作为工作重点。首先要在政策上免除农民的税费负担，为农民提供各种种粮补贴，从而提高农民创收的积极性。其次，设立财政基金，鼓励农民走农业产业化的经营道路，通过在技术、资金、管理等方面的财政支持，提高农民在生产、加工、销售等环节的生产效率，提高农产品的附加值。最后，政府通过消除城市化的体制和政策障碍，制定一系列农民工保障制度，通过转移农业人口，降低农业人口基数，提高城市化水平，从而提高农民的收入水平。

（四）加快城镇化发展，优化就业结构的财税政策

1. 推进城镇化，加快农村剩余劳动力转移

目前，辽宁省城市的发展水平相对滞后，城镇化水平不高等，导致了辽宁省金融保险、信息咨询等新型服务业和现代化服务业发展缓慢，制约了第三产业发展，束缚了第三产业吸纳劳动力的能力。首先，要依据规划做好城镇基础设施建设，不断优化城镇交通系统。发挥城建投融资平台作用，加大交通投入力度，构建起连接中心城市、县级城市与小城镇的交通网络，为产业发展、居民出行提供最大便利。并采取多元化的融资方式，筹集基础设施建设所需资金。其次，推进财税体制改革，完善财政管理体制。逐步赋予地

方政府发行公债的权力,允许地方运用政府自身信用向社会直接融资。比如,推进地方政府市政债券发行试点,为市政基础设施建设筹集所需资金。推进省以下财政体制改革,充分调动基层的城镇化建设积极性。提高市县政府对共享税的分享比例,使财力向下倾斜。最后,优化转移支付制度。对于辽宁省级政府而言,要运用好专项转移支付资金,进一步扩大财政奖补政策的范围与力度,将转移支付向基层倾斜,使基层政府拥有与城镇化建设相对应的财政实力。

2. 加大农村基础教育和职业教育投入,合理开发人力资源

一直以来,劳动力水平的低下已经成为制约辽宁省产业结构和就业结构进一步优化的障碍。因此,辽宁财政应该加大农村基础教育和职业技能教育的投资,改变现行教育制度中的不合理部分,注重培养和储备多层次、多梯次的专业技术人才,全面提高劳动者的素质,解决辽宁省低素质劳动力资源过剩,专业技术人才严重匮乏的结构性矛盾问题。同时,合理开发利用人力资源。辽宁省要积极引导劳动力向第三产业流动,为第三产业发展积累足够的劳动力资源,发挥人口集聚效应,以劳动力市场为导向、以促进就业和提高经济效益为目的,加强对第三产业劳动者素质的开发,从而推进第三产业的快速发展,优化就业结构。

第二篇 辽宁财政支农问题研究

第一章 财政支农绩效考核
指标体系的构建

党的十八大报告明确提出，"创新行政管理方式，提高政府公信力和执行力，推进政府绩效管理"，对政府绩效管理工作又作出了新的部署和要求。而"三农"问题一直是国家关注的焦点问题，因而本章以财政支农绩效为研究对象，构建合理高效的财政支农绩效考核指标体系，促进政府财政支农政策更具科学性、合理性和有效性。

一、财政支出绩效评价的理论基础

（一）财政支出绩效评价的相关概念

1. 财政支出

财政支出也称公共财政支出，是指在市场经济条件下，政府为提供公共产品和服务，满足社会共同需要而进行的财政资金的支付。财政支出是一级政府为实现其职能对财政资金进行的再分配，属于财政资金分配的第二阶段，国家集中的财政收入只有按照行政及社会事业计划、国民经济发展需要进行统筹安排使用，才能为国家完成各项职能提供财力上的保证。

财政支出按其经济性质可以分为购买性支出与转移性支出。购买性支出用以提供公共产品和劳务，满足社会的公共需要，它包括政府购买用于日常政务活动所需要的或国家用于项目投资所需要的各种物质资料、固定资产和劳务，基本反映了社会资源中由政府直接消耗的份额。转移性支出是通过财政支出把预算收入无偿地单方面转移给受领者。这种支出意味着政府通过公共预算在各经济主体之间进行收入再分配。

2. 财政支出绩效

关于财政支出绩效，我们首先来对比一下绩效和效率、效益三个概念，如图1：

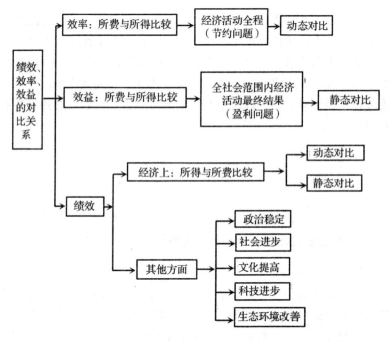

图1 绩效、效率、效益的比较

绩效的范围和内涵更为宽泛，它不仅包括经济效益，而且包括政治绩效、社会绩效、文化绩效、科技绩效和生态绩效等。而效率和效益仅是其经济效益的组成部分，它们内涵于绩效之中。所谓财政支出绩效，就是指财政支出活动所取得的实际效果。它是一个综合指标，反映了政府为满足社会公共需要而进行的资源配置活动与所取得的社会实际效果之间的比较关系，重点研究政府配置资源的合理性和资源使用的有效性，即：一是评估政府配置的资源总量是否符合整个社会客观比例要求，二是评估资源的使用是否达到效用最大化目标。

3. 财政支出绩效评价

财政支出绩效评价的含义是指，由于资源是有限的，国家在集中资源时应当考虑到将有限的资源由政府支配或交给微观经济主体支配，何者更能促进经济的发展和社会财富的增加，这就涉及绩效评价的问题。20世纪70年代，财政支出绩效评价作为政府财政支出管理的一个必需的重要组成部分被逐步接受。目前，财政支出绩效评价已在市场经济发达国家得到广泛的运用，在许多国家的财政管理活动中，财政支出绩效评价已成为财政计划、决策和控制的重要工具。

财政支出绩效评价，就是依据一些指标体系，借助于一定的分析工具，对财政支出的效果进行分析和评价的制度，其核心是强调公共支出管理中的目标与结果及其结果有效性的关系，本质是对政府行为进行内部控制，并通过这种内控，保障政府目标的实现，提高政府运行效率，促进政府职能转变。

（二）财政支出绩效评价的困难

1. 民众偏好意愿表达不充分和民众意愿稽核困难

由于公共商品消费采取"免费"形式（即没有市场经济的等价交换形式），因而从居民个人角度看，总希望多消费公共商品而少负担公共商品的成本。这样，就会导致居民对公共商品消费的意愿表达不充分。这就是所谓"搭便车"心理导致的消费意愿表达不充分。这在私人商品领域是不存在的，因为消费者必须"购买"才能获得私人商品。另外，居民的收入状况千差万别，对公共商品消费需求也就各有不同，如何把居民不同的消费需求"集合"为"共同"的需求，在实践中也是困难重重。

2. 公共商品提供的垄断形式困难

财政支出是通过政府执行的，政府只有一个，这是一种"天然"的垄断。公共商品由政府提供，这本身是效率的选择，但"垄断"的提供却存在效率实现的种种困难。要克服这种困难，就必须在制度上和技术上不断地探索。

3. "产权"的界定困难

公共商品的资源配置和生产，实际上是一系列的委托—代理制度，而且是一套庞大的、长长的委托代理链制度。政府实际上是居民的受托人，公共部门是政府的受托人。委托代理制度的效率，基本的是要明确"产权"，即要明确职责。把公共部门的职责规定得清清楚楚既是困难的，又是不必要的。把公共部门的职责规定得清清楚楚，确保公共部门保持利他主义的行为，可能需要巨大的成本。这从经济学上来看反而是没有效率的。

4. 成本收益测算困难

公共商品的成本和收益都具有经济外部性的特点，而且又不以市场价格的方式表现出来，因此，对公共商品的成本和收益进行全面的评估存在许多困难。比如，在农村修一条铁路，给沿线居民带来多少收益，污染又产生多少成本。要调查清楚，成本很高，而且问卷调查的信息未必能确保正确。

（三）财政支出绩效评价的"4E"原则

一般学者在研究政府绩效评价的过程中都普遍采用学者Fenwick 提出的"3E"原则，即经济性（Economy）、效率性（Efficiency）、绩效性（Effectiveness），这构成了财政支出绩效评价理论基本平台，并成为财政支出绩效评价的基本原则。但是，由于政府在社会中所追求的价值理念和"3E"评价法单纯强调经济效率之间存在矛盾与冲突，"3E"原则在实践中过度地偏向经济性等硬性指标，忽视了公平、平等、民主和福利等软指标的评价，这种方法受到了众多学者和公民的质疑。在随后的政府绩效评价体系中，加入了"公平（Equity）"原则，发展为"4E"绩效评价原则。

所谓经济性是指以最低费用取得一定质量的资源，考察政府活动所耗费资源的获取或购买成本是否最低。

所谓效率性是指投入和产出的关系，包括是否以最小的投入取得一定的产出或者以一定的投入取得最大的产出，简单地说就是支出是否讲究效率。考察的是政府活动的资源耗费数量与产出数量之间的比例关系。

所谓有效益性是指多大程度上达到政策目标、经营目标和其他预期结果，考察政府行为的产出与成果在质上的关联度，即政府各项活动的实施是否能够形成合力，促成既定政府成果以至目标的实现。

所谓公平标准指的是效果（如服务的数量或货币化的收益）和努力（如货币成本）在社会群体中的不同分配，它与法律和社会理性密切联系。公平性原则关注的是"接受服务的团体或个人是否都受到公平的待遇，需要特别照顾的弱势群体是否能够享受到更多的服务"。

虽然在支出绩效评价中重要考虑"4E"，但由于财政支出绩效评价涉及诸多领域，由于财政支出政策和功能的不同，因而评价目标存在着差异，在不同的支出项目中，支出是否节约、是否讲求效率、是否达到目标、是否公平四者之间并非处于一种固定状态，而是视支出的性质有所侧重。虽然最理想的支出绩效是在既经济节约又高效和公平的情况下实现预期的目标效果，但实际的财政支出活动并非都如此。由于财政支出追求的目标具有显著的多样性特征，四者之间又会处于某种矛盾状态。因此，在财政支出绩效评价的实际操作中，判明"4E"之间的关系，合理界定四者的重要性程度，作出准确的评价结论是至关重要的。

二、财政支农支出绩效评价的必要性与财政支农项目的特点

财政支农项目绩效评价是公共财政支出管理的重要内容。财政支农支出绩效考评是一种面向结果的管理理念和管理方式，其核心是强调支农支出管理中的目标与结果的关系及结果的有效性，目的是提高农业财政工作的管理效率和服务水平。在新形势下财政支农支出的绩效评价可以说是衡量现行农业财政政策是否科学、合理、完善的试金石。

（一）财政支农支出绩效评价的必要性

1. 有利于强化财政支农的支出管理职能

在支出方面，重预算分配轻支出管理、重资金拨付轻绩效考评的问题仍然突出。多年来也仍是采取以支农支出增长情况考核年度的财政收支结果的方法（如"两高于"的方法）。随着公共财政框架体系的逐步完善，我国财政将逐步由政府包办型财政向公共财政转变，支农资金管理的内容由原来的资金分配，拓展到资金支出效果的监督约束，即对资金运用进行跟踪考察。由于财政支农资金的使用最终都落实在具体的农业项目上，因此，财政支农项目绩效评价是监督财政支农支出的基础。通过采用科学的评价指标和评价方法，对财政支农项目的绩效进行追踪考评，有利于促进支出管理的科学化，进一步转变和强化财政支农的支出管理职能。

2. 有利于优化财政支农资金的支出结构

随着财政收入的不断增加，财政支出规模也相应扩大，省以上财政对农业的支持力度也在加大，这对加快农村经济和社会事业发展起到了重要作用。但由于没有对财政支农项目的绩效进行科学评价，在支农资金的分配上一直采用"项目申报加批准"的方法，这

种方法客观上造成了财政资金使用部门和单位的刚性支出需求；由于没有对财政支农项目的绩效进行科学评价，客观上支农资金也难以做到科学分配；由于没有绩效评价结果作参考，优化财政支农结构也缺乏客观论据。从理论上说，公共支出管理寻求分配效率，政府要具备能将财政资源从生产效率低的用途转向生产效率高的用途的能力。而这需要以财政资金使用的绩效为依据。因此，以公共财政支出的目的为依据，提出财政支农项目绩效的评价指标体系和评价方法，对财政支农项目的绩效进行科学考核，有助于判定财政支农资金支出结构的合理性和有效性，并据此调整和优化支出结构，提高财政支农资金的综合使用效益。

3. 有利于充分发挥财政在优化资源配置中的作用

财政支农项目不仅体现了政府对农业和农村经济发展的直接支持作用，而且是引导社会资源投入农业和农村经济的重要杠杆。因此，财政支农项目决策的合理性和科学性，不仅直接关系到财政在推动农业和农村经济增长和发展中的作用，而且影响到全社会对农业的投入规模和投入方向，从而关系到全社会的资源配置效率。通过建立财政支农项目绩效评价指标体系和评价方法，对财政支农项目的经济性、有效性和效率性进行科学评价，不仅可以提高财政支农项目本身的绩效，提高整个财政支农资金的配置效率，而且可以使财政支出更好地发挥"四两拨千斤"的作用，从而有利于优化全社会的资源配置。

4. 有利于强化财政支农资金的使用监督

对财政支农项目的绩效进行评价是提高财政支农项目绩效的重要手段，也是充分发挥财政支农资金作用的重要途径。按照委托—代理理论，委托者必须能够对代理者的行为和结果进行监督，代理者才能按照委托者的要求完成相应的任务。财政支农项目的实施过程也是一种委托—代理过程。因此，建立科学的财政支农项目绩效评价指标体系和评价方法，对财政支农资金的使用情况及其结果进行科学评判，是财政支农资金管理部门对财政支农资金使用部门和单位进行监督的有效手段。同时，通过对财政支农项目绩效的科学评价，不但能找出项目建设和运行中存在的问题及其原因，明确相关责任方的责任，而且还有利于使财政支农资金的管理和使用部门形成自我评价、自我监督和外部评价、外部监督相结合的有效机制，提高管好用好财政支农项目资金的自觉性和主动性。

（二）财政支农项目的特点

1. 农业项目建设时间长，效益发挥滞后性

一般来说，财政支农项目建设受季节和气候等方面的影响而有所间断，项目建设的时间比较长。项目建设时间长，各种风险都会增加。同时，财政支农项目的效益也不能像工业项目那样能很快地获得，有些项目甚至在项目建成之后还要经过一段时间才能收到效果。例如，生态公益林建设是一个长期的过程，其效益的发挥也是一个长期渐进的过程。因此，选择适宜的评价时间，对真实地反映农业项目的效益具有重要意义。

2. 资金投入集中，产出效益分散

财政支农项目与其他行业的建设项目一样，其资金投入都集中于一个单位，但其产出效益不像工业项目那样集中反映在一个基层生产单位的产出上，而是分散在广大地区众多的基层单位（有的小到农户）。因此，在评价财政支农项目的效益时，要充分考虑项目的影响范围，尽可能把项目的效益充分地反映出来。

3. 自然因素对财政支农项目的效益产生直接影响

目前，自然因素对种养业等传统农业项目的影响仍然较大。水、旱、风、雹、高温等都影响着农业的产出，造成农业项目产出和效益的年际间波动。因此，在对财政支农项目进行评价时，要充分辨别哪些变化是由不可控的自然因素引起的，哪些变化是由项目引起的。通过建立对照体系，监测对照体系的变化，以便扣除自然因素异常对项目效益带来的影响，从而得出科学的评价结论。

4. 财政支农项目的效益具有多元性

大多数行业的项目效益往往表现为经济效益。有些财政支农项目的效益也主要体现为经济效益，但许多财政支农项目的效益并非表现为直接的经济效益，而是以社会效益和生态效益为主，如防护林建设，其效益主要表现在调节气候、保持水土、保护生态方面的作用。而像农田水利工程建设之类的项目，其效益虽然也可以用增产的粮食来表现，但用这种方法表现出来的经济效益与投入相同资金建设的其他项目比较，其经济效益可能不高。财政支农项目效益表现的这一特点决定了在财政支农项目评价不能仅仅以财务评价为限，而应该适当引入国民经济评价和社会评价的内容。

5. 支农项目存在多目标性

近年来，农业综合开发、农村扶贫等项目建设逐渐增多。虽然这些项目中农业生产开发占重要地位，但由于其以特定的区域作为开发对象，以提高地区综合生产能力为目标，开发内容的综合性强，除了农业生产项目外，还有产前、产中、产后的配套服务，以及统筹城乡、区域发展的农村道路、饮水、卫生、教育等农村基础设施建设。因此，对这类项目的评价需要综合考虑各方面的建设目标。同时，由于这类项目涉及地域范围大，在建设时往往按行政区实行分级管理，形成由总项目、分项目和子项目组成的多层次项目管理体系。在各层次项目中，一般又包含属于不同经营主体的项目活动，项目的信息源极为分散。因此，项目评价时信息采集的工作量很大，评价指标不能过多。

6. 财政支农项目与千万农民利益紧密相连

在很多情况下，财政支农项目的直接目的是促进农业和农村经济的发展，但农业和农村的主体是农民，农民问题是"三农问题"的关键。因此，在对财政支农项目进行分析评价时，既要重视项目建设单位的效益，重视项目对国民经济的贡献，同时也要十分关注项目对广大农民能否带来实惠，能否提高农民的收入水平或改善农民的生活条件。

三、财政支农绩效考核指标体系的构建

（一）构建财政支农指标体系的原则

1. 定性和定量分析相结合

定性分析是评价者运用其自身的知识，参照有关标准，对评价对象作出主观判断；定量分析是通过选择一定的数量指标，按照统一的标准来考核财政支出的绩效。在实际财政支出的效益评价中，有些可以直接用量化的指标来计算测量（如粮食产出、产值的增长），而有些外部效应不能直接用数量来考评（如公众的满意度等），这就需要运用定性指标。单纯地使用定性或定量指标，都会导致对于财政支出评估的不全面，势必影响评估结果的客观性。所以在对于财政支出进行评估时，要坚持定性和定量相结合的原则。同时以定量原则为主，以定性原则为补充。

2. 一般性与特殊性相结合

由于不同地区财政支农的重点和领域各有差异，因而指标体系要做到全面系统的同时体现地区差异。财政支农资金评价，要区分不同类型的支农资金，同时根据资金使用的不同阶段和不同功用，突出统计评估的侧重点，选择不同的指标体系。

3. 适用性与导向性相结合

评价指标要符合财政支农工作的实际，具有较强的实用性和现实意义。根据农业和农业改革的发展趋势，参照国际经验，研究适应我国国情的评价指标体系。由于财政支农评价问题只处于起步阶段，客观认识指标体系必然有一个逐步加深的过程，需要在动态的过程中论证修改并完善，使指标体系不断改进。同时，评价体系的运用，应该能对财政支农产生导向作用。使得支农资金的使用更具合理性，优化支农结构。

（二）财政支出绩效评价指标体系的构建

财政支农绩效考核指标体系是根据财政支出绩效评价工作的要求，按照一定的分类标准，对财政支出内容和评价对象进行科学合理、层次清晰、实用可行的分类形成的指标体系。

财政支出绩效评价指标包括两大类，一类是定量指标，一类是定性指标。定量指标包括基本（通用）指标和个性（选定）指标。基本指标包括基本财务指标、国家（国际）通行指标、公众关注指标等被广泛应用在综合性绩效评价以及公共支出项目绩效评价的指标。个性指标包括绩效指标和修正指标，是在确定具体评价对象后，通过了解、收集相关资料、信息，结合评价对象不同特点和财政支出具体设定目标来设置（选定）特定的指标。定性指标指无法

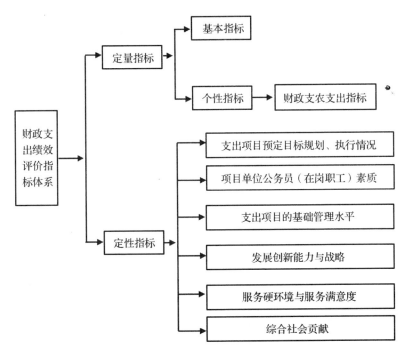

图 2　财政支出绩效评价指标体系

通过数量计算分析评价内容，而采取对评价对象进行客观描述和分析来反映评价结果的指标。

定量指标和定性指标共同构成财政支出对象的评价指标体系。体系是动态的，可扩充的，具体体现在所选用的指标既可从每类指标和备选指标库中选取，也可以根据评价对象的特性设置指标，从而保证评价结果的科学性和真实性。

（三）财政支农绩效考核指标体系的构建

1. 定量指标

（1）基本指标。主要评价财政支出效益的共性方面，它可以反映财政支农的整体支出效果，起到综合评价的作用。其公式如下：

$$财政支农规模比重 = \frac{财政支农支出}{财政支出} \times 100\%$$

$$财政支农支出增速 = \frac{本年财政支农支出 - 上年财政支农支出}{上年财政支农支出} \times 100\%$$

- $$资金到位率 = \frac{实际拨付金额}{计划使用金额} \times 100\%$$

$$资金使用率 = \frac{实际使用金额}{实际拨付金额} \times 100\%$$

$$支出效果率 = \frac{实际达到的效果}{目标效益} \times 100\%$$

支出效果率指标说明：目标效益，指项目申报时，可行性分析报告中指出所要达到的效益。实际达到的效果，指项目完成后，实际达到的效益。

a. 当效益是可以量化的数额时，则可采用相应的数额；

b. 当效益不可量化时，则可以采用专家评议、委托中介机构调查问卷、涉及对象评议等方法，得出结论。具体如下：评议分为很好、好、良好、一般、差五个等级，目标效益为100。

当采用一种以上调查方法（Z_i），其通用公式为：

$$支出效果比率 = \frac{\sum_{i=1}^{n} Z_i}{n} \times 100\%$$

（2）个性指标

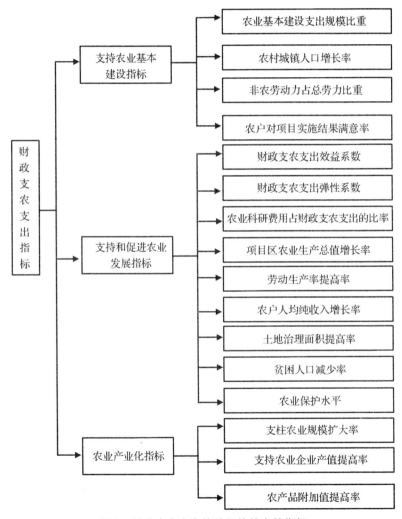

图3　财政支农支出绩效评估的个性指标

　　财政支农支出指标包括支持农村建设、支持和促进农业发展和农业产业化三类指标，每类指标又分若干子指标。涉及的财政支出科目包括支援农村生产支出、农业综合开发支出、农林水气象等部门的事业费、支援不发达地区支出中的财政扶贫资金、其他部门事业费中的农业综合开发事业和基本建设支出中的农业基建支出等。

$$农村基本建设支出规模比重 = \frac{财政农业基本建设支出}{财政支农支出} \times 100\%$$

$$农村城镇人口增长率 = \frac{项目实施后新增的城镇人口}{项目实施前的城镇人口} \times 100\%$$

$$非农劳动力占总劳动力比重 = \frac{非农劳动力数量}{总劳动力数量}$$

$$农户对项目实施结构的满意率 = \frac{非常满意和满意的人数}{调查的总人数} \times 100\%$$

$$财政支农支出效益系数 = \frac{某时期农业总产值增加额}{某时期财政支农支出总额} \times 100\%$$

$$财政支农支出弹性系数 = \frac{农业总产值增长率}{财政支农支出增长率} \times 100\%$$

$$农业科研费用占支农支出的比率 = \frac{财政对农业科研费用的投入}{本地区财政支农支出总额} \times 100\%$$

$$项目区农业生产总值增长率 = \frac{项目区农业生产总值增加额}{项目实施前农业生产总值} \times 100\%$$

$$劳动生产率提高率 = \frac{项目区实施后投入因素的净差额}{项目区实施前投入因素的总额} \times 100\%$$

$$农户人均纯收入增长率 = \frac{项目实施后农户人均纯收入净差额}{项目实施前农户人均纯收入} \times 100\%$$

$$土地治理面积提高率 = \frac{项目实施后土地治理面积的增加额}{项目实施前土地治理面积} \times 100\%$$

$$贫困人口减少率=\frac{贫困人口减少净额}{原有贫困人口}\times100\%$$

说明：当农业保护水平＞0时，说明财政资源向农业倾斜，农业得到了保护；反之表明政府未对农业进行有效保护。

$$支柱农业规模夸大率=\frac{项目实施后农业规模扩大净额}{项目实施前农业规模}\times100\%$$

$$支持农业企业产值提高率=\frac{项目实施后农业企业产值提高净额}{项目实施前农业企业产值}\times100\%$$

$$农产品附加值提高率=\frac{项目实施后农产品附加值增加净额}{项目实施前农产品附加值}\times100\%$$

2. 定性指标

（1）定性指标的构成

定性指标是用于评价财政支出项目涉及政治影响、社会稳定、改革与发展、资源配置状况、服务态度和质量等非定量指标因素，是对定量指标的进一步补充。通过对定性指标各项定性因素的分析判断，对定量指标评价结果进行全面的校验、修正和完善，形成财政支出项目绩效定量与定性评价相结合的综合评价结论。由于定性指标无法量化的自身特点，在财政支出绩效评价中有其独特的地位。定性指标主要由财政支出项目预定目标规划、执行情况，项目单位公务员（在岗职工）素质，支出项目的管理水平，项目的发展创新能力与战略，服务硬环境与服务满意度，综合社会贡献6项非定量指标构成。

a. 支出项目预定目标规划、执行情况。

指财政支出项目单位申请支出项目时，对预定目标的设定、规划和执行基本情况是否合理、能否体现支出绩效的经济性、效率性和有效性，以及单位的组织能力和科学决策水平等因素。

b. 项目单位公务员（在岗职工）素质。

指财政支出项目部门和单位的公务员和在岗职工的文化水平、道德水准、专业技能、组织纪律、参与社会建设事业的积极性及爱岗敬业精神等方面的综合因素。

c. 支出项目的基础管理水平。

指财政支出项目部门和单位按照国家政策法规规定和本单位实际情况，在事业建设和发展过程中形成和运用的维系单位正常运作及生存与发展的组织结构、管理模式、各项基础管理制度、激励与约束机制、信息支持系统、依法行政、精神文明建设等方面的建设及贯彻执行状况。

d. 发展创新能力与战略。

指部门和单位在市场经济条件下，围绕经济建设中心和目标，不断根据外部环境进行的结构调整和创新的能力。包括制度创新、管理创新、技术创新、服务创新、观念创新等方面的意识和能力。在发展战略方面包括科技投入、市场开拓、项目规划、资源配置、资本筹措及人力资源等方面的谋划和策略。

e. 服务硬环境与服务满意度。

指部门和单位办公条件和主要专用设备的先进程度，以及适用性、技术水平、使用及闲置状况、更新改造情况、技术投入水平和采用环保技术措施等情况。在推动事业改革和发展中，服务的种类、速度、方便程度、服务态度和质量，以及群众接受服务的心理满足程度等。

f. 综合社会贡献。

指部门和单位对经济增长、社会发展、环境保护等方面的综合影响。主要包括对国民经济及区域经济增长的贡献、提供就业和再就业机会、履行社会责任与义务以及信用操守情况、对财政税收的贡献和对环境的保护影响，等等。

（2）定性指标的设定方法

对定性指标的设定，可从以下方面取得判断基础或依据：一是专家经验判断。专家凭借自己的经验，综合当时的政治经济发展形势，以及以往年份同类项目、单位或部门使用同类资金所产生的经济效益和社会效益，并结合一定的经验，对该项财政资金的支出绩效作出经验判断。二是问卷测试。对于一些涉及公众满意度，应达到的支出目标等指标,通过公众评判的方式建立定性标准。三是横向比较。综合比较同类财政支出绩效所达到的结果并作出判断。四是"一票否决"法。通常运用在项目或单位使用的财政资金上行为违法违规时,评价采取"一票否决"法作出评判,确认该资金的使用绩效为最差。

定性指标测定通常是上述四种方法的综合运用,采取模糊学的隶属因子赋予法对不同的等级赋予相应的等级参数,形成若干个从高到低有档次的评语。

(3)定性指标的权重

财政支出绩效评价依据层次分析法设定不同层次指标的权重,然后采用综合指数法,根据各项指标的权数进行加权汇总得出量化的评价结果。如表1所示,6项定性指标的权重如下:

表1　　　　　　　　　绩效评价定性指标权重表

项目	定性指标	权重	比例
1	支出项目预定目标规划、执行情况	20	20%
2	公务员(在岗职工)素质	15	15%
3	基础管理水平	15	15%
4	发展创新能力与战略	17	17%
5	服务硬环境与服务满意度	17	17%
6	综合社会贡献	16	16%
	合计	100	100%

3. 财政支农绩效考核指标体系的运用

当评价对象确定后,将从指标体系中选取基本指标、绩效指标中的几种(根据评价对象的财政支出类别确定)、修正指标和定性指标,同时根据评价对象的特性,再从选定的绩效指标、修正指标和备选指标库中分别选择若干个指标或添加反映其特性的指标,构成评价对象的一套完整指标体系。

就整体而言,定量指标占整个指标体系的80%,定性指标

（W）占 20％。定量指标中的权重又可以细分为：基本指标（A）占 20％，绩效指标（B）占 80％，每类指标总分都为 100 分，根据其明细指标的得分（Pi）和设定的权重（Ii）计算出得分（也可以采用平均分），再将每类指标的得分与权重的乘积加总，得出评价分数（S）。其通用公式为：

$$S＝（A×20％＋B×80％）×80％＋W×20％$$

$$A = \sum_{i=1}^{n}(P_i \times I_i)$$

Pi：每项指标算出的结果转化成相应的分值。

Ii：根据评定对象的性质，对所选指标设定相应的权重。

B、C、W 的计算方法同上。

4.财政支农绩效考核评价结论

财政支农项目数量多，绩效评价的工作量非常大，因此，绩效评价工作宜实行"统一组织、分级实施"的管理办法，由财政部门统一组织管理，财政部门、主管部门和项目实施单位分级实施。财政部门和主管部门可根据需要和实际情况直接组织实施，也可委托有相应资质的中介机构实施。不管由谁组织实施，评价工作必须做到客观、公正、科学、规范。

评价结果分为优、良、中、低、差五个等级，根据计算结果的分值，确定评价对象最后达到的等级，具体见表 2。

表 2　　　　　　　　　财政支农绩效评估等级评定

绩效等级	优	良	中	低	差
综合得分	≥90	（90，80）	（80，70）	（70，60）	＜60

第二章　辽宁财政支农绩效研究

近年来，辽宁省把支持"三农"作为全省各级财政工作的重中之重，坚持统筹城乡发展的基本方略，坚持工业反哺农业、城市支持农村和多予少取放活的基本方针，调整财政支出结构，加大"三农"投入力度，不断提高财政支农绩效。

一、辽宁财政支农的现状及存在的主要问题

（一）辽宁财政支农规模分析

1. 辽宁财政支农总量持续增长，但财政支农占财政支出的比重偏低

近年来，辽宁财政支农规模保持了持续扩张的增长态势。从总量来看，由 2005 年的 93.2 亿元增加到 2012 年的 405.02 亿元，增加 3.3 倍，年均增长量为 39 亿元；从财政支农支出的增速来看，2009 年达到最高值 61.2％，年均增速 23.4％。由此可知，辽宁省财政支农支出从绝对增长量和相对增速上来看呈上升趋势，这对于辽宁省"三农"发展是一个有利的促进因素。

表 1　　　　2005－2012 年辽宁财政用于农业支出的情况　　　单位：亿元

| 年份 | 财政农业支出（亿元） | 增长速度（％） | 农业支出占财政支出的比重（％） | 农业 GDP | | 财政农业支出占农业GDP比重（％） |
				绝对量（亿元）	占 GDP比重（％）	
2005	93.2	17.5	7.7	882.4	11	10.6
2006	101.81	9.2	7.2	939.4	10.1	10.8
2007	121.80	19.6	6.9	1133.4	10.1	10.7
2008	149.29	22.6	6.9	1302.0	9.5	11.5
2009	240.71	61.2	9.0	1414.9	9.3	17
2010	289.00	20.1	9.0	1631.1	8.8	17.7
2011	329.20	13.9	8.4	1915.6	8.6	17.2
2012	405.02	23	8.8	2155.8	8.7	18.8

资料来源：《中国统计年鉴 2013》整理而得

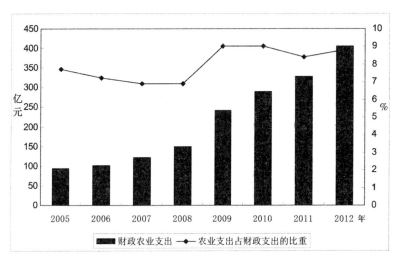

图 1　辽宁省财政农业支出与农业支出占财政支出比重的变化情况

从财政农业支出占财政支出的比重来看，如图 1 所示，一直在 6.9％至 9％之间徘徊，变化幅度不大，最高值为 2009 年和 2010

年也仅为9％。据统计，发展中国家财政农业支出占财政支出的比重一般保持在10％以上，像巴基斯坦、泰国、印度等国家已经占到15％以上。因此，辽宁省财政对于农业的投入略显不足，财政支农支出相对规模有待进一步提升。

2.辽宁财政农业支出占财政支出比重与农业GDP占总GDP的比重趋同

一方面，从财政农业支出占农业GDP的比重来看，由表1可知，此指标呈现出明显的增长态势，从2005年的10.6％增长到2012年的最大值18.8％；但是这种增长的主要原因在于农业GDP增速放缓，农业GDP占总GDP的比重降低，从2005年的11％下降到2012年的8.7％，如图2所示。辽宁省产业结构调整明显向第二产业、第三产业倾斜。

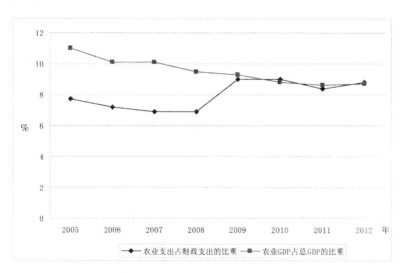

**图2　辽宁省财政农业支出占财政支出比重和农业
GDP占总GDP的比重变化情况**

另一方面，由图2财政农业支出占财政支出比重与农业GDP占总GDP比重的变化情况可知，两者之间的差距呈逐渐缩小的态势，尤其是近四年基本趋同。这里的主要原因在于，2005年至

2008 年，辽宁财政对农业投入的力度较小，与辽宁农业对 GDP 的贡献不相符，随着 2009 年以后辽宁财政支农力度的加大，两者之间差距逐步减少。

3. 辽宁财政支农增速并未一直高于财政收入增速，呈徘徊波动状态

1993 年颁布的《中华人民共和国农业法》（简称《农业法》）第三十八条明确规定：国家逐步提高农业投入的总体水平，中央和县级以上地方财政每年对农业总投入的增长幅度应当高于其财政经常性收入的增长幅度。从图 3 可以看出，只有 2008 年、2009 年和 2012 年，财政支农支出增速高于财政收入的增速；其他各年财政支农支出增速均低于财政收入增速，整体上看，辽宁省财政支农支出并未完全符合《农业法》要求，同时，辽宁省财政收入增长的波动性和财政支农支出增长的波动性都很大，说明辽宁省财政支农支出稳定性不太好，有待进一步调整改进。

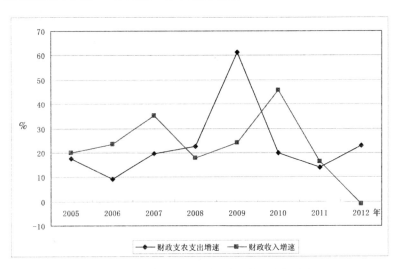

图 3　财政支农增长速度与财政收入增长速度

（二）辽宁财政支农结构分析

近年来，辽宁在加大"三农"投入总量的同时，也更加注重支农结构的优化。将财政支农的重点放在支持现代农业发展、支持水利基础设施建设，支持农产品深加工等项目以及推进城镇化建设上，但农业科技投入仍然偏低。

1. 辽宁财政支农结构不断优化

辽宁在支持现代农业发展方面的主要投入有：2012 年辽宁省财政筹资 37.5 亿元，重点支持粮食产业发展，"一县一业"示范县、优势种子产业发展、农业技术推广等项目建设，建设高标准农田 89.2 万亩，改造中低产田 35.6 万亩等。在支持水利基础设施建设方面：辽宁省财政筹集 49.5 亿元，重点支持辽西北供水工程，防洪抗旱体系，大伙房水库输水二期工程，病险水库除险加固，小型农田水利基础设施建设等项目建设，夯实了农业发展基础。在落实各项惠农补贴政策方面，辽宁省发放对种粮农民直接补贴、农作物良种补贴和农机具购置补贴资金 58.4 亿元；认真落实保费财政补贴政策，各级财政累计拨付保费补贴资金 5.6 亿元，支持 220 万户农民参加保险，并在抗击各类自然灾害中为投保农民挽回经济损失 4.3 亿元，积极落实农产品深加工固定资产投资财政补贴政策，支持新增固定资产投资 10 亿元以上农产品深加工大项目建设。在推进城镇化建设方面：2012 年辽宁省财政拨付 1 亿元，支持县域及小城镇规划编制和重点基础设施建设项目；落实省财政对县域非盈利性基础设施建设项目农业发展银行贷款给予贴息政策，大力支持县域建设。

2. 辽宁财政支农结构中农业科技投入较低

辽宁省大力实施"科技兴农"战略，努力加强农业科技创新体系建设，加速农业科技发展的步伐。"十一五"期间，辽宁省完成了省级农业科技计划项目 230 项，省级科技经费累计投入近 3 亿元，争取国家各类计划项目 200 余项，获得经费支持 2.4 亿元。登记农业科技成果 762 项，有 212 项获得国家、省科技进步奖励。农业科技贡献率、农业科技成果转化率、农业科技成果推广率分别达到56％、38％、70％。通过依靠科技创新驱动生产力，持续推动农业稳步发展，提高农业经济效益，促进了农业现代化进程。"十一五"全省审定农作物新品种290个，推广面积653万公顷，粮食增产49亿千克，累计增加经济效益73亿元。引用物种资源6000余份、配制新组合2000份、选育农作物新品种190个，推广面积累计2000万公顷，全省主要农作物良种种植覆盖率高达95％以上。累计选育林木、畜牧、水产等新品种40个，丰富了辽宁省种业市场。

但是，辽宁农业科技投入仍然较少，如表2所示，农业科技三项费用占农业总产值的比重也一直在低位徘徊。据统计，20世纪80年代中期，世界各国农业科研投资占农业总产值的比重的平均值约为1％，其中，发展中国家约为0.5％，发达国家约为2％，而美国则高达35％；而辽宁到2012年也没有达到0.5％的标准。由此可见，科技投入较低造成了辽宁农产品科技含量不高，农业整体缺乏竞争力，农业科技成果的转化率低。目前，辽宁科技在农业增长中的贡献份额仅为56％，而欧洲国家都在70％以上，美国高达80％，发达国家的农业成果转化率均在60％左右。由此可见，辽宁农业科技投入仍然偏低。

表2　2005－2009年辽宁财政用于农业科技投入占农业GDP的比重

年份	农业GDP（亿元）	农业科技三项费用（亿元）	农业科技三项费用占农业GDP的比重（％）
2005	882.4	1.0	0.11％
2006	939.4	1.5	0.16％
2007	1133.4	0.7	0.06％
2008	1302.0	0.9	0.07％
2009	1414.9	1.2	0.08％

资料来源：《中国统计年鉴2010》整理而得

二、辽宁财政支农绩效分析

（一）财政支出规模效益分析

财政支农效益分析就是对支农项目所投入资金与其产生的效果进行比较，它反映的是投资活动所得与所支的比例关系，分析财政支农的效益，有利于我们发现财政支农过程中在资金投入总量和投入结构方面的制约因素，为优化财政支农支出结构，提高财政支农绩效，充分发挥财政在农业领域的宏观调控职能提供依据。我们采用财政支农支出效益系数和财政支农支出弹性系数两个指标来从总量上分析辽宁省财政支农支出的规模效益。

1. 财政支农支出效益系数分析

财政支农支出效益系数是指一定时期农业总产值的增加额与当期财政支农支出总额的比值，即平均单位的财政支农支出产生的农业总产值的增加额。其计算公式为：

财政支农支出效益系数＝某时期农业总产值增加额/某时期财政支农支出总额

这个指标从绝对数值的角度综合反映了每单位财政支农支出能够增加的农业总产值数额。单位财政支农支出提供的农业总产值增加额越多，财政支农支出投资效益系数越大，财政支农效益越高；反之，财政支农效益越低。结合辽宁财政支农支出总额和辽宁省农业总产值的相关数据，计算出辽宁省 2005－2012 年的财政支农支出效益系数，如表 3 所示，辽宁省财政支农支出效益系数呈波动状态，最大值在 2007 年为 1.59，最小值在 2009 年为 0.47，由此可见财政支农效益不稳定，各年之间差异较大，财政支农支出效益有待进一步提高。

表 3　　　辽宁省 2005－2012 年财政支农支出效益系数

年份	农业 GDP（亿元）	财政支农支出总量（亿元）	财政支农支出效益系数
2005	882.4	93.2	0.90
2006	939.4	101.81	0.56
2007	1133.4	121.8	1.59
2008	1302	149.29	1.13
2009	1414.9	240.71	0.47
2010	1631.1	289.00	0.75
2011	1915.6	329.20	0.86
2012	2155.8	405.02	0.59

资料来源：《辽宁统计年鉴 2013》整理而得

2. 财政支农支出弹性系数分析

财政支农支出弹性系数是指农业总产值增长率和财政支农支出增长率的比率。计算公式如下：

财政支农支出弹性系数＝农业总产值增长率/财政支农支出增长率

这个指标从相对数值的角度反映财政支农支出增长 1％时引起农业总产值增长的百分比。财政支农支出弹性系数越大，说明财政支农支出增长带来的农业总产值增长率越高，财政支农支出效率越高；反之财政支农支出效率越低。

结合辽宁省财政支农支出总额和辽宁省农业总产值的相关数据，计算辽宁省 2005－2012 年的财政支农支出弹性系数，如表 4 所示。2007 年、2009 年和 2011 年的辽宁财政支农支出弹性系数都大于 1，富有弹性，财政支农支出有效拉动了农业产值增长；而其他年份，财政支农支出弹性系数都小于 1，也就是说财政支农支出不能充分拉动辽宁省农业总产值的增长。

表 4　　　　辽宁省 2005－2012 年财政支农支出弹性系数

年份	农业 GDP 增长率（%）	财政支农支出 增长率（%）	财政支农支出 弹性系数
2005	0.11	0.18	0.611
2006	0.06	0.09	0.667
2007	0.21	0.20	1.05
2008	0.15	0.23	0.652
2009	0.09	0.61	1.48
2010	0.15	0.20	0.75
2011	0.17	0.14	1.214
2012	0.13	0.23	0.565

资料来源:《辽宁统计年鉴 2013》整理而得

由以上分析可知，利用绝对值和相对值对辽宁省财政支农支出规模效益分析的趋势大致相同，呈现出阶段性波动发展，但没有较大进步，而且部分年份的效益特别低。这里的主要原因在于在农业领域的投资也符合"报酬递减规律"，因而随着财政支农支出的增加，农业总产值却没有相应程度的增加，导致支出弹性较低，财政支农支出效益较低。

（二）财政支农参数分析

利用一般的时间序列模型分析辽宁省财政支农绩效，由于样本数据受限，会严重影响计量模型的稳健性。而利用面板数据在一定程度上可以增加样本容量，进而提高估计方程的拟合优度及解释力度。

对于农业产值贡献因素，包括资本、劳动力和土地要素的投入，参考 C－D 函数来研究辽宁省财政支农资金绩效。同时取对数进行模型估计，可以有效解决最小二乘法估计的异方差问题，并有效剔除模型中变量的单位量纲，便于数据的比较。

模型设计中定义农业产出为 GDP，定义财政支农资金为 Fiscal expenditure，农业贷款为 loan，劳动力要素为 labor，土地要素为 land。选取 2006—2012 年辽宁省 14 个地区的面板数据，对于农业产出增长的因素和各因素的贡献率进行了面板计量模型的分析。Hausman 检验显示，模型适用于固定效应模型。用辽宁省农业贷款、财政支农支出、土地投入和劳动力投入为解释变量对农业产值进行多元线性回归，模型分析采取分别引入变量的方法，逐渐扩大解释变量个数。回归结果由表 5 给出：

表 5 　　　　　　　　固定效应模型回归结果

变量	模型 1	模型 2	模型 3	模型 4
农业贷款	0.6514 * * * (13.79)	0.3233 * * * (4.27)	0.2537 * * * (4.02)	0.2548 * * * (4.00)
财政支农资金		0.1614 * * * (5.07)	0.1336 * * * (5.04)	0.1313 * * * (4.82)
土地			1.8484 * * * (5.30)	1.8518 * * * (5.27)
劳动				−0.1707 (−0.41)
R2 F 值	0.77 190.13	0.84 150.71	0.90 160.24	0.90 118.34
Hausman test： 　chi2＝ Prb＞chi2＝	14.67 0.0021			

计量检验的结果表明：

1. 模型 1 显示辽宁省农业产值与农业信贷资金投入呈现出显著的正相关关系。

2. 在引入财政支出这一投入要素后，农业产值与农业信贷资金投入、财政支农支出呈现出显著的正相关关系。说明辽宁省农业资金投入促进了农业产值的增加。

3. 在引入土地这一投入要素后，计量检验结果显示，农业产

值与农业信贷资金投入、财政支农支出、土地投入都呈现出显著的
正相关关系。

4. 在引入劳动投入要素后，模型结果显示，劳动投入对农业
产出的贡献不显著，可以从模型中剔除。根据 lewis（1954）剩余
劳动力观点，当劳动力投入达到一定规模之后，农业产出就不会随
着劳动力的继续增加而增加。当前辽宁省农村劳动力现状是存在大
量劳动力，农业劳动力边际报酬较低，农业劳动力的增加不会引起
农业产出的增加。

5. 模型随着解释变量的逐一引入，拟合优度 R2 不断提高。模
型均显示辽宁省农业产值与财政支农资金投入呈现出显著的正相关
关系。但是回归结果显示财政支农资金投入增加 1%，农业产值增
加约 0.13%，即农业产值增加的幅度小于财政支农资金投入增加
的幅度，投入产出弹性 $\eta < 1$。结果表明，辽宁省财政支农资金的
投入促进了农业产值的增长，但财政资金投入的效率还存在进一步
改进的空间。

（三）财政支农数据包络分析

数据包络分析 DEA 是当前应用比较广泛的非参数方法。DEA
是一种面向数据的测评方法，用于测评投入和产出决策单元的绩效
和相对效率。数据包络分析侧重个体而不是观测量的平均值，因为
在对个体的差异尤其是决策单元效率的考察上具有优势。这种非参
数估计方法，可以规避参数方法的多种限制。

本章数据采用财政支农资金、农业从业人数、农业耕地面积作
为投入指标，并选取农业产值作为产出指标。选取辽宁省 2012 年
14 个地区作为决策单元构造投入导向、规模报酬不变（C2R 模
型）、多阶段 DEA 计算方法，计算辽宁各地区投入产出效率系数
（j）。运用 DEAP2.1 软件，计算结果如表 6 所示：

表6 不同地区的 DEA 有效性

地区	产出	投入			DEA 有效性
	农业产值（亿元）	财政支出（亿元）	耕地面积（千公顷）	劳动力（万人）	
沈阳	315.20	766.09	667.42	78.10	0.87
大连	451.37	89.10	328.00	62.70	1.00
鞍山	124.43	29.03	253.66	48.00	0.79
抚顺	85.11	20.02	117.76	30.70	0.63
本溪	60.19	17.56	59.35	14.40	0.70
丹东	140.01	19.69	207.01	44.80	0.73
锦州	190.29	20.47	453.40	67.90	1.00
营口	103.56	22.10	109.75	37.10	0.88
阜新	125.40	14.54	530.57	39.10	1.00
辽阳	63.28	13.74	164.68	31.90	0.72
盘锦	108.44	18.22	144.41	42.00	1.00
铁岭	193.30	20.03	586.41	61.00	0.87
朝阳	205.03	21.37	500.05	79.70	1.00
葫芦岛	95.91	16.68	238.86	56.90	0.58
均值	161.54	77.76	311.52	49.59	0.84

资料来源：《辽宁统计年鉴2013》整理而得

数据结果表明，辽宁省各地区农业的投入产出效率值存在很大差异。大连、锦州、盘锦、阜新和朝阳地区的效率值 $i=1$，为 DEA 有效，占总数的 42.85%；而葫芦岛、辽阳、鞍山、本溪、抚顺和丹东的投入产出效率较低，效率值都在全省均值 0.841 以下，分别为 0.58、0.72、0.79、0.70、0.63 和 0.73，占总数的 42.85%；投入产出效率处于中游的地区包括沈阳、营口和铁岭地区，效率值 i 分别为 0.87、0.88 和 0.87。

通过对财政支农绩效进行参数分析和非参数分析，得出如下结论：第一，面板模型分析表明，因变量辽宁省农业产值与自变量农业信贷资金投入、财政支农支出、耕地面积呈现出显著的正相关关系。但农业产值增加的幅度小于农业资金投入增加的幅度，投入产出弹性 $\eta < 1$，财政支农资金投入的效率还需要进一步的改进。农业劳动力投入对农业产值的贡献不显著。第二，数据包络分析表明辽宁省各地区农业投入产出效率存在较大差异。投入产出高效率地区占 42.85％，效率值在辽宁省均值以下地区占 42.85％。

三、提高辽宁财政支农绩效的政策建议

根据经济学原理，遵循弥补市场失灵、准公共产品、因地制宜、高效透明等原则，针对辽宁省财政支农过程中存在的主要问题，结合辽宁省的实际情况，以提高财政支农绩效为目标，提出健全和完善辽宁省财政支农政策的建议。

（一）确保财政支农总量稳步增长，提高支农支出占财政支出的比重

我国的国情决定了财政支农是政府支持农业的主要手段，虽然辽宁省财政支农总量近年来逐年增加，但财政支农支出的增长速度并未一直高于财政收入增速，呈波动状态；从相对量上，财政支农支出占财政支出的比重整体上呈波动上升状态，但是财政支农支出占财政支出的比重却低于农业 GDP 占总 GDP 的比重，财政支农不能充分发挥其规模效应，影响了农业的稳定快速发展。因此，辽宁省政府应运用宏观调控手段和政策测试，积极规范和引导辽宁省的财政支农行为，按照《农业法》要求，保证财政支农支出的增长幅度不低于财政经常收入的增长幅度，保证财政支农支出预算增长幅度高于同期财政总支出的增长幅度。建立科学稳定的财政支农体制，确保财政支农资金总量的持续稳定增长，逐步提高财政支农支

出占财政支出的比重。

（二）科学确定财政支农重点，优化财政支农结构

1. 加大对现代农业的投资力度

继续加大对现代农业发展的投资力度，保证粮食安全。重点放在滴灌节水农业工程建设、粮食生产项目和特色产业发展、农业综合开发投入等，促进农业规模化发展，提高农民专业素质，加快现代农业机械的引进、消化、吸收，提升农业机械化水平，促进辽宁现代农业快速健康发展。2008 年中央财政安排 50 亿元，设立了现代农业生产发展专项资金，支持各地发展优势特色和安全高效农业，促进农业增产增效和农民稳定增收。辽宁省政府对此高度重视并明确提出，要抓住关键环节，集中资金投入。同时，以中央现代农业生产发展资金为牵动，积极主动整合横向、纵向各级各类相关资金，更加深入地推进了辽宁省支农资金整合工作，重点实施了"优质水稻生产节水改造"，极大地推动了辽宁省现代农业发展步伐。

2. 加大对农业基础设施建设的投入力度

加大对农业基础设施建设的投入，使农业基本建设支出在财政支出中的比重稳步上升。建设新农村，应把农村公共基础设施建设作为一个切入点。这不仅能够改变农村面貌，而且能够增加农民收入。因为这些建设本身就是巨大的投资需求，而且建设用的是当地材料、雇用的是当地劳动力，能够增加农民的非农就业机会。同时，农村基础设施的改善，还能启动农民的消费需求。只有农村市场启动起来，产能过剩的问题得到解决，农村劳动力才能以较快速度向非农产业转移，农民收入才能不断提高，"三农"问题也才能最终解决。

3. 加大对农业科技的财政投入力度

注重农业科技的投入和成果转化，提高农业科技三项费用的支出总量和占财政支出的比重，以科技促进农业发展。在农业发展的新阶段，科技将成为农业和农村经济发展的重要因素，农业和农村

的发展将主要依靠科技进步。从前文分析可以看出，辽宁省对农业科技的投入还远不能满足农业发展，因此，应加大对农业科技和教育的支持力度，有选择地支持一些农业科研项目，如优良品种培育、病虫害防治、先进耕作技术的研究等；建设一些农业科技示范园区，促进先进农产品品种和先进技术的应用和推广，提高农业科技成果的转化率；加大对农业教育和农业知识的培训投入力度，提高农民的科学文化素质，以科技促进农业和农村发展。

（三）积极发挥财政支农资金的引导作用，多渠道筹措支农资金

国民经济各方面发展都需要资金，财政本身就面临着许多困难，因而短期内大幅提高财政支农比重面临很多限制。为了满足农业发展所需资金，就需要在财政投入的基础上，发挥财政支农资金的引导作用，增加筹措财政支农资金的渠道。首先，可以进一步提高国债资金用于农村和农业的比重，合理地将中央转贷的国债资金用于农业项目；其次，积极运用税收、贴息、补贴等经济杠杆，引导各种社会资金投向农业和农村，例如：通过信贷性资金、农民和集体投资、外资等，增加对"三农"的投入；最后，可以构建"农业龙头企业＋自属基地"新型产业化发展模式，引导农业龙头企业向农村延伸产业链条，发挥农业产业化基础好的优势。

（四）推动财政支农资金整合，提高财政支农资金绩效

长期以来，财政支农资金投入分散，始终是困扰各级财政的一大难题。目前，各级财政在编制本级支农支出预算时，由于相互间对资金投向不了解，难以统筹安排各级资金。

1. 建立资金分类、"切块"分配机制

辽宁省从改革支农资金管理方式着手，在编制年度财政预算开始前，首先对支农专项资金进行了分类：一是省级实行项目管理的资金。主要指跨地区、跨流域和全省示范引导性的项目资金，由省财政会同省直相关部门共同研究确定项目，实行项目全过程管理。二是由市县确定项目的资金。主要指省提出资金使用原则、扶持范

围和补助标准等要求，按一定分配依据"切块"给市县的资金，由基层根据实际落实项目。三是省级整合安排的资金。主要指以省政府重点项目为主，统筹安排的预算内支农资金和财政其他相关资金。四是救灾性和中央项目配套资金。此类资金作为预算安排，按照工作需要和上级要求及时下达。通过资金分类、"切块"下达，下移了项目选择与审批权限，调动了以县为主整合支农资金的积极性。

2. 建立预算编制联动机制

辽宁省围绕农业和农村发展规划，按支持对象和使用范围，将省财政支农资金划分为"支持农业基础设施建设、支持现代农业发展、支持生态环境建设、支持民生工程、支持农产品质量安全"五类资金整合投向，与省直农口各部门联合下达了年度支农资金项目库编制计划，要求各市县紧紧围绕省级资金整合投向，结合本级支农支出预算，因地制宜选择重点项目，搭建支农资金整合平台，从而形成上下联动、协调一致的支农资金整合机制，较好地解决三个方面的问题：一是省直相关部门联合下达立项指南，不仅解决"各炒自家菜"的问题，而且还建立了部门合作的工作机制，进一步增强了共同管理资金和项目的责任感。二是市县财政结合省财政资金投向编制预算，统筹安排各级支农资金，围绕各级政府重点项目集中投入，发挥资金的集聚效应，真正做到了"共办一桌席"。三是省下达的立项指南将资金"切块"分配，使基层在项目确定和资金管理方面责权匹配，强化了资金监管，也提高了支农支出预算编制质量。

3. 建立工作协调机制

支农资金整合涉及政府很多部门，必须建立以政府为主导、财政牵头协调、农口部门积极参与的工作机制。一是积极争取各级政府的支持。主管省长听取省财政厅汇报，支持支农资金整合工作，明确要求农口各部门要积极配合和支持。中央财政试点县政府一把手高度重视，亲自部署，把支农资金整合作为整合政府资源的一项重要内容，保证各项工作的顺利开展。二是积极搞好与农口各部门的横向协调。下放项目审批权限，直接关系到主管部门权力的调整，如果没有主管部门的支持，支农资金整合就难以推进。在广泛宣传的基础上，要充分依靠主管部门，征求和尊重他们的意见，特别是在项目立项环节，由农口各部门负责把关。在县政府的领导下，建立相关部门参加的议事制度，相关部门积极参与，共同研究决策，按照统一规划各司其职。三是编制预算时与农口各部门充分协商。辽宁省财政在编制年度预算时，由分管厅领导带队，到省直农口各部门征求意见，并在预算安排中予以落实，从而保证支农资金整合工作的顺利实施。

4. 建立制度约束机制

辽宁省在积极稳妥推进支农资金整合的同时，紧抓支农资金管理制度建设，制定和完善了资金管理办法，做到支农专项资金都有管理制度约束，做到有法可依、有章可循、规范运行。实施支农资金有效整合，是新形势下创新财政支农机制的一项重大举措，没有成功的经验可借鉴，只能通过不断实践、不断总结，探索适合本地实际的新路子。一是离不开各级政府的大力支持。支农资金整合从工作角度来讲也是各相关部门的力量整合，只有在政府的领导下，才能做到上下"一盘棋"，实现财力和人力的高度统一。二是以县为主整合支农资金，关键是上级财政要做到真正放权，省财政"切块"下达资金，并不是放弃资金管理责任，而是要从源头上消除影响支农资金整合的机制性障碍，通过调动各级相关部门的积极性，共同围绕整合支农资金这一目标而努力。三是财政部门要切实发挥主导作用，积极主动做好沟通协调工作，给政府当好参谋和助手，这也是财政部门自身职责所在。四是要强化资金管理，建立和完善各项规章制度，特别是要规范整合资金的运行程序，避免借资金整合名义出现违纪违规问题。

第三章　辽宁财政支农对农民收入的影响力研究

辽宁是农业大省，"三农"问题一直是社会主义新农村建设急需解决的重要问题，而提高和增加农民收入是农业和农村经济发展的根本出发点，是解决"三农"问题的关键，因此，必须完善财政支农政策，建立支农资金稳定增长机制，促进农民增收。

一、辽宁农民收入增长现状分析

(一) 辽宁农民收入增长的阶段性变化

改革开放以前，辽宁农业经济发展处于维持生存阶段，农产品的供应不能满足人民的基本生活需求，农业生产最主要的任务就是增加产量，扩大供给。这使得农民收入呈现出浓重的计划经济色彩，以实物收入为主，以满足温饱为目标，农民收入增长缓慢。改革开放以来，由于在农村试行和推广适应农业生产特点要求和生产力水平的家庭联产承包责任制以及农副产品价格的合理调整和逐步放开，极大地调动了广大农民的积极性。加上农业科技的推广应用，乡镇企业的异军突起以及对农业投入的增加，广大农民的收入水平和生活水平同改革开放以前比较有了很大的提高和改善。

1978 年以来的辽宁农民人均纯收入变动可用图 1 来表示，从1978 年的 185.2 元增长到 2012 年的 9383.7 元；由图 2 可知，辽宁农民人均纯收入增长率波动较大。因此，根据农民收入的波动性可将辽宁农民收入的变动分为以下五个阶段：

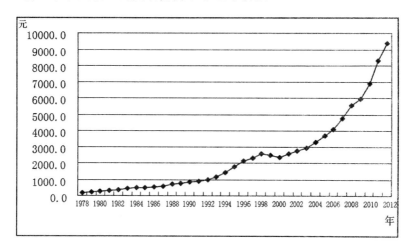

图 1　辽宁农民人民纯收入变动趋势

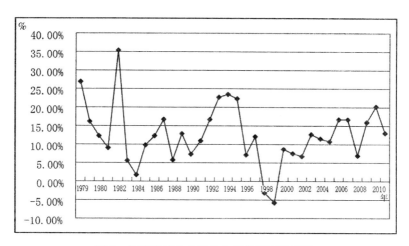

图 2　辽宁农民人均纯收入增长率变动趋势

　　第一阶段：1978－1984 年，收入平稳增长阶段。这一时期正值改革开放后政策放活，家庭联产承包责任制开始实行，同时农副产品市场开放，价格大幅提高使得农民生产积极性提高，农业收入大幅增加，人均纯收入增幅维持在年均 17.5％的较高数值。

第二阶段：1985－1991 年，收入波动增长阶段。这一时期农业生产受到自然灾害及生产成本变化影响，农民收入增长率出现大幅波动，最低增幅为 1985 年的 1.74％，而最高增幅为 1988 年的 16.7％。

第三阶段：1992－1996 年，收入加速增长阶段。这一时期农业和农村财政投入比例持续加大，大幅度提升农产品支持价格，促进农民收入增长速度大幅反弹，同时农村集体经济发展对农民收入贡献开始显现；此时期辽宁投资过热导致经济快速发展及增加了对农业的投入，使农业劳动生产率和土地产出率不断提高，农产品产量大幅度增加，逐步放宽农村政策疏理流通渠道，发展商品生产，导致农民平均年增长速度达到历史最高值，为 19.2％。

第四阶段：1997－2002 年，收入增速低迷阶段。一是亚洲金融危机爆发，辽宁出口贸易受到较大影响。乡镇企业受到冲击，国内市场疲软，受国家宏观环境的影响，辽宁农民收入在一定程度上受到了影响。二是辽宁大批国有企业破产，整体经济环境不好，导致农民收入在很大程度上受到影响。辽宁农民人均收入年均增速 4.3％，1999 年和 2000 年还出现了负增长。

第五阶段：2003 年至今，收入恢复增长阶段。这一时期国家免除农业税、加大农业生产投入力度，农业收入大幅增加，农村基础条件改善，外出务工人员收入稳定增长等，农民人均收入保持了稳定快速增长，平均增速为 13.13％，2011 年达到了 20.11％的最高值。

（二）辽宁农民收入结构的变化

从农民收入组成部分看，农村居民家庭经营性净收入占人均纯收入的 50％以上，工资性收入占人均收入 30％以上，财产性净收入占 3％左右，转移性净收入占比有所上升，达到 7％左右。2012 年辽宁省农民人均纯收入 9383.7 元，其中家庭经营纯收入为 4783.4 元，占全部收入 51％，较上年增加 512 元，增幅 12％；工资性收入为 3630.2 元，占全部收入的 38.4％，较上年增加 450.5

元，增幅为 14.2％，工资性收入中，包含外出务工收入 1208 元，其增幅为 32.6％；财产性净收入 246.2 元，占全部收入的 2.6％；转移性净收入 724 元，占全部收入的 7.7％。

根据表 1 可知，农村居民收入构成中，家庭经营净收入总额有所增加，占比略有下降，但仍超过总收入的 50％，说明农业生产收入仍然是辽宁省农民收入的主要部分。工资性收入增长速度加快，占比略有增加，其中外出务工者工资性收入增加起主要作用，说明农民参与第二、第三产业和乡镇集体企业生产水平提高，有利于帮助农民非农产业收入提升。同时，随着惠农政策支持加大，新农合和新农保试点范围扩大等因素使得转移性收入在农民纯收入中比重逐年上升，也一定程度表明农村社会保障对于农民收入增长具有激励作用。

表 1　　　　　　　辽宁省农民收入构成情况　　　　单位：元，％

年份	人均纯收入		工资性收入		家庭经营净收入		财产性净收入		转移性净收入	
	绝对数	增长率	数额	占比	数额	占比	数额	占比	数额	占比
2006	4090.4	10.84	1499.5	36.7	2210.8	54.0	141.8	3.5	238.3	5.8
2007	4773.4	16.70	1719.7	36.0	2592.2	54.3	179.4	3.8	282.1	5.9
2008	5576.5	16.82	2035.5	36.5	2931.3	52.6	201.3	3.6	408.4	7.3
2009	5958.0	6.84	2239.8	37.6	3017.3	50.6	205.5	3.4	495.4	8.3
2010	6907.9	15.94	2650.0	38.4	3486.1	50.5	234.2	3.3	537.7	7.8
2011	8296.5	20.11	3179.7	38.3	4271.0	51.5	244.6	3.0	601.2	7.2
2012	9383.7	13.09	3630.2	38.7	4783.4	51.0	246.2	2.6	724.0	7.7

资料来源：《辽宁统计年鉴 2013》整理而得

（三）辽宁城乡居民收入增长的对比变化

1. 城乡差距对比

从统计数据看，辽宁省城乡居民收入差距呈现先扩大又略微缩小的趋势。从城乡居民收入的绝对值来看，1980 年农民人均纯收入与城镇居民收入相差 220.9 元，1990 年城乡收入差距突破 714.8 元，2000 年城乡收入差距达 3002.2 元，2005 年城乡收入差距突破

5000 元，2012 年城乡收入差距已经达到 13839 元。从城乡居民收入比例来看，1980 年到 1990 年间，收入比例变化不大，维持在 1.83 左右；从 1990 年到 2000 年，收入比例差距快速拉大，从 1.85 扩大到 2.27，这是因为在此阶段辽宁大力发展工业，城镇居民收入得到大幅度提升，而与此同时，辽宁农业生产力发展水平低，劳动生产率低，农业生产发展缓慢，与市场经济体制相适应的农业保护政策也不完善。从 2000 年至 2009 年，辽宁城乡居民收入比例缓慢扩大，从 2.27 增加到 2.65，这段时期虽然辽宁开始重视工业反哺农业，加大"三农"投入力度，但是城市发展速度仍快于农村；从 2009 年到 2012 年，城乡居民收入比缓慢缩减，这是因为近年来的城镇化建设，推动城乡差距的缩小。但是目前，世界各国城乡居民收入差距比一般为 1.5，而辽宁城乡收入差距已经达到 2.47，可见辽宁城乡收入差距仍然较大。

表 2　　　　　　辽宁省城乡居民收入比较　　　　　单位：元

年度	城镇居民可支配收入	农村居民人均纯收入	收入差距	收入比
1980	493.9	273.0	220.9	1.81：1
1990	1551.0	836.2	714.8	1.85：1
2000	5357.8	2355.6	3002.2	2.27：1
2005	9107.6	3690.2	5417.4	2.47：1
2006	10369.6	4090.4	6279.2	2.54：1
2007	12300.4	4773.4	7527.0	2.58：1
2008	14392.7	5576.5	8816.2	2.58：1
2009	15761.4	5958.0	9803.4	2.65：1
2010	17712.6	6908.0	10804.6	2.56：1
2011	20466.8	8297.5	12169.3	2.47：1
2012	23222.7	9383.7	13839.0	2.47：1

资料来源：《辽宁统计年鉴 2013》整理而得

2. 地区差距对比

辽宁省内地区间农民收入差异程度较大。由于辽宁省经济条件和生产条件地区间差异程度较大，因而各地区农业生产发展水平的差异和农民收入水平的高低不同。2012 年辽宁省农民人均纯收入最高的为大连地区 15990 元，最低的为朝阳地区 8689 元，前者是后者的 1.84 倍，两者相差 7301 元。辽宁省农民人均纯收入较高的地区集中在大连、丹东、营口、盘锦等沿海经济带，而内陆地区相对收入较低。

辽宁同全国其他省相比，差异程度也较大。由表 3 可知，辽宁历年农民人均纯收入均高于全国平均水平，农民人均纯收入水平在全国范围内的排名比较稳定，连续几年均保持在第 9 位。但是，辽宁与发达省份的差距仍然较大，最高的上海农民人均纯收入 17803 元，是辽宁的近 2 倍。

表3　　　　　　　全国部分地区农民人均纯收入比较　　　　　单位：元

地区	1990	1995	2000	2005	2010	2011	2012
全国	686.31	1577.74	2253.42	3254.93	5919.01	6977.29	7916.58
上海	1907.32	4245.61	5596.37	8247.77	13977.96	16053.79	17803.68
北京	1297.05	3223.65	4604.55	7346.26	13262.29	14735.68	16475.74
浙江	1099.04	2966.19	4253.67	6659.95	11302.55	13070.69	14551.92
天津	1069.04	2406.38	3622.39	5579.87	10074.86	12321.22	14025.54
江苏	959.06	2456.86	3595.09	5276.29	9118.24	10804.95	12201.95
广东	1043.03	2699.24	3654.48	4690.49	7890.25	9371.73	10542.84
福建	764.41	2048.59	3230.49	4450.36	7426.86	8778.55	9967.17
山东	680.18	1715.09	2659.20	3930.55	6990.28	8342.13	9446.54
辽宁	836.17	1756.50	2355.58	3690.21	6907.93	8296.54	9383.72

资料来源：《辽宁统计年鉴 2013》整理而得

小结：通过以上分析可知，第一，辽宁农民人均纯收入绝对量增长迅速，但是增速趋于放缓；第二，辽宁农民人均纯收入的结构不断优化，但家庭经营性收入仍占主导地位；第三，辽宁城乡农民收入差距有缓慢缩小的态势，但是城乡农民收入差距仍然较大；第四，辽宁农民人均纯收入虽高于全国平均水平，但是与发达省份差距较大。

二、影响辽宁农民增收的财政政策梳理与分析

（一）增加财政"三农"投入总量，但是投入规模和结构不合理

近年来，辽宁不断加大对"三农"投入的力度，并积极优化财政支农结构，促进了辽宁农民收入的快速提升。辽宁财政支农规模保持了持续扩张的增长态势。从总量上来看，由 2005 年的 93.2 亿元增加到 2012 年的 405.02 亿元，增加 3.3 倍，年均增长量为 39 亿元；与此同时，更加注重支农结构的优化，将财政支农的重点放在支持现代农业发展、支持水利基础设施建设，支持农产品深加工等项目以及推进城镇化建设上。

但是辽宁财政支农规模相对不足，2012 年财政支农占财政支出的比重为 8.8％，而发展中国家财政支农占财政支出的比重都在 10％左右，可见财政支农规模仍然偏小。另外，辽宁财政对农业科技投入偏低，2012 年辽宁科技在农业增长中的贡献份额为 56％，同期欧洲国家在 70％以上，美国更高达 80％，由此可见，财政支农结构不合理，农业科技投入偏低。

（二）取消农业税，但农村税负仍然偏高

我国的农村税费改革经过了两个阶段：2000－2003 年为第一个阶段，基本政策取向是"减轻、稳定、规范"，农民承担的税费负担显著下降；从 2004 年开始农村税费改革进入新阶段，根据当时情况和农业、农村发展的要求，以及国家的财力状况，转向全面取消农业税，原定五年实现取消农业税的目标，结果到 2006 年就

全部取消了。据测算，辽宁省在 2004 年取消除烟叶以外特产税，农业税税率降低 3 个百分点，2005 年全部取消农业税，辽宁省农民因不交农业税减负 5.7 亿元，人均减负增收 24 元。

但长期以来，城乡分割的税制结构导致了农民的负担普遍偏重，同时缺乏相应的优惠政策，农民的负担较城市居民而言普遍偏重。伴随着重城市、轻农村的策略，农业所创造的价值相当大一部分都转移到了工业中，造成了农业本身积累不足。承担较重的税负却享受不到较好的公共服务，从而导致了农村的贫困和农民收入的普遍偏低。农业税及农业特产税的取消，使得广大农民从中得到了一定的实惠，但从人均金额上来说，仅仅取消农业税和农业特产税对农民收入的提高是十分有限的，辽宁省农民每人能从取消的两税中得到的好处不足百元，这对一个农村家庭的整体收入而言是微不足道的。而农民在其他方面要缴纳的费用或者分摊的公共物品的成本要远远高于这一数据，因而农村税负相对偏高。

（三）农业生产实行直接补贴，但是重点不突出

我国从 2005 年开始实行"三项补贴"制度，即农民收入直补、购买农机具补贴、购买良种补贴，并对短缺的重点粮食品种在粮食主产区实行最低收购价。2011 年辽宁省发放对种粮农民直接补贴 37.8 亿元，省财政拨付农作物良种和农机具购置补贴 13.1 亿元、农业保险补贴 2.7 亿元。并及时拨付 5 亿元，对全省 38 个产粮大县和 10 个产油大县予以奖励。农业生产直接补贴的实施，不仅保护了农民的种粮积极性和国家的粮食安全，增强了农产品的竞争力，同时也使农民获得了直接的收益。

但是农业补贴存在补贴重点不明确的问题。首先，辽宁省农产品的补贴多集中在粮棉产品，对农民培训的年支出比例很低，仅占一般政府服务的 2.1%，使农业人力资本匮乏。其次，缺乏增加农民收入的补贴政策。有资料显示，在"绿箱政策"中，我国缺少 6 项与收入支持有关的政策，占"绿箱政策"的一半，因而增加农民收入的补贴手段匮乏。最后，粮棉流通领域补贴资金较多，保护农

业生产能力和增收效果不明显。价格支持政策因流通部门环节多,损失大,使增收效率下降。

(四) 加大农业基础设施投入,但基建投入结构有待优化

近年来中央财政适当增加了中央预算内基建投资规模,使中央政府投资总规模逐年提高,并确保每年用于农村的投资规模和比例均高于上年。2011年,辽宁省财政筹措 5.3 亿元,支持完成省政府确定的滴灌节水农业工程建设任务。进一步加大农业综合开发投入力度,财政资金投入达 14.6 亿元,增长 21.6%。省财政拨付 5.4 亿元,大力支持农田水利建设。拨付 10.8 亿元,支持水利防灾减灾体系建设。拨付 30.7 亿元,支持辽西北供水、大伙房水库输水二期工程、清河和观音阁水库输水工程等重点水利工程建设,水源保护和监测。省财政拨付 1 亿元,重点支持 91 个县城及重点镇建设规划编制和 66 个城镇基础设施建设项目。辽宁农村基础建设取得了长足的进步,为农民增产增收打下了良好的基础。

但是,从需求来讲,辽宁农村基础设施投入仍然不足,特别是与农民增收关系密切的中、小型基础设施,如农村安全饮水工程、农村电网工程、村级公路的建设工程等投入较小。基础设施建设不足,不仅对农民的生活带来很大的不便,而且同样严重地制约了农业的发展。

(五) 支持农村义务教育,但城乡教育差距仍然较大

在农村义务教育实行"两免一补"政策的基础上,2007 年开始免除农村义务教育阶段学生的学杂费,提高了农村中小学公用经费保障水平。2011 年,辽宁省进一步提高财政教育支出占一般预算支出的比重。省财政拨付 22.5 亿元,保障全省农村中小学正常运转、校舍建设、免费提供教科书、城市义务教育免费政策的落实。辽宁省累计偿还农村义务教育债务 19.1 亿元,基本完成化债任务。拨付 10 亿元,完善扶困助学政策体系。辽宁财政对农村义务教育的大力支持,提高了农民整体素质,为农民增收奠定了知识

基础。2012 年，辽宁农村居民家庭劳动力文化程度情况为：文盲占 1.4％，小学文化程度占 27.7％，初中占 66.6％，高中占 5％，中专占 1.6％，大专及以上占 2.7％。相对于 1990 年 11.4％的文盲占有率，辽宁省农民整体受教育水平有了极大的提升。

虽然辽宁不断加大对农村教育的投入，但是财政教育支出占一般财政支出的比重仍然没有达到 4％的目标，可见财政性教育支出仍然不足。另外，义务教育投入分配不公，有限的义务教育经费主要偏向于城镇，城乡差距较大。辽宁农村教育资源流失，学校数量逐年减少，农村小学数量从 1990 年的 13479 所，下降到 2010 年的 4400 所；农村中学数量从 1990 年的 1426 所，下降到 1025 所。由此带来的是农村师资力量的匮乏，难以从根本上保证农村教育质量。

三、辽宁财政税收政策与农民收入的实证分析

笔者运用统计数据分析财政支农支出和农业税收对农民收入的影响，从而为完善支持农民增收的财税政策提供实证支持。

（一）样本分析和指标描述

1. 农村家庭人均纯收入

农民家庭人均纯收入代表了农村地区平均的收入质量，是总收入减去各项支出之后的均值。受到 1979 年各项数据不全的影响，无法全部采用 1978 年以来的所有数据的时间序列，故而笔者将从 1980 年开始采集数据，总共 33 期数据。考虑到物价因素，统一转换成了 1978 年的商品零售指数，从而消除物价的影响。通过取对数消除异方差，可以使计算的结构更优化、科学。

2. 财政支农资金

财政支农资金反映的是财政对涉农方面所支出的总额，主要包括农业生产、补贴、救助、水利和科技三项费等，覆盖了"三农"

的各个环节，是农村来自政府的最主要的资金总额，对农村经济有着决定性的意义。

3. 农业各税

农业各税：针对农业方面的税种，包括农业税、牧业税、耕地占用税、农业特产税和契税。自2000年以来，为了减轻农民负担，农村税费改革取得显著成效，目前存在税种主要有三个：契税、耕地占用税和烟叶税。农业各税表现为总体基数的增加，然而其中的项目却大有不同。

笔者选取辽宁省1980年至2012年"农民收入（income）"、"财政支农支出（fiscal）"、"农业各税（tax）"三个指标，来分析财政支农支出，农业各税对农民收入的影响。

表4　　辽宁省1980-2012年地方财政支出和金融数据

年份	农民收入（元）	财政支农支出（亿元）	税收（亿元）
1980	273.0	4.9	1
1981	306.6	3.6	1
1982	334.3	4.9	1
1983	452.5	4.7	1.1
1984	477.4	4.6	1
1985	485.7	6	0.8
1986	533.2	7.3	1.3
1987	599.3	6.8	1.8
1988	699.6	7.6	2.6
1989	740.2	10.1	3.2
1990	836.2	10.1	3.7
1991	896.7	11.7	3.7
1992	995.1	12.1	4.9
1993	1161.0	15.2	5

年份	农民收入（元）	财政支农支出（亿元）	税收（亿元）
1994	1423.5	18.1	6.2
1995	1756.5	22.4	7.7
1996	2150.0	26.4	10.1
1997	2301.5	27.5	11.1
1998	2579.8	28.3	13.4
1999	2501.0	30.5	13.5
2000	2355.6	35.5	14.9
2001	2557.9	46.9	15.7
2002	2751.3	50	20.4
2003	2934.2	61.7	27.6
2004	3307.1	79.3	31.6
2005	3690.2	93.2	43.8
2006	4090.4	101.81	53.8
2007	4773.4	121.8	71.2
2008	5576.5	149.29	103
2009	5958.0	240.71	187.3
2010	6908.0	289	249.9
2011	8297.5	329.2	351.07
2012	9383.7	405.02	443.74

数据来源：《辽宁统计年鉴2013》

图3和图4列示了三变量之间的时序图。其中，图3为三变量取对数后的时序图。可以看出，三变量之间都呈现上升的趋势，随时间变化的趋势基本一致，存在明显时间趋势特征。图4为三变量取对数并差分后的时序图，表现出平稳性特征。

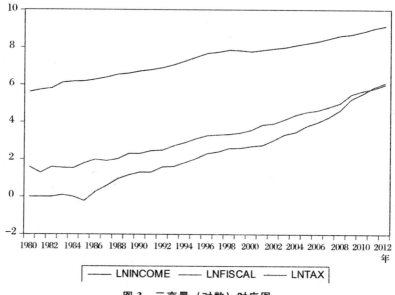

图 3   三变量（对数）时序图

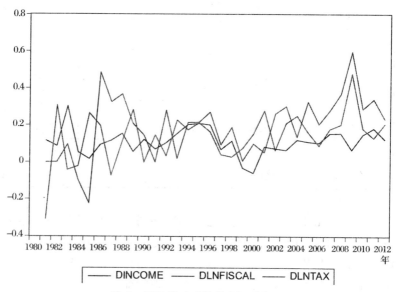

图 4   三变量（对数差分）时序图

表5描述了三个变量的统计特征，包括平均值、标准差、最小值和最大值。从变量统计特征可以看出，农民收入的标准差较大，相对于农民收入而言，财政支农支出和农业各税的标准差较小。

表5　　　　　　　　变量的统计特征描述

变量	平均值	标准差	最小值	最大值
农民收入	2548.09	2396.04	273	9383.7
财政支农支出	68.67	102.40	3.6	405.02
农业各税	51.76	105.06	0.8	443.74

（二）实证过程与分析

我们对变量都进行了对数化处理，以克服异方差和单位量纲问题。接下来进行了单位根检验，进而运用向量自回归计量方法对变量之间的统计关系进行分析。

1. 单位根检验

VAR 模型的建立需要模型所包含的序列均为平稳序列或序列之间存在协整关系。为避免虚假回归问题，首先对变量的稳定性进行 ADF 检验，其中通过统计检验显著性来确定是否包含截距及时间趋势，通过 SIC 最小信息准则确定滞后阶数。检验结果如表6所示：

表6　　　　　　　　变量的单位根检验结果

变量	ADF 统计量	检验形式（c，t，k）	P 值	平稳性
Lnincome	−2.390	（c，t，8）	0.3771	非平稳
Lnfiscal	−2.432	（c，t，8）	0.3572	非平稳
lntax	−1.032	（c，t，8）	0.9250	非平稳

注：（c，t，k）分别代表所检验的方程中含有截距、时间趋势及滞后阶数

在5%的显著性水平下，三变量均不能拒绝变量存在单位根的假设，因而变量均为非平稳序列，与时序图所反映出来的时间趋势

特征相吻合。

另外，我们取三变量差分项进行单位根检验，检验结果如表 7 所示：

表 7　　　　　　　　变量的单位根检验结果

变量	ADF 统计量	检验形式（c，t，k）	P 值	平稳性
DLnincome	−4.085	（c，t，7）	0.0159	平稳
DLnfiscal	−8.247	（c，t，7）	0.0000	平稳
Dlntax	−4.621	（c，t，7）	0.0045	平稳

注：（c，t，k）分别代表所检验的方程中含有截距、时间趋势及滞后阶数

在 5% 的显著性水平下，三变量都拒绝了变量存在单位根的假设，因而差分后变量均为平稳序列，与时序图所反映出来的平稳性特征相吻合。

2. 向量自回归（VAR）回归

（1）VAR 模型构建及模型回归结果

选择向量自回归模型（VAR）进行实证分析。VAR 模型就是一种经典的非结构化模型，思路是用模型中的所有当期变量对所有滞后变量进行回归，用来估计联合内生变量的动态关系，而不带有任何事先约束条件。含有 n 个变量滞后 p 期的 VAR 模型为：$y_t = \alpha + \sum_{i=1}^{p} \beta_i y_{t-i} + \varepsilon_i$，其中 y_t 为（$n \times 1$）向量组成的同方差平稳的线性随机过程，β_i 为（$n \times n$）系数矩阵，y_{t-i} 为 y_t 向量的 i 阶滞后变量，ε_i 为随机误差项。在建立 VAR 模型的基础上，可以有效进行正交化脉冲响应函数对变量之间的动态关系进行分析。

（2）模型稳定性检验

以上模型经过 VAR 模型滞后结构（AR Root Table）检验，所有根模的倒数都小于 1（如图 5 所示），说明此 VAR 模型的建立非常稳定。也就是说，当模型中某个变量发生变化时，会使其他变量发生变化，而随着时间的推移，这种影响会逐渐地消失。

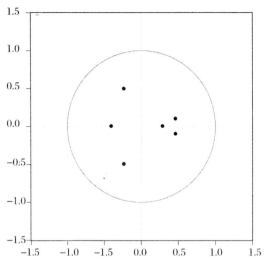

图 5　VAR 模型滞后结构稳定性检验

（3）脉冲响应函数图

由于 VAR 模型是一种非结构化的多方程模型。在分析 VAR 模型时，一般不分析变量间的相互影响，而是分析一个随机误差项施加一单位冲击，得到在一段时期内单位冲击对 VAR 系统的影响。脉冲图（如图 6）显示：①来自财政支农支出的正向冲击，农民会在之后一段时期内保持增加，这表明财政支农支出对农民收入会产生正向影响；②来自农业税收的正向冲击，农民收入会在之后一段时期内保持增加，这表明税收政策对农民收入产生正向影响。

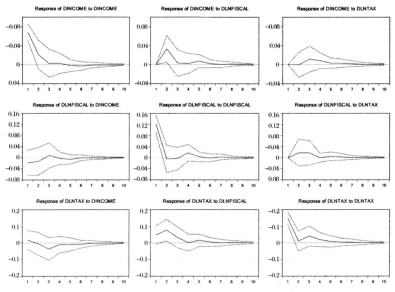

图6 财政支农支出、农业税、农民收入的脉冲响应图

（三）结论性评价

通过向量自回归方法对辽宁省财政支农支出、农业各税与农民收入之间的关系进行实证研究。研究结果表明，辽宁省的财政税收政策对农民收入具有正向积极作用，因而实施恰当的财税政策可以更好地促进农民收入的增长。财税政策促进农民增收，农民增收进而带动地方消费增加，随之促进地方经济的发展，最终形成良性循环。

四、完善促进辽宁农民增收的财政政策

（一）继续加大财政支农投入规模，科学规范财政支农预算

1. 加大财政支农投入规模

继续加大农业财政投入规模，确保其增长率高于辽宁财政收入增长率。辽宁各级预算的支农支出增长幅度均要略高于财政支出增长幅度，并且要通过农业立法来加以明确。当前地方政府存在热衷追求发展价高利大的加工工业，对农业投入幅度减少。针对此问题，最重要的是完善国家宏观调控手段和政策措施，规范和引导地方财政支农行为。

2. 科学合理规划预算，使农业财政投入规模最优化

辽宁省各地农村的发展程度不一，且受各地地域的限制，主要发展的项目有所不同，对资金的需求当然也存有差别。特别是对农村发展特色项目时，需对该项目进行科学的评估，客观预算其所需资金额度。所以，各地在制定农业财政资金预算时，必须从实际出发，通过研究当地农村发展历史，紧密结合农村当前的发展阶段特征，并预测其未来的发展趋势，科学合理地进行资金预算。

（二）优化农业财政投入结构，服务新型城镇化建设

1. 加大财政对农村基础设施建设投入

由于农村基础设施具有点多、面广、投入大的特点，特别是农村实行家庭联产承包责任制以来，由于一家一户的单户作业以及资金的匮乏，农村的水利设施、生产道路等基础设施年久失修，严重地制约了农业生产效率和农民增收。在这方面政府必须发挥好公共财政的主导作用，加大交通、水利、农产品交易市场、通信、教育、卫生等方面的投入，推进新型城镇化建设，促进农民增收。

2. 加大财政对农业科技的投入

从长远看，农业科技是推动农业发展、增加农民收入的最根本动力，是打破传统农业发展模式，步入现代农业的最大源泉。辽宁省农业正由传统模式向现代农业过渡，大力发展农业科技，提高农业科技水平，增加农产品技术含量，对促进辽宁农业的迅速发展和增加农民收入具有极大的作用。但是，单纯依靠外部市场力量和农村现有资源，完成农业的技术革新是很困难的，必须由政府牵头进行引导，提供财政资金扶持发展农业育种、农业生产资料、农产品深加工、农产品流通和农民技能培训等。只有发展了农业生产的一系列技术，使农民掌握了先进的技术知识和生产技能，才能不断推动农业发展，促进农民收入增加。

3. 加大财政对现代农业的投入

社会主义新农村，核心是发展农业生产，加快农村经济发展。支持新农村建设，应始终把发展生产和农民收入放在首位，优先支持农村经济发展。一是充分利用区域优势资源，因地制宜支持发展特色农业、品牌农业，加快形成优势产业和优势农产品基地。特别要注重支持发展生态农业、效益农业，大力发展农业产业化经营，采取"扶优、扶强、扶大"的政策，支持培育一批规模较大、实力雄厚、辐射能力强的龙头企业，形成强大的竞争优势和带动能力，以产业发展促进农民增收，带动新农村建设。二是大力支持农民专业技术协会、农产品行业协会等农民合作经济组织发展，提高农民组织化程度和应对市场风险的能力，保护农民利益，形成农民持续增收的长效机制。

4. 加大财政对农村教育投入

支持发展农村义务教育，提高免费义务教育的普及水平。将义务教育全面纳入公共财政保障范围，逐步建立中央和地方分项目、按比例分担农村义务教育经费保障机制。地方财政要逐年加大财政投入，主要用于免去学杂费，校舍维修改造和免费教科书等，着力构建农村义务教育经费保障新机制。同时，每年财政投入资金，实施"农村寄宿制学校建设工程"、"农村中小学现代远程教育工程"

和以重点推动农村职业教育发展的"职业教育实训基地建设"等专项工程，缩小城乡教育差距，加快农村教育事业的发展。

（三）创新财政支农机制，提高财政支农效益

1. 财政支持、民办公助机制

要以新农村建设为契机，改革创新财政支农机制，调动社会资金投入"三农"的积极性。可采用"财政支持、民办公助机制"。财政在加大对农村基础设施建设投入的同时，要按照"谁受益，谁投资"的原则，对于主要由农民受益的小型农田水利、农村道路、人畜饮水等农村公益事业大力推行"民办公助"，主要由农民直接投资，政府给予一定的财政补助。

2. 财政资金引导，多渠道投融资机制

要充分发挥财政支农资金的导向作用，建立多元化农业投入新机制。为了满足辽宁省农业发展所需的大量资金，在财政资金缺乏的情况下，应改变过去单一的财政拨款支农手段，引导各种社会资金投入农业。当前财政部门要积极通过完善财政贴息制度、资金配套投入、税收优惠、发行政府债券等灵活多样的财政手段，引导银行信贷、工商企业、农民个人投资农业项目，逐步建立多渠道的农业投入体系。

（四）统一城乡税制，选择农业补贴重点

1. 统一城乡税制，减轻农民税负

首先，农村开征增值税，对农民生产出的粮食、经济作物以及畜牧产品等征收增值税，与对城镇中流转的商品征收的增值税一样，在农村开征的增值税同样只对增值部分征收，即对于农民生产出的农产品，在扣除化肥、水电等生产资料及其他成本后，对增值的部分按较低的税率征收增值税。其次，加大税收优惠。在税收优惠方面，可以给予农民更多的优惠措施，比如，对增值额在一定范围内予以免征增值税。此外，对于生产资料减免的幅度可以更大一些，切实保证农民的利益。最后，开征个人所得税。我国目前对城

市居民的个人所得税仅仅是规定了一定额度的免征额，并没有对收入过低的人群提供一定的补助金额。因此，需要改革个人所得税制，统一城市居民和农村居民的个人所得税，同时在规定了免征额的基础上规定缴税的最低限额，当收入低于最低限额时，不仅不增税，而且还给予一定的补助，使贫困居民的收入达到国家规定的最低收入水平。当收入超过最低限额而又不足免征额的部分予以免税，超过免征额的部分才按一定的税率进行征税。

2. 选择补贴重点，加大补贴力度

首先，辽宁应该重点补贴优质、专业化农产品、绿色产品和精深加工的农产品的生产，对农业的投入以良种和节水型为主，要向大豆、玉米、小麦、棉花等农作物倾斜。其次，加大资金投入力度，以弥补补贴不足的薄弱环节。具体包括：对从事农业生产的农民进行的教育培训，特别是农业技能型的人才；直接补贴因生产资料价格受冲击严重的主产区农民的职业培训费用；扩大农业技术推广的补贴金额；加大对农产品检验检疫服务的支持；对从事培养农产品市场营销人员的机构和个人给予直接补贴。最后，减少和改变对粮棉流通领域的补贴。对流通领域的补贴多为价格支持，使得资金大量流失。发达国家的农业补贴无一例外地都走向了直接补贴，就是对生产者直接补贴。

（五）规范和完善农业财政投入管理体制

1. 加大对农业财政资金的整合力度

要加大对农业财政投入资金的整合力度。对资金统一管理，并且对投入项目进行严格分类。根据项目大小、项目类型进行系统的资金调度以及投入阶段规划。同时对专项资金实施专项管理，在使用过程中将资金存入专项账户。

2. 明确各部门在资金投入中的职能

由于财政支农资金受多部门的管理，极易造成审批以及调度层级过于繁冗。所以，要在精简管理机构的同时，应明确各部门之间的职能划分，实现资金的迅速有效投入，同时也可以杜绝资金被截留以及防止贪污腐败的出现。尽可能使省一级部门只对重大项目掌握审批权，资金直接下划至具体农村组织以及项目组，通过引入社会监督资金使用情况，使资金阳光、透明地运行。

3. 强化投入项目考核机制

一方面，在对项目进行评估时引入市场评估机构严格预算资金经费，在项目进行过程中引入会计师事务所、媒体、政府等多方面监督机构，最大程度杜绝专项资金被挪用，事后进行科学合理的层级考核机制。另一方面，要建立专门的政策法规，对违规行为加大惩罚力度。

第四章　国外财政农业投入与管理经验借鉴

　　农业本身具有的基础性地位极其弱质性，无论是发达国家还是发展中国家，政府财政对农业都给予了大量支持和保护。总结和借鉴其他国家政府财政农业投入的成功经验，对提高中国政府财政"三农"投入效率，以及制定"三农"财政政策有重要的借鉴意义。

一、美国、日本、法国和印度四国对农业进行财政投资情况

（一）美国对农业的财政投资

　　美国现代农业起步早，在 20 世纪 40 年代就已实现农业机械化。1959 年人均国民生产总值就已超过 100 美元，成为世界农业发达的工业化国家。尽管如此，政府仍在不断增加对农业的投资。1985－1989 年每年农业投资分别达到 257.7 亿美元、341.8 亿美元、306.7 亿美元、208.8 亿美元和 218.9 亿美元。

　　美国用于农业的财政开支包括两大用途：一是用于发展，主要投向农业技术进步、资源开发、基础设施建设、农业教育、科研和技术推广、资源利用与保护、举办乡村公用事业等方面；二是用于保护农业的补偿性支出，旨在维持农产品价格及农业所得，包括进行价格支持、限制生产、鼓励出口等。

　　美国农业财政资金的投向和投资方式直接影响着农业的发展。

美国农业发展的历史过程可以分三个时期。第一个时期是美国独立以后的 100 年，为农业发展早期。在此期间，政府无偿或廉价为农民提供土地，农民凭借地价不断上涨而实现资本增值，并可为下一代所继承。这一做法是美国农业自身进行原始积累的一条重要途径。第二个时期为 19 世纪 70 年代到 20 世纪 20 年代，公有土地开垦完毕，财政投资转向与推动农业技术进步相关的农业研究与开发、农业教育及其他公共设施。第三个时期从 20 世纪 20 年代开始至今，农业生产开始过剩，财政资金被用于实施农业补偿政策，维持农民收入。主要包括：（1）价格支持。政府设立商品信贷公司，向农场主发放以稳定价格为目标的农产品抵押贷款。当市场价格高到贷款所定价格时，农场主就出售产品偿还贷款；当农产品出现剩余时，生产者可按平价的一定比率（但高于市价的水平）把产品卖给政府。（2）限制生产。法律规定，农作物种植前，由农业调价局制订作物耕作面积计划，确定土壤建设目标，并确定按分配面积种植作物的补助款以及土壤建设津贴，并通知农场主。当农场主签署"加入农场计划"意向书后，就可以得到相应的补助款和津贴。（3）扩大农产品出口。政府通过发放财政补助金，支持对外倾销农产品，争夺国际市场。美国早期对农业投资的成功做法使美国拥有了发达的农业，使农业的技术和劳动生产率都达到了很高的水平，补助性财政投资在一定程度上缓和了生产过剩引起的农业危机。

（二）日本对农业的财政投资

日本经济迅速成长的一条重要经验，是在工业与农业之间形成一种相互促进的关系。战后，日本政府不断增加对农业的财政投资，20 世纪 60 年代以后增长更快，1965 年，中央农业预算比 1960 年增长了 1.66 倍，1980 年比 1960 年增长了 20 倍。1955 年、1960 年、1965 年、1970 年、1975 年、1980 年中央农业财政预算分别为 226 亿日元、439 亿日元、1169 亿日元、1785 亿日元、3795 亿日元、6659 亿日元，中央农业预算占总预算的比例分别为 8.9%、7%、7.2%、5%、4.1%、4.6%。除中央农业预算外，都、道、府、县及市、町、村的农业预算也很大，1986年日本农林水产预算达31429亿日元。政府的农业投资在农业总投资中所占的比重1960年为23.4％、1970年为49.8％、1975年为65.7％。由此可见，日本农业投资大量来自于国家的财政资金。

日本对农业财政投资主要用于农业基本建设、农业技术开发、农业生产的扩大和结构改进、有关流通设施（如农产品批发市场）的建设（以上可归纳为发展方面），以及农产品价格补贴、防止灾害及救济、农村福利（以上可归纳为农业保护方面）。

日本对农业实施高度保护的做法在农产品价格政策中体现得很充分。从1961年实行《农业基本法》以来，日本为促进城乡收入平衡，刺激农业生产规模扩大，推动农业现代化，大幅度地提高了农产品价格，并对农产品实行"支持价格制度"，使农产品价格提高幅度大于工业品上涨的幅度。1978年用于支持农产品价格的财政支出占农业预算的42.4％。根据农产品在生产、生活中的地位及生产、销售情况，日本政府分别采取了多种以财政为后盾的价格制度：（1）对主要农产品，如稻米，实行直接管理价格，每年决定一次收购价和销售价，政府高价从农民手中购买，低价向粮商出售，其差价由财政补贴。（2）对次要农产品实行"稳定价格带"制度，政府规定市场价格波动的最低限和最高限（即稳定价格带），并通过买进、卖出这些产品来稳定其价格。（3）对加工用农产品实行最低保护价格，即政府规定最低限，当其价格落在最低限以下时，政府按最低价买进。（4）差额补贴制，政府规定标准价格，当价格落到标准价格以下时，政府向生产者支付实际销售价格与标准价格的差额。

日本对农业的财政投资除部分直接用于兴办农林水产事业外，大部分特别是农业固定资产投资是采用补助金及长期低息贷款的方式发放给农民，同时，通过补贴利息，调动"民间资金"投向农业。这就是颇具特色的日本"制度金融"。"制度贷款"属于长期低息贷款，其利率比市场利率低1/3—2/3。"制度贷款"按政府干预的方式不同分为三种：（1）通过债务担保的形式，吸收日本各银行的资金投入农业，以减少银行投资农业所承受的风险。（2）利用农协系统的资金，政府给予利息补贴、损失补贴和债务担保。由于"制度贷款"的利息比普通贷款低，为了使农协不受损失，利息差额一旦由于各种原因收不回来时，损失由政府担保。日本政府在1961年还专门成立了"农业信用资金协会"，专门对农民贷款实行担保，以使农协的资金顺利向农民贷出。（3）政府通过国家的金融机构直接发放财政资金贷款。日本政府通过"制度金融"，有效地调动了银行资本、农协资本以及农民个人资本投入农业的积极性。

（三）法国对农业的财政投资

从1971年起法国由农产品净进口国变为净出口国，成为世界上最重要的农产品出口国之一。法国农业之所以有大的发展，是因为战后法国政府加强了财政干预，大力扶持农业，包括增加农业预算支出、扩大农业低息贷款、提供巨额农业补贴，尤其是在高速发展时期，农业投资曾长期占有较高的比重。如1975年法国政府用于农业的财政支出为39.79亿法郎，用于农业投资的新增贷款为50亿法郎。农业财政投资占当年农业投资总额662.79亿法郎的51.3％，如果加上新增贷款，则国家农业投资占73.9％。1980年、1985年、1986年、1987年法国政府农业财政投资分别为134亿法郎、150亿法郎、260亿法郎、269亿法郎。另外，法国农业投资也包括用于农业发展和农业保护两方面。

法国政府采取的农业投资政策主要有以下几方面：（1）以免税或补贴的方式对农民购买生产资料特别是农机具给予资助。如购买农机具给予15％的补贴，使用燃料给予免税等优惠待遇。（2）以补贴和贷款的方式对农民实施的水利、道路、电气化和土地整治等农村基本建设工程给予资助。政府发放的农村工程补贴一般占工程费用总额的25％以上，如灌溉达60％，土地40％，农村道路25％，排水15％－33％。（3）以发放农业优惠信贷的方式为农民购买现代化的装备提供资金。为了配合农业现代化进程，从1950年起发放中期贷款（2－15年），并给予利息优待。到1975年中期贷款比例已达到 70％。低息贷款在法国农业现代化中起十分重要的作用。（4）对农产品价格实行保护政策。保护农林产品的开支约占政府农业预算的 23％。（5）对土地集中和农业互助合作给予财政支持。为了扩大农场经营规模，法国政府和国家银行高价购买"无生命力农场"的土地，并优先卖给大农场主。政府规定出售土地的农场主可得到 35 年的预备年金，以鼓励老年人提前退休。对于转业来经营农业或扩大农场规模的青年农民，国家给予财政援助。对购进土地的大农户给予免税登记、无息或低息贷款。对停止经营的农场主或出租土地者（出租土地 18 年以上）由国家发给奖金。农场经营规模的扩大促进了农业机械广泛而充分的运用，加速了农业现代化的发展。政府还对农业互助合作社在资金上大力支持，以贷款为主，有相当部分贴息贷款，也有部分无偿投资。如政府对农村水利建设的投资和贴息贷款，一般不给农场主，只给合作组织。小型水利灌溉设施一般由合作组织集资兴建，国家补助投资额的 20％－40％，较大的项目国家补助 60％－80％。农业社会保护和互助方面的开支约占农业财政预算的 50％。（6）政府投资治理环境。包括治理生活环境和自然生态环境。这方面的开支约占农业财政预算的 8％左右。（7）发展农业科研教育和培训及农产品销售合作社等项目的政府投资，再加上行政管理费，共占农业财政预算的 10％以上。政府对农业的大量投资，加速了资本和土地的集中，大力推进了农业的专业化和一体化生产，加快了农业现代化的进程。

（四）印度对农业的财政投资

印度的整个社会经济对农业的依赖程度很高，政府一直把财政投资中较大的比例用于农业，农业投资在财政总投资中所占的比重都在 20％以上，"一五"时期为 36.9％，"二五"时期为 20.3％，"三五"时期为 20.5％，调整时期为 23.8％，"四五"时期为 23.3％，"五五"时期为 20.6％。印度对农业的财政投资主要用于农业保护，为农业发展支付各种补贴。这些补贴可分为两大方面：

(1) 对农业投入物进行补贴。为支持农民采用现代化农业技术，政府对农民采用现代投入物给予财政补贴，如低价向农民提供化肥、农药、水、电等。其中，化肥补贴是政府对农业补贴的一个大项，除对化肥低价出售要进行补贴外，还要对化肥的制造、运输、进口等给予补贴。(2) 实施价格政策。印度通过最低限支持价格和最高限价格来控制市场价格，当农产品供应充足、价格下跌时，政府大量收购，保证农民得到最低限价格。当农产品歉收时，为防止私商哄抬物价，影响消费者利益，政府规定最高限价格。印度成立了农产品价格委员会和印度粮食公司，共同实施价格政策。粮食公司一般以高于最低限价格购进农产品，再以政府规定的配给价格出售给城乡消费者，价格差额由中央财政给予补贴。农产品价格补贴分直接补贴和间接补贴，直接补贴是中央政府在每年财政预算中直接拨款弥补粮食消费中的赤字，间接补贴则是粮食公司把银行和印度政府所发放的特殊优惠低息贷款作为周转金使用。

印度对农业的财政支持基本上是保护方面的，这种投资对农业发展的促进作用寓于保护作用之中，通过对采用现代投入物进行财政补贴，引导农民大量采用现代投入物，在推动农业技术进步方面起到了积极作用。对农业进行支持，使印度农业有了很大发展，特别是粮食问题得到一定的改善。但这种"补贴农业"造成了极大的财政负担，政府愈来愈难以承受巨额的农业财政补贴。为降低补贴费，近几年印度政府连续提高农业现代化投入物的价格，还提高了平价粮店的配售价格，结果又面临着通货膨胀的威胁，使印度"补贴农业"政策陷于困境。

二、发达国家财政农业投入的一般做法

一般来讲，发达国家财政农业投入的目标主要有两个：一是农业发展，二是农业保护。财政农业发展资金主要用于农业技术开发与农业技术进步、科研和技术推广、基础设施建设、农业扩大再生

产和改善农业结构等。财政农业保护主要包括农产品价格支持与保护、农村环境治理与保护、农村救济和农村社会保障等内容。具体来讲，发达国家财政农业投入的一般做法可以归纳如下：

（一）财政农业投入方式

1. 农产品价格支持

为了提高农民从事农业的积极性，维护和提高农民收入，发达国家普遍采用价格支持方式实施农业保护。美国从 20 世纪 20 年代开始实施农产品价格支持政策，主要手段包括平价（保证价格）、融资、政府收购。政府财政主要通过设立商品信贷公司进行价格支持。政府授意商品信贷公司向农场主发放贷款，该贷款以稳定价格为目标，并用农产品作为抵押。当市场价格高于贷款所定价格时，农场主就出售产品偿还贷款，当农产品出现剩余时，生产者可按平价的一定比率（但高于市场的水平）把产品卖给政府。从 1961 年实行《农业基本法》以来，为促进城乡收入平衡、刺激农业生产规模扩大、推动农业现代化，日本大幅度地提高农产品价格，并对农产品实行"支持价格制度"，使农产品价格提高幅度大于工业品上涨幅度。

2. 农民直接收入补贴

发达国家始终对本国农业发展、农民收入采取高保护政策。由于主要发达国家早期的国内价格支持政策导致了国内农产品生产过剩和国际贸易中农产品价格扭曲，进而产生了一些农产品国际贸易争端，因此，在 WTO 农业规则约束下，各国不断改变本国农业支持方式。发达国家财政农业支持政策逐渐由价格支持为主转向对农民直接收入补贴为主，如欧盟在 2003 年取消对农产品的价格补贴，而是采取对农民直接的收入补贴政策。

（二）财政农业投入重点领域

1. 提高政府农业基本公共服务水平

为了提高财政农业投入资金使用效率，很多发达国家注重提高政府在财政农业投入过程中的基本公共服务水平。欧盟和日本在这方面较为突出，分别提供了组织培训农民、咨询服务、加强交通基础设施建设、通讯设施建设以及支持农业技术研究等服务。由于这类服务范围较广，有利于改善农业基础条件，而且不会产生扭曲，因而许多发达国家在财力允许的条件下采取了有利于农业基本公共服务均等化的措施。

2. 重点支持农业、农村可持续发展

根据 WTO 规则，各国都不同程度地调整了本国财政农业支持政策，逐步加大对农业和农村可持续发展的支持力度。从 1995 年开始，日本较大幅度调整了对农业的财政支持政策，主要是在WTO 规则允许的"绿箱"政策范围内，从过去以补贴生产、流通环节转向支持农业的公共性服务、农业基础设施及支持生产结构调整等方面。欧盟与美国也不断地对国内农业支持政策进行调整，且其调整的方向具有一定的趋同性，即增加直接补贴之外的其他"绿箱"政策的财政支出，尤其是大大加强农业科研和科技推广、食品安全检验、病虫害防治、基础设施建设等公益性服务支出，加强资源和生态环境保护以及贫困地区发展等方面的支出。

（三）财政农业投入资金管理

财政农业投入是一个国家财政支出的重要组成部分，其预算管理、支出管理和财政监督均被纳入整个国家财政支出管理框架。分析国家的财政支出管理，也就可以看出财政农业投入的一些规律和特征。发达国家财政农业投入资金管理可以分为以下几个方面：

1. 预算管理

发达国家一般有较为严格的预算管理。以欧盟和德国为例，欧盟及德国政府农业财政预算程序，大致分为预算编制、预算审计、预算执行和预算执行后的检查及绩效考评四个阶段。（1）预算编制。欧盟农业预算编制是在《欧盟预算法》、预算条例和有关欧盟政策性文件的基础上，紧紧围绕中长期农业发展规划（七年规划）进行的。其目标主要是：稳定农产品价格，保障农业人口的充分就业，保护农业生态环境，保证农业的持续发展。(2) 预算的审议与通过。欧盟农业预算审议程序是，欧盟理事会将本年度农业财政预算上报欧洲议会，理事会上报的申请由欧洲议会专门委员会进行审议，第一次审议结果将反馈给理事会，由理事会组织进行修改后重新报议会再次审议。确保欧盟成员国之间经济发展平衡是欧洲议会审议通过农业预算的基本原则。预算经欧洲议会审议通过后，将被严格执行。(3) 预算执行。欧盟及德国农业财政预算一经议会审议通过即具有法律效应，各成员国和德国农业财政预算部门必须严格执行。为了更好地进行预算执行工作，欧盟委员会设立了两个基金会用于发放农业补贴。一个是欧洲农业保障基金会，主要负责管理直接补贴、出口退税、仓库补贴和农业生产津贴；另一个是欧洲农村发展基金会，主要负责管理农村机构。(4) 预算的检查和评价。在欧洲和德国，预算的检查主要由独立于行政的审计机构来执行。审计院在农业财政预算执行方面的主要内容是审查执行单位的支出是否按预算执行、是否符合法律、是否经济节约。此外，审计工作只服从宪法和法律，从而保证了审计机构的审计效率和合理性。

2. 财政支出管理

除了有较为严格的预算管理外，发达国家也非常重视财政支出管理。以日本为例，日本政府建立了由国会、审计部门和财政部门分工负责、协调配合的财政支出管理体系。国会的管理主要是预算管理，通过审批预算，控制财政支出规模及其使用方向；审计部门主要审计预算编制和执行的严肃性、科学性，确保财政资金高效、依法使用。此外，日本财政支出管理具有依法管理、全面管理、经常性管理和实行财政公开等特点。

3. 财政监督

由于历史制度传承性不同、各国政权形式不同等多方面的原因，其采取的财政监督类型亦各有不同。国内学者罗剑朝将国际上财政监督总结为四种主要类型：立法监督制度、司法监督制度、行政监督制度和日本型的财政监督制度。仅以第一种类型即立法型监督制度为例进行说明。立法监督制度主要通过制定财政、财务管理、会计的相关法律，依法管理国家预算机关，审计机关和监督机关向国会负责。一般又分为以下两种情况：一是宪法对财政监督作出明确规定，如英国是在《宪法》中对财政支出最早作出规定的国家。意大利、德国和瑞士的《宪法》对财政收支的一切活动也均有规定，从预算、税收、国库到审计等均在法律范围内进行。二是在宪法规定的基础上，还设有专门对财政监督作出的更为具体的规定，如美国、法国、加拿大等国。

三、中国与其他国家在财政农业投入上比较分析

近些年，中国对农业支持和保护力度不断加大，但与西方发达国家相比，尚有较大差距，主要表现在以下五个方面：

（一）农业急需国家财政投资，中国财政农业投入总量偏小

农业是属于社会效益很大、经济比较效益低的特殊产业，在市场经济条件下，无论是在产品市场竞争或者是在经济资源配置竞争中，往往处于不利的地位。综观世界发达和发展中国家，在工业化中走过一段农业萎缩的弯路后，政府不得不调整政策，从各方面加大对农业投入的力度，建立健全农业投入机制，使农业生产达到稳定发展。如农业在美国成为财政直接投资的三个主要部门之一。20世纪 40 年代，美国就已实现农业现代化，而农业财政投资份额仍一直在增加，1970 年为 64.3 亿美元，1982 年增加到 145.5 亿美元，年均递增 8.7％；日本是一个对农业进行高度干预的国家，农业财政投资曾经由 1970 年的 1785 亿日元增加到 1980 年的 8859 亿日元，年均递增 17.4％；法国也由 1980 年的 134 亿法郎增加到 1987 年的 269 亿法郎，年均递增 10.5％；印度从 1975 年的 22.5 亿卢比上升到 1981 年的 623.5 亿卢比，年均递增 15.9％。

目前，中国财政农业投入总量严重不足，这在很大程度上影响了中国农业现代化进程。虽然中国财政农业支出金额呈增长趋势，

但是农业支出占财政支出的比重却呈下降趋势。1952年至1998年，中国财政农业支出占财政支出的比重除了个别年份超过10％以外，其余年份均在10％以下徘徊。1998年至今，国家财政农业投入规模虽有了较大幅度增加，但是财政支农在全部财政支出中的比例仍没有显著提高，一直在8.2％以下徘徊。而发达国家财政农业投入的绝对量和比例都是不断增长的，其在国民经济中的比重远远超过中国。

（二）不同的农业发展时期，农业财政投资的目的不同

总的来看，一个国家对农业的财政投资一方面是为了发展农业，另一方面是为了保护农业，这两个方面在美国的农业发展过程中就有明显的区别。在农业发展早期，对农业进行财政投资主要是支持发展，在农业发展到一定阶段后，则主要是对农业进行保护。日本目前对农业的财政投资既用于支持农业的发展，又用于对农业进行保护，不过其保护性方面的财政投资也是为了促进农业发展服务的。法国对农业的财政投资也用于发展和保护两个方面。印度对农业的财政投资基本上是从保护方面进行的，这种投资对农业发展的促进作用寓于保护作用之中。各国都强调运用财政资金对农业进行支持，不管支持的最终目的是否在于促进农业发展，都要以保护农业生产者劳动所得为目标，如果这种目标促进了农业所得的增加，实际上便促进了农业内部积累的增加，也就壮大了农业自身发展的能力。目前，中国在支持农业方面，既有保护性财政政策，也有发展性财政政策，我国处于农业发展中期阶段。

（三）优化财政农业投资结构，中国财政农业投入结构不合理

农业经济增长和农村发展离不开政府的大力支持和投入。同时，政府农业投入应根据农业发展阶段和程度而有所不同。随着农业的发展、自身积累能力的增强，发达国家用于农业方面的财政资金不再只局限于农业生产、开发等领域，而是逐步按照农业现代化发展的要求确定农业投资的方向，并把资金投向有关流通部门。各国都把农业研究、开发作为投资的重点。农业基本建设投资大、见效慢，且严重影响现代农业发展的后劲。因此，各国政府都对此投入了大量的财政资金，发达国家往往对这类投入给予很高的补助。发达国家都把农业研究、开发作为投入重点，例如，美国和日本等国家在农业资源环境养护、培养农业人才、基础设施投入、种植结构调整、乡村建设以及农民的直接收入方面都投入了大量的财政资金，给予很高补助。

中国财政农业投入结构不合理主要表现为对农业基本建设和农业科研投入不足。目前，中国大量财政补贴用于弥合购销差价、降低农用生产资料的价格以及贴息贷款等方面。而对农业教育、农业技术推广、农业基础设施建设以及调整农业生产结构和组织结构等方面补贴很少，中国农业科研和推广费用在整个财政支出中的份额不仅很低，而且还不断下降。据有关资料显示，中国目前每年对农业的科研投入为 60 亿元，约占农业总产值的 0.25% 左右，而发达国家平均为 2.37%，发展中国家平均为 0.7%－1%。中国农业技术推广经费占农业 GDP 的比重远低于世界平均水平。现行不合理的补贴结构不利于从根本上解决农业生产力低下、农民收入增长缓慢等问题，不符合 WTO 农业规则，不利于农业生产的市场化和国际化。

（四）整合农业资本投入，中国财政农业投入未形成合力

农业是一个投入产出水平低的物质生产部门，发展农业要求有较多的物质、资金投入，仅靠财政资金是不够的，必须充分调动社会资本、金融资本和个人资本合理投向农业。除了直接支农的职能外，财政资金还应具有调动社会资本、私人资本和调控农业资金投向的职能，形成农业投资的合力。在这方面，日本的"制度金融"是非常成功的，不仅起到了调动私人资本投向农业的作用，而且还能够左右投资全局，引导投资方向，为贯彻产业政策、不断促进结构优化升级提供了基本保证。

目前，中国财政农业支持实行分块管理，部门分割严重，有限的资金不能形成合力，而且政府财政支农资金使用监督机制落后，资金使用效果差，在现行体制下，普遍存在支农资金被挤占、挪用的问题，不能有效吸引社会金融资本、个人资本向农业投入，就更谈不上财政资金与金融资本和个人资本结合形成农业投入的合力。应借鉴日本成功的经验，通过财政贴息、担保等经济手段，有效地引导金融资本投入农业。

（五）加强财政资金监督，中国财政农业投入有效监督不足

有效的财政监督是保障财政资金高效运行的重要条件。中国现行财政农业投入政策缺乏有效监督，在宏观上表现为国家缺乏对财政农业投入到位状况的监督保障。以补贴为例，国家财政对农业的补贴和投入往往有一定比例不能及时到位或根本不能到位，被短期或长期移作他用，补贴资金流失严重。在微观上表现为财政缺乏对农业补贴立项预算、审核和效益跟踪管理，监督不力和补贴资金使用效率低下，极大地影响了补贴政策整体功能的发挥。在法国就有一套相对完善的财政监督体系和机构，设有审计法庭、财政总监和财务监督官，这些机构和人员对中央预算和地方预算进行事前和事后监督，通过监督体系来检查财政收支是否合法。

四、发达国家财政农业投入管理经验借鉴

在长期的财政农业投入实践中，随着社会经济和农业的发展，发达国家不断调整财政农业投入政策目标，并不断调整财政农业支持方式，以保证财政农业投入效率。随着现代农业的不断推进，财政农业投入的项目选择也日益公益化。此外，财政农业投入的引导功能逐步增强，即依靠一定的财政资金，调动较多的金融资本、个人资本和其他社会资本投入到农业发展中，形成农业投入合力。政府通过制定相应的政策措施，充分发挥财政资金"经济引擎"的牵头作用，引导和增强其他投入主体对农业投入的积极性。发达国家

财政对农业的投入与管理经验，对中国政府财政支农具有重要的启示和借鉴作用。为了更好地推动中国的财政支农政策，提高财政支农资金使用效率，我们应做好以下工作：一要确保政府财政农业投入总量持续增长，合理配置资源，提高投入效益和资金使用效率。二要加快农业立法工作进程，逐步将财政农业投入法律化，把对农业的支持和保护由政府行为转变为国家行为。加快制定《农业投资法》和《农业财政投资监督保障法》，并通过投资立法，约束政府财政农业投入行为。三要顺应WTO《农业协议》要求，用足"黄箱"，同时将"黄箱"支持转为"绿箱"政策范畴的支出。改变和改革低效率的价格支持政策，将更多的财政资源转为直接补贴等支持措施。同时，将投入重心转变为以间接投入为主，大力推进农业科技开发、推广、教育和服务，加大基础建设投入，加大对环境保护和生态农业的投入。四要转变财政农业投入监督方式，构建"立法监督＋行政监督"的复合型农业财政投入监管体系，可考虑设立独立于政府部门的农业补贴（拨款）和监督委员会，将对农业的支持和保护逐渐由政府行为转变为国家行为。

第三篇　辽宁财政支持地方金融发展研究

第一章　辽宁地方金融发展
的财政政策解析

　　财政与金融是确保经济平稳健康发展、调节经济运行方式的两大重要经济杠杆。财政政策在促进地方金融发展的各类政府政策中具有毋庸置疑的核心地位。因此，应进一步完善辽宁地方金融发展的财政政策，不断推动地方金融体系的完善，实现经济的健康可持续发展。

一、辽宁地方金融发展现状分析

　　随着改革的逐步深入，辽宁地方金融发展取得了长足的进步，形成了以银行业为主体、各类金融机构为补充的较为完整的金融体系，为辽宁省经济社会发展提供了必要的金融支持。

（一）地方金融的概念

　　一般来说，地方金融通常有三种主要的界定方式。

　　第一，广义的地方金融概念，是指位于特定地方行政区域内的各种金融组织、金融市场和金融活动，其中既包括地方本土注册的法人金融组织，也包括非本土注册金融组织分支机构的活动。

　　第二，中间范畴的地方金融概念，是指位于特定地方行政区域内，并且受到地方政府管理和控制的金融组织、金融市场和金融活动，通常只包括地方本土注册的各类法人金融组织。

　　第三，狭义的地方金融概念，是指特定的金融机构，即过去的地方农村信用社和城市信用社，以及在此基础上重组、改制而出现的农村商业银行和城市商业银行，由于它们长期受到地方政府的控制，并且在地方经济发展中扮演了重要角色，因而经常被当做地方金融的"代名词"。

本章的研究对象为中间范畴的地方金融，主要考虑到这类金融要素与地方政府的关联性最大，而且受地方财政政策的影响最大，最适合于研究地方财政对地方金融的支持。

（二）辽宁地方金融发展现状

1. 辽宁地方金融整体发展形势

一般经济发展理论认为，一国的经济越发展，其第三产业就越发达，而金融业则更为发达。近年来，辽宁地方金融业蓬勃发展，金融增加值占辽宁省生产总值和第三产业的比重逐年上升，地方金融对辽宁省经济社会发展的贡献不断提高。如表1所示，辽宁金融业占第三产业的比重逐年升高，从2005年的7.07%上升到2012年的10.25%；辽宁金融业占GDP的比重也从2005年的2.89%上升到2012年的3.91%，达到了历史最高值。

表 1 　　　　　辽宁第三产业与金融业占GDP比重

年份	GDP（亿元）	第三产业（亿元）	金融业（亿元）	金融业占第三产业比重（%）	金融业占GDP比重（%）
2005	8047.30	3295.45	232.85	7.07	2.89
2006	9304.51	3798.25	303.41	7.99	3.26
2007	11164.30	4486.74	386.34	8.61	3.46
2008	13668.60	5207.72	455.07	8.74	3.33
2009	15212.50	5891.30	560.20	9.51	3.68
2010	18457.30	6849.40	639.27	9.33	3.46
2011	22226.70	8158.98	755.57	9.26	3.40
2012	24846.40	9460.10	969.37	10.25	3.91

数据来源：《辽宁统计年鉴2013》

2. 辽宁银行业发展现状

银行业是地方金融的重要组成部分，在地方经济发展中发挥着至关重要的金融中介职能。近年来，在地方经济不断飞速发展的情况之下，地方银行业也不断扩张规模，在运营管理、资产管理以及防范风险等方面有了长足进步。

（1）银行机构规模

辽宁地方金融机构迅速壮大，不仅培育了一批例如盛京银行、营口银行、锦州银行等城市商业银行，还涌现出大批村镇银行、小额贷款公司等新型农村金融机构。如表2所示，截至2012年年末，辽宁省共有银行类法人机构146家，其中城市商业银行15家，小型农村金融机构69家，财务公司2家，信托公司1家，新型农村金融机构59家。辽宁省共有营业网点7833个，金融从业人员达到15.4万人。辽宁已形成了以国有商业银行为主体，政策性银行、股份制商业银行、城市商业银行与新型农村金融组织并存的金融机构组织体系，整个银行业运行态势良好。

表2　　　　　　2012年辽宁省银行业金融机构情况

机构类别	营业网点			法人机构
	机构个数（个）	从业人数（人）	资产总额（亿元）	
一、大型商业银行	3099	74998	16894.5	0
二、国家开发银行和政策性银行	81	2285	4690.9	0
三、股份制商业银行	393	11816	8563.8	0
四、城市商业银行	954	22506	9788.1	15
五、小型农村金融机构	2364	28951	3730.4	69
六、财务公司	2	143	294.6	2
七、信托公司	1	123	56.9	1

机构类别	营业网点			法人机构
	机构个数（个）	从业人数（人）	资产总额（亿元）	
八、邮政储蓄银行	866	10484	2044.3	
九、外资银行	41	1278	503.9	
十、新型农村金融机构	32	1727	319.6	59
合计	7833	154311	46887.0	146

数据来源：《中国金融年鉴2013》

（2）银行资产规模和盈利能力

截止到2012年年末，辽宁省银行业金融机构资产总额为46887亿元，同比增长17%；负债总额45297亿元，同比增长16.8%；全年实现利润497.35亿元，同比增量为52.98亿元，增长11.9%。近年来，辽宁国有商业银行盈利稳定，而农村商业银行、新型农村金融机构以及邮政储蓄银行的盈利能力大幅度提升。

（3）银行存款和贷款规模

截止到2012年年末，银行机构本外币各项存款达35303亿元，同比增长14.5%，增速较上年提高了4.5%。存款资金大幅度增长的主要原因在于资金的分流效应。首先，在证券市场上，由于市场处于低迷状态，一部分资金转移到银行；其次，国内宏观经济不景气，企业投资下降，致使企业闲置资金留存于银行；最后，伴随着国家房地产调控政策的不断推出，以及银行实际利率的提高，房地产市场的一部分资金也转移到银行。

截止到2012年年末，辽宁省银行本外币各项贷款余额26306亿元，比2011年同期增长15.2%，增幅回落2个百分点。中长期贷款余额15416亿元，同比增长12.1%，增幅回落3.7个百分点；短期贷款余额为9819亿元，同比增长20.9%。辽宁贷款增幅平稳，在各类宏观政策的调控下，贷款投向结构也进一步优化。

（4）资产质量

2012 年年末，辽宁省银行机构不良贷款额度为 797.1 亿元，比年初增加 234 亿元；不良贷款率为 3.03％，比年初增长 0.56％。在整体宏观经济下行的大背景下，辽宁省打破了连续 8 年不良贷款余额和比率均下降的局面，但是不良贷款率仍在可控范围之内。

3. 辽宁证券业发展现状

辽宁作为东北老工业基地，积极引导企业上市，繁荣了中国的证券市场。1988 年，辽宁省开始引入股份制，1992 年，辽宁省企业"一汽金杯"在上海证券交易所挂牌上市，成为辽宁第一家上市公司。截止到 2012 年年末，辽宁共有 70 家企业在沪深两地证券市场上市，总市值为 3174 亿元，其中股票流通市值 2581.3 亿元，累计实现境内筹资 228.4 亿元，行业覆盖能源化工业、机械制造业、房地产业等。

截止到 2012 年年末，辽宁省证券公司总部设在辖区内的有 3 家，证券分公司有 8 家，证券资讯平台有 3 家，证券营业部 219 家，证券网点 200 多个；期货公司总部设在辖区内的有 7 家，期货经纪营业公司 102 家。

受到整个宏观经济下行的影响，近年来，辽宁省证券市场处于不景气的惨淡局面，证券营业机构的盈利水平持续下滑。2012 年证监会出台了一系列支持证券机构业务创新的制度和政策，辽宁省证券公司抓住机遇，在融资融券、IB 业务、"单客户、多银行"存管模式等方面积极开展新业务，辽宁省证券公司正在逐步向专业化、服务化方向转变。

表 3　　　　　2012 年辽宁省证券业基本情况

项目	数量
总部设在辖区内的证券公司数（家）	3
总部设在辖区内的基金公司数（家）	0
总部设在辖区内的期货公司数（家）	7
年末国内上市公司数（家）	70

项目	数量
当年国内股票（A股）筹资（亿元）	148.4
当年发行H股筹资（亿元）	0
当年国内债券筹资（亿元）	1097.5
其中：短期融资券筹资额（亿元）	232.6
中期票据筹资额（亿元）	297.9

数据来源：中国人民银行沈阳分行、辽宁证监局、大连证监局

4. 辽宁保险业发展现状

保险作为地方金融的三大支柱之一，起着控制风险和维护稳定、提升信用、融通资金、优化结构等重要作用。目前，辽宁省保险业保持了平稳发展态势，机构数量相对平稳。截止到2012年年底，总部设在辖区内的保险公司4家，保险公司分支机构102家，从业人员14.7万人，从业人员素质不断提升。据统计，辽宁省保险营销员中具有大中专以上学历人员占到50%，具有专业素养的正式员工占比30%。

2012年，辽宁保险业务不断拓展，资产总额、保费收入稳步增长。全年保险保费收入563亿元，同比增长7.2%。其中，财产险保费收入200.9亿元，同比增长7.6%；人身险保费收入362.2亿元，同比增长5.9%；意外险原保险保费收入11.8亿元，同比增长14.1%；健康险原保险保费收入32.5亿元，同比增长16.4%。全年支付赔款和给付总额182.9亿元，同比增长4.2%。

辽宁省保险资金的投资途径也不断拓展，目前在规定的银行存款、国债、金融债券以外，还可以投资基金、股票等。保险资金的充分投资，不仅为分散风险和提高收益创造了有利条件，而且解决了保险业发展中的资金偿付难题。

表 4　　　　　　2012 年辽宁省保险业基本情况

项目	数量
总部设在辖内的保险公司数（家）	4
其中：财产险经营主体（家）	1
人身险经营主体（家）	3
保险公司分支机构（家）	102
其中：财产险公司分支机构（家）	43
人身险公司分支机构（家）	59
保险收入（中外资，亿元）	563.0
其中：财产险保费收入（中外资，亿元）	200.9
人身险保费收入（中外资，亿元）	362.2
各类赔款给付（中外资，亿元）	182.9
保险密度（元/人）	1323.0
保险深度（％）	2.3

数据来源：《中国金融年鉴 2013》

5. 辽宁金融生态环境发展现状

金融生态环境，主要是指包括法律制度、行政管理体制、社会诚信状况、会计与审计准则、中介服务体系、企业的发展状况及银企关系等方面内容的综合金融环境。2012 年，辽宁机构信用代码推广应用工作扎实开展。征信系统已为辽宁 34.25 万户企业和 2979 万人建立了信用档案，开通查询用户 22060 个，月均查询量 54 万次。中小企业和农村信用体系建设稳步推进，已为 61042 户未与银行发生信用贷款关系的中小企业和 459 万户农户建立了信用档案。辽宁 2012 年开展评级业务 923 笔，同比增长 31.29％，其中担保机构、小额贷款公司评级业务增长较快，信用评级市场监管机制进一步完善。

辽宁金融基础设施建设工作也稳步推进。第二代支付系统建设正在进行，大、小额支付系统、支票影像交换系统、网上支付跨行清算系统运行稳定，业务量持续增长。农村金融支付环境进一步改善，截止到 2012 年年底，辽宁省农村地区银行卡发放量为 2865 万张，农村地区人均持卡 1.22 张，持卡消费金额占社会消费品零售总额的比重为 16.3％，助农取款服务店 4470 户，贷款受理终端 6441 台。

（三）辽宁地方金融存在的问题分析

1. 地方金融总体规模偏小，地域发展不平衡

近年来，虽然辽宁地方金融发展态势良好，但是地方金融总体规模仍然偏小。2012 年辽宁金融业占第三产业和地方 GDP 的比重达到最大值，分别为 10.25％和 3.91％；但是同年全国的平均水平为 12.4％和 5.5％，由此可见，辽宁地方金融业发展不仅没有达到全国平均水平，更与沿海经济发达省份的地方金融规模无法相比。这里的主要原因在于辽宁所处的地理位置以及政策环境，对金融业的吸引力小于东部沿海城市。

从分布上看，辽宁地方金融组织主要集中在沈阳、大连两座中心城市，其他地区地方金融发展较慢；另外，地方金融组织的发展，银行业发展速度最快，盈利能力最强，而证券、保险等其他金融业发展明显滞后。

2. 辽宁银行业发展存在的问题

（1）地方银行规模偏小，分布不平衡

辽宁省拥有 15 家城市商业银行，发展规模相对偏小，目前没有一家全国性股份制上市银行，缺乏具有较强实力的地方金融龙头企业；小型农村金融机构 69 家，发展速度较快，但是无法满足广大农村的金融需求。从分布上看，辽宁省大部分商业银行都集中在沈阳、大连两座城市，其他地方仅限于部分国有银行和地方性商业银行，而欠发达地区的金融机构更是严重匮乏。

（2）新型农村金融组织发展制约因素较多

辽宁农村金融发展较为薄弱，发展速度和规模相对于广大的农村金融需求仍然较小。这主要是因为：首先，出于风险可控性考

虑，监管部门对新型农村金融组织设置的门槛普遍较高。其次，新型农村金融组织融资能力有限，缺乏有效的融资渠道。村镇银行由于刚刚成立不久，规模小、网点少、业务种类有限，社会认同度较低，吸收存款困难；而小额贷款公司既不能吸收公众存款，也不能从其他金融机构融资超过自有资金的50％，融资渠道严重受堵，制约了其发展壮大。最后，政府配套设施不到位和扶植力度不够，新型农村金融组织由于投入不足和条件不具备，难以加入征信系统、现代化支付系统等，致使在结算、支付、网上银行等业务开展上存在困难。

（3）地方银行产品与服务单一，创新能力不足

辽宁地方商业银行发展起步较晚，专业人才较为匮乏，在产品和服务上的创新落后于大中型股份制商业银行，这样导致企业或者消费者对地方商业银行的信任度不够，影响了其更广泛业务的开展。

3. 辽宁证券业发展存在的问题

（1）上市企业的地理分布不均匀，发展欠均衡

与银行业集中分布一样，证券行业也不例外，大部分上市企业集中于大连和沈阳两座城市。从证券数据来看，两座城市的上市企业已经占据了辽宁省所有上市公司的70％。这里的主要原因除了地理位置的优势外，还与地方政府对企业的政策支持力度有关。

（2）上市企业所属行业分布过于集中

辽宁省作为东北老工业基地，以重工业为主要产业，所以上市企业所属行业偏向于制造业。而银行业、旅游业等第三产业发展较慢，上市企业较少。辽宁地方经济过度依赖重工业，经济结构调整周期长，随着资源枯竭型城市转型，技术创新需投入大量人力物力，这将会在一定程度上抑制证券市场对地方经济的促进作用。

（3）证券公司利润下降，业务产品单一

随着近年来证券公司利润下滑，证券公司间的竞争也进一步加剧。虽然2012年辽宁省证券公司在IB业务等新业务上有所拓展，但是仍然存在着产品及服务类别较为狭窄的现象，因而随着行业竞争的不断加剧，传统证券经纪业务收入可能会进一步下降。

4. 辽宁保险业发展存在的问题

（1）保险业与地方经济发展不协调

辽宁省保险业的发展水平虽然有所提高，但是与快速增长的地方经济不一致，目前总部设在辖区内的保险公司仅有 4 家，满足不了地方经济发展需求。据调查，辽宁绝大多数居民都有保险，但是与之相关的商业保险却很少，仅仅占到 30% 左右。

（2）保险业产品创新不足

辽宁保险市场发展程度不高，产品同质化程度比较明显。这里的主要原因在于：首先，保险险种比较单一，实用性不高，不能够满足人们对于自身保险的多样性需求；其次，在保险设计上，险种设计大同小异，使得保险特色不复存在，造成资源浪费；最后，保险市场产品保费较高，各类保险品种竞争激烈，保险易丧失其特有优势。

（3）保险市场存在信息不对称

保险公司自身具有很高的信息优势，很多投保人只有在购买保险使用之后才会发现保险的优劣和适用度。保险公司有时存在对信息隐瞒的现象，甚至存在欺诈行为，致使投保险出现经济学中所谓的"逆向选择"问题。而在这样信息不对称的市场中，也会由于保险公司和投保人之间的"委托－代理"关系而出现所谓的道德风险问题。因此，保险市场信息的不透明阻碍了保险业的发展。

5. 辽宁金融生态环境建设尚不完善

近年来，辽宁不断加强对地方金融生态环境的建设投入，但是相对于东部发达地区来说，金融生态环境建设还处于初级阶段，尤其是农村金融生态环境急需改善。地方金融机构运作不规范、社会信用制度建设不健全、农村金融基础设施建设不完善、地方金融约束监管力度不足严重影响了辽宁金融生态环境的建设。

二、辽宁财政支持地方金融发展的实证分析

近年来，辽宁财政积极支持地方金融发展，促使地方金融对区

域经济增长的作用逐步增强，为地方经济社会发展作出了更多贡
献。本章将运用统计数据对财政支出与金融机构存贷款的相关关系
进行实证研究，以期为辽宁省财政金融政策的制定提供实证支持。

（一）样本分析和指标描述

本章选取辽宁省 2000 年至 2012 年"财政支出（fis）"、"金融
机构年末存款余额（saving）"、"金融机构年末贷款余额（loan）"
这三个指标，来分析财政支出对地方金融的影响。

表5　　　　辽宁省 2000－2012 年地方财政支出和金融数据　　单位：亿元

年份	财政支出（fis）	金融机构年末存款余额（saving）	金融机构年末贷款余额（loan）
2000	518.10	5880	5195.60
2001	635.40	6591.40	5597.40
2002	690.90	7600.10	6247.40
2003	784.40	8942.60	7222.30
2004	931.40	10203.60	7753
2005	1204.40	11967	7958.10
2006	1422.75	13596.80	9117.20
2007	1764.28	15117.80	10403.90
2008	2153.43	18223.20	11794.60
2009	2682.39	22758.60	15549.60
2010	3195.82	27372.50	18689.80
2011	3905.85	30832.30	22835.10
2012	4558.60	35303	26306

数据来源：《辽宁统计年鉴 2013》

图1和图2列示了三变量之间的时序图，其中图2为三变量取
对数后的时序图。可以看出，三变量之间都呈现上升的趋势，随时
间变化的趋势基本一致。

亿元

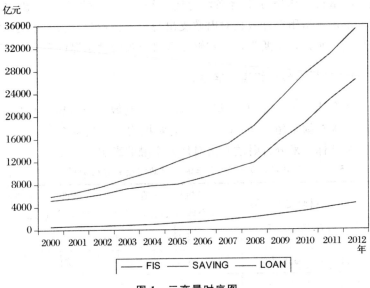

图1 三变量时序图

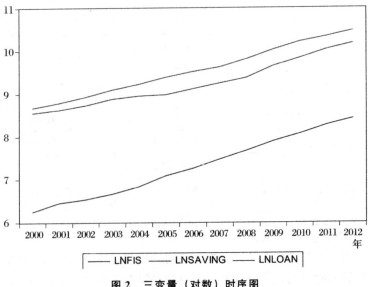

图2 三变量（对数）时序图

表 6 描述了三个变量的统计特征，包括平均值、标准差、最小值和最大值。从变量统计特征可以看出，存款的均值和变动（方差）要大于贷款。相对于存贷款而言，财政支出的变动最小。

表 6　　　　　　　　　　**变量的统计特征描述**

变量	平均值	标准差	最小值	最大值
财政支出	1880.59	1333.10	518.10	4558.60
金融机构年末存款余额	16491.45	9734.55	5880	35303
金融机构年末贷款余额	11897.69	6878.49	5195.60	26306

（二）实证过程与分析

本章运用普通最小二乘法和向量自回归两种计量方法对变量之间的统计关系进行分析，并且对变量都进行了对数化处理，以克服异方差和单位量纲问题。

1. 普通最小二乘法

本章首先建立方程 $Y = C + \beta X + \varepsilon$，其中 C 为常数项，β 为参数，ε 为残差项。运用普通最小二成法（OLS），分别分析辽宁省财政支出对金融机构存贷款的影响系数。回归结果如表 7 所示，调整的拟合优度分别为 0.9946 和 0.9682，说明模型拟合优度较高。由于弹性系数均为正数，且都在 1% 的统计水平上显著，说明财政支出与金融机构存贷款之间关系显著。模型结果的经济意义在于，财政支出增加 1%，则金融机构存款增加 0.815%，金融机构贷款增加 0.723%。即财政支出对于金融机构存贷款都具有引致效应，而且财政支出对存款的引致弹性大于对贷款的引致弹性。因此，加大地方财政支出可以更好地促进地方金融发展。

表 7　　　　　　　　　OLS 回归结果

	lnsaving	lnloan
lnfis	0.815 * * * (41.3)	0.723 * * * (19.14)
cons	3.6 * * * (28.33)	3.96 * * * (14.33)
N	13	13
r2 _ a	0.9946	0.9682
F	2211.67	366.18

注：( ) 内为 t 值 * 、* * 、* * * 分别表示系数估计值在 15%、10%、5% 和 1% 水平下显著。

2. 向量自回归（VAR）回归

（1）VAR 模型构建及模型回归结果

选择向量自回归模型（VAR）进行实证分析。VAR 模型就是一种经典的非结构化模型，思路是用模型中的所有当期变量对所有滞后变量进行回归，用来估计联合内生变量的动态关系，而不带有任何事先约束条件。含有 n 个变量滞后 p 期的 VAR 模型为：$y_t = \alpha + \sum_{i=1}^{p} \beta_i y_{t-i} + \varepsilon_i$，其中 y_t 为 $(n \times 1)$ 向量组成的同方差平稳的线性随机过程，β_i 为 $(n \times n)$ 系数矩阵，y_{t-i} 为 y_t 向量的 i 阶滞后变量，ε_i 为随机误差项。在建立 VAR 模型的基础上，可以有效进行正交化脉冲响应函数对变量之间的动态关系进行分析。回归结果如表 8 所示：

表 8   **VAR 回归结果**

解释变量	回归函数（1）lnloan	回归函数（2）lnsaving	回归函数（2）lnfis
$\ln fis_{t-1}$	0.176* (1.732)	0.255 (1.171)	0.390* (1.692)
$\ln fis_{t-2}$	0.884*** (7.749)	0.21 (0.863)	0.158 (0.614)
$\ln saving_{t-1}$	0.383*** (3.061)	0.99 (3.717)	0.573** (2.034)
$\ln saving_{t-2}$	−1.573*** (−10.521)	−0.561 (−1.759)	0.484 (1.435)
$\ln loan_{t-1}$	0.369*** (3.933)	−0.086 (−0.43)	−0.424** (−2.007)
$\ln loan_{t-2}$	0.643*** (5.881)	0.094 (0.405)	−0.101 (−0.408)

注：（）内为 t 值 *、＊＊、＊＊＊分别表示系数估计值在 15％、10％、5％和 1％水平下显著。

（2）模型稳定性检验

以上模型经过 VAR 模型滞后结构（AR Root Table）检验，所有根模的倒数都小于 1（如图 3 所示），说明此 VAR 模型的建立非常稳定。也就是说，当模型中某个变量发生变化时，会使其他变量发生变化，而随着时间的推移，这种影响会逐渐地消失。

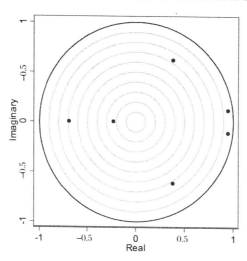

图 3   VAR 模型滞后结构稳定性检验

（3）脉冲响应函数图

由于 VAR 模型是一种非结构化的多方程模型。在分析 VAR 模型时，一般不分析变量间的相互影响，而是分析一个随机误差项施加一单位冲击，得到在一段时期内单位冲击对 VAR 系统的影响。这种分析方法称为脉冲响应函数分析方法。脉冲图（如图 4）显示：这表明财政扩张对贷款产生正向影响。财政扩张政策冲击对金融机构的存贷款的影响都处于零线以上，表明财政支出对金融机构存贷款会产生正向冲击。具体表现在：①来自财政支出的正向冲击，金融机构贷款会在之后一段时期内保持增加，这表明财政扩张对贷款产生正向影响。②来自财政支出的正向冲击，金融机构存款会在之后一段时期内保持增加，这表明财政扩张对存款产生正向影响。③来自贷款的正向冲击，财政支出会在之后期内下降，这表明贷款对财政支出产生负向影响。④来自存款的正向冲击，财政支出会在之后期内上升，这表明存款对财政支出产生正向影响。

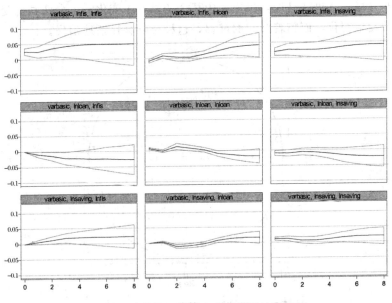

图 4　财政支出、信贷、存款的脉冲响应图

(三) 结论性评价

通过普通最小二乘法和向量自回归方法对辽宁省地方财政支出与金融机构存贷款之间的关系进行实证研究，研究结果表明，财政支出对于金融机构存贷款具有引致效应，并且对存款的引致弹性大于对贷款的引致弹性。因此，加大地方财政支出可以更好地促进地方金融机构的发展。财政支出促进经济增长，进而促进地方金融的发展，地方金融的发展又增加了地方政府财政收入。这样通过财政对地方金融的支持，最终形成良性循环。

三、完善支持辽宁地方金融发展的财政政策建议

通过以上的分析可知，辽宁财政支出对地方金融发展具有重要的推动作用，所以应该根据辽宁省地方财政和地方金融发展现状，进一步完善支持地方金融的财政政策，促进财政金融协同发展，推动经济社会健康发展。

(一) 完善地方金融生态环境的财税政策，促进地方金融良性发展

1. 完善支持"无形"地方金融生态环境建设的财政政策

无形金融生态环境主要包括法制环境、行政管理体制、社会信用体系建设、会计审计准则等。首先，要深化财税体制改革，建立财权与事权相匹配的辽宁公共财政体系，只有这样才能避免政府财政行为对地方金融生态环境建设带来的不利影响。其次，要深化财税体制改革，为地方金融发展创造公平高效的税收环境。地方金融的健康可持续发展需要税收政策的引导和支持，公平高效的税收环境是地方金融生态环境建设的重要内容。最后，改革和完善现有的会计审计制度，有效规范和严格监管地方金融主体的行为，促进地方金融生态环境更加法制化、规范化。

2. 完善支持"有形"地方金融生态环境建设的财政政策

有形金融生态环境是指金融基础设施的建设，主要包括金融信息技术设备、企业和个人信用信息基础数据库、金融清算结算系统等。首先，地方财政要加大对地方金融基础设施建设的支持，尤其是对农村金融基础设施建设的投入，完善农村金融支付系统，促进地方金融要素高效流通和整合。其次，财政支持建立和健全地方企业和个人的征信体系，促进金融信息有效流动，并加强对金融市场参与者的诚信教育。最后，利用税收优惠政策引进更多的法律会计、资产评估、投资和管理咨询、信用评级等金融专业服务配套机构，不断完善地方金融产业链。

（二）完善地方金融机构发展的财政政策，促进地方金融机构全面发展

1. 完善支持地方银行发展的财政政策

第一，促进地方传统商业银行向城市商业银行和农村商业银行转型，打造地方金融龙头企业。一方面，对于传统银行的重组改制，财政要做好不良资产的处理工作；另一方面，要利用优惠的财税政策，支持盛京银行等区域内具有一定知名度的银行做大做强，完善管理体制，积极争取上市，尽快发展成为全国具有较强影响力的股份制商业银行。

第二，有序发展新型农村金融机构，并完善相关配套设施，充分发挥其在农村金融中的重要作用。首先，新型农村金融机构的准入与建设要统筹安排、科学设置、合理布局、有序推动。其次，政府财政出资搭建资本运作平台，引导新型农村金融机构通过吸收银行资本、产业资本、民间资本和实体组织等多种途径拓宽融资渠道。再次，地方财政要加大对新型农村金融组织的扶植力度，落实相关的财税优惠政策，尤其是对于小额贷款公司，建议参照农村信用社和三类新型农村金融机构的相关财税优惠政策标准执行。最后，推动和完善农村信用体系的建设，尽快允许新型农村金融机构加入人民银行征信系统，从多个方面加强对新型农村金融机构建设的指导扶持和服务管理。

第三，财政建立相关补偿机制引导地方银行更好地服务于民生领域和中小企业。近年来，辽宁中小企业发展迅速，信贷需求急剧增大，地方商业银行大力发展对中小企业的业务，既有利于促进中小企业快速成长，促进地方经济发展，也有利于商业银行培养未来优质客户，促进金融产品创新。地方财政通过安排专项财政预算，或设立保障民生和服务中小企业贷款的风险补偿基金，与地方银行建立事前利益补偿或事后损失分担的合作模式，引导地方银行更好地服务地方经济社会发展。

2. 完善支持地方证券业发展的财政政策

第一，地方财政要利用财税优惠政策支持地方企业充分利用资本市场。一方面，推动省内上市企业改革重组，对于拟上市企业办理资产置换、剥离、收购、财产登记过户等，给予一定的税费减免；另一方面，通过财政贴息、担保、参股、投资补助等优惠政策支持一些实力较强的企业尽快实现境内外上市融资。例如，对于企业上市分阶段给予奖励，分为上市申请受理阶段奖励、发行完成后按融资额给予一定比例的奖励、重组上市给予定额奖励等。

第二，地方财政要利用财税优惠政策支持地方证券期货公司做大做强。对于总部设在辖区内的证券期货类金融机构，设立专项财政基金予以补贴，通过优惠税率、税费减免等优惠政策吸引更多的企业落户辽宁，以此增强辽宁资本市场中介服务的综合实力。

3. 完善支持地方保险业发展的财政政策

第一，支持地方性保险机构发展，完善地方保险体系。总部设在辽宁辖区内的保险公司仅为4家，保险业发展相对薄弱，无法满足地方经济社会发展对保险的需求。一方面，地方财政应出台相关财政补贴和税收优惠政策，吸引更多的总部型保险机构迁入辽宁省，并创造有利条件支持地方性保险机构做大做强，形成专业保险机构、保险中介机构、保险资产管理公司等多种保险市场主体共同发展的市场格局；另一方面，鼓励保险产品和服务创新，大力发展保障型产品，提高保险服务质量，扩大保险的社会覆盖面，提升保险业发展空间。

第二，进一步推动政策性保险的健康发展。对于政策性农业保险，财政要分层次区别对待，对广大种植散户的基本农业保险需求，降低保额，由政府财政完全承担保费；而对于种植承包大户，可以提高保额，以政府财政补贴的形式给予支持。另外，还要积极探索农村合作医疗保险、巨大灾难保险、被征地农民养老保险以及出口信用保险等政策性保险的财政支持方式。

（三）完善地方金融市场发展的财政政策，促进地方金融市场繁荣发展

1. 健全股权投资体系，做大做强辽宁股权交易中心

地方财政支持地方金融市场发展，构建多元化、竞争性的金融市场格局。首先，加快私募股权交易市场发展，财政出资建立信息数据库，并搭建区域产权交易平台；其次，加快农村产权交易市场发展，为农村产权流转搭建专业的交易服务和信息发布平台；再次，鼓励产业投资基金、风险投资基金等金融机构发展，财政可以出台相关税收优惠、购置办公场所补贴或者租赁办公场所补贴等政策，促进民间资本向产业资本转化；最后，设立政府引导基金，吸引金融资本、风险投资资本、社会资本，加大对种子期、初创期、成长期的中小企业发展，进一步促进金融市场的健康繁荣发展。

2. 鼓励非银行类金融机构发展，提高金融市场竞争力

非银行金融机构是整个金融市场的重要组成部分。地方财政要利用财税优惠政策，支持信托业、租赁和财务公司发展，充分发挥信托、租赁和财务公司等非银行金融机构在资产管理、融资、中介、代理、内部资金管理等诸多方面独特的金融功能，并鼓励其产品创新，提高金融服务水平，促进地方金融市场有效竞争。

（四）完善地方金融创新的财政政策，促进地方金融多样性发展

1. 鼓励金融机构产品和业务创新，满足金融多样性需求

地方金融的发展离不开金融创新的推动，而地方财政对地方金

融的支持，更应该体现在支持金融创新上。利用财政补贴、税收优惠、贴息等优惠政策，鼓励金融机构产品和服务创新，尤其是在农村金融产品和服务、中小企业金融产品和服务以及互联网企业的金融产品和服务上急需创新发展。

2. 鼓励民间资本进入金融领域，促进金融机构股权多元化

地方金融要打破垄断，放宽准入标准，鼓励、引导和规范民间资本进入金融领域，参与地方金融机构的重组，参股村镇银行、小额贷款公司、股权投资公司等，推动金融机构股权多样化发展。

（五）完善地方金融监管的财税政策，促进地方金融安全运行

1. 建立地方政府债务风险监控体系，避免财政风险、金融风险相互传递

地方政府性债务的形成由来已久，要防范化解地方政府性债务风险。建立地方政府债务规模控制和风险预警体系，将政府各类债务全部纳入政府性债务的监控范围，预防政府隐性债务风险，杜绝财政风险转化为金融风险；另外，继续规范地方政府融资平台建设，加强监管约束和风险防范。

2. 健全国有金融资产管理体制，加强对地方国有金融资产的监管

国有金融资产的管理是一项系统性工程，只有不断健全政府管理与市场运作相结合的国有金融资产管理体制，建立和完善有效的激励约束机制，才能从根本上加强对地方国有金融资产的监管。可以设立专门的地方国有金融资产管理中心，明确管理中心的目标和任务，促进国有金融资本合理布局和结构优化，提高运作效率。

3. 加强财政部门对地方金融的合规合法性监管，保障地方金融安全

财政部门与金融机构和监管机构之间要建立有效沟通机制，保障地方财政对地方金融的监管既不缺少又不越位。加强财政部门对地方金融企业的财务监督管理，规范地方金融企业的财务行为，建立财政日常监督与专项监督并存的制度，对于偷税漏税、提供虚假

财务会计报告以及其他违法违规行为，根据情节严重性要进行通报批评、处罚和处分；另外，财政部门通过对地方金融机构的财务监管，充分利用和分析财务信息，推进地方金融企业绩效考评制度的建立，进一步保证地方金融安全。

第二章　完善辽宁农村金融体系
的财政政策分析

农业是国民经济的基础，农村金融在市场资源配置中起着关键性的作用，发展农业经济、增加农民收入离不开农村金融提供连续持久的支持。在目前的新形势下，应通过财政政策支持，重构适应社会主义新农村建设需要的多元化、多层次的农村金融体系，有效发挥农村金融在农业经济中的作用至关重要。

一、辽宁农村金融体系的现状

近年来，辽宁农村金融改革发展取得了显著成效，基本建立了政策性金融、商业金融、民间金融三位一体的农村金融体系。农村金融体系包括正规金融体系和非正规金融体系，辽宁省正规金融体系基本形成了政策性、商业性、合作性三类金融机构，以及广泛存在的非正规金融机构。2012年年末，辽宁省共有县级机构67家，其中：农村商业银行7家，统一法人农村信用社60家。股本金总额为217亿元，投资股比例达到99.7%，其中：法人投资股比例达到32.2%。[①]

---

① 中国人民银行沈阳分行. 2012年辽宁省金融运行报告 [EB/OL]. http：// www. pinghu. gov. cn/ucms/html/files/2013－06/17/201306171153421575792857.pdf，2013－06－17.

· 169 ·

（一）正规农村金融组织不断完善自身发展，积极投入支农行列

1. 中国农业发展银行辽宁分行发挥政策性银行优势，在新农村建设中发挥着骨干作用

农业发展银行（简称农发行）辽宁省分行成立于 1994 年，目前有分支机构 79 个。保证粮棉油等大宗农产品收购储备的信贷资金供应是农发行的立行之本、发展之基。2012 年累放各类贷款 12647 亿元，年末贷款余额 21844 亿元，增加 3105.9 亿元，增量为历年之最。累放粮棉油收储贷款 5456.3 亿元，增加 1124.2 亿元，支持收储粮食 3221.2 亿斤，占当年商品量的 50%；支持收购棉花 8740 万担，占产量的 60% 以上，支持棉花储备创历史新高。累放农业农村基础设施建设贷款 2604.6 亿元，支持项目 1788 个，重点支持病险水库除险加固 74 座，增加或改善灌溉面积 60.4 万亩，解决 396 万农民饮水问题，复垦土地 11.8 万亩，新建农民住房 888.6 万平方米，改造农村危房 80.4 万平方米，共惠及 7.6 万农户。2012 年，辽宁分行业务发展的质量和效益也持续提升，不良贷款保持"双降"，余额降至 217.2 亿元，减少 57.3 亿元；不良贷款率为 0.99%，达到银行业平均水平，下降 0.47 个百分点。拨备覆盖率达 310%，超过银行业平均水平；拨贷比 3.1%，超过监管标准 0.6 个百分点。利息收回率达 97.2%，增加 2.4 个百分点；成本收入比 20.1%，稳中有降；实现经营利润 484.8 亿元，增加 105.3 亿元，同口径同比增长 16.6%；人均创利 93.7 万元，增长 26%；账面利润 136.6 亿元，增长 57.6%；全年纳税 127.2 亿元。由此可见，中国农业发展银行辽宁分行为促进国家粮食安全、推动城乡发展一体化作出了突出贡献。

2. 农村信用社是农村金融信贷的主力军，在服务"三农"上发挥着不可替代的作用

2003 年 8 月，以改革产权制度、完善法人治理结构、转换内部经营机制为主要内容的农村信用社改革正式启动，辽宁省作为第二批农村信用社改革试点的 21 个省份之一，经过 8 年的规范

化改革，取得了阶段性成果，支农作用进一步增强。2012 年 6 月，组建成立大连农村商业银行，铁岭市 9 家由城市信用社更名改制的农村信用社并入当地农村信用社。辽宁省农村信用社作为农村金融的主力军，2011 年 10 月 28 日，在辽宁最后一个没有金融机构的建昌县雷家店乡，辽宁省农信社建立了信用分社，率先在全省农村实现无空白金融服务区。至此，辽宁省农信社共有 2386 个营业网点，占全省银行机构的 1/3，在农村乡镇的覆盖率达 100%，ATM 自助机覆盖 446 个乡镇；拥有 3 万多名员工，50 多万户社员股东，为 600 多万农户、1500 多万农村人口的生产经营和众多中小微型企业提供金融服务。农村信用社改革向纵深推进。截至 2011 年年末，资产总额达 3879.1 亿元，负债总额 3699.1 亿元，在服务股东、服务客户、服务县域经济、服务全民创业的市场定位指引下，实现了既为"三农"服好务、又不断壮大自己的双赢局面。

3. 农业银行立足辽宁省县域经济实际，不断加大"三农"信贷投放力度

中国农业银行于 2010 年 7 月成功上市，服务"三农"能力和水平得到了进一步提升，在信贷投放上，农业银行主要立足于扶持乡镇企业，对于"两高一优"农业、"菜篮子"工程的建设和发展注入较多资金。近年来，农行辽宁分行紧紧围绕"涉农"改革发展的重点领域和关键环节，不断加大信贷投入力度。据统计，截至 2013 年年末，农行辽宁分行县域各项贷款余额达 174.68 亿元，较年初增加 38.43 亿元，其中：县域法人贷款余额 114.56 亿元，较年初增加 13.15 亿元，增速 16.27%；县域个人贷款余额 60.12 亿元，较年初增加 25.28 亿元，增速为 72.56%，服务"三农"的力度不断加大。农业银行辽宁分行将创新服务方式、延伸服务触角、便利广大农民作为强化服务"三农"工作的切入点和突破点，截至 2013 年年末，中国农业银行辽宁分行已建成"惠农通"服务点 11852 个，其中有效服务点占比达 99.11%，成功覆盖了辽宁省 784 个乡镇的 8558 个行政村，行政村覆盖率为 100%，打通了农村

金融服务最后一公里，成为全国第一家"惠农通"服务点行政村全覆盖的一级分行。①

4. 邮政储蓄银行不断发展壮大，成为农村金融的中坚力量

中国邮政储蓄银行辽宁省分行成立于 2007 年 12 月 27 日，经过 4 年多的改革与发展，完成了从单纯的储蓄机构向全功能商业银行的华丽转身，并通过多种渠道支持辽宁新农村建设，不断加大支持县域经济发展和服务"三农"的信贷投放力度。截止到 2011 年8 月，辽宁邮储银行共有 226 家网点开办了信贷业务，范围覆盖省内 40 个县，乡镇覆盖率达 100%（除大连），各项贷款累计投放554 亿，其中以为农户提供融资服务为宗旨的小额贷款业务累计投放 53 万笔，金额 296 亿元，农村地区投放贷款比例始终保持在50%以上，切实为农村经济发展提供了有力的支撑。此外，辽宁邮储银行其他各类贷款结余 260 亿元，其中商务贷款 50 亿元、消费贷款 49 亿元、小企业贷款 7.5 亿元，三项业务累计发放贷款 156亿元，有效解决了城乡中小企业融资难的问题。

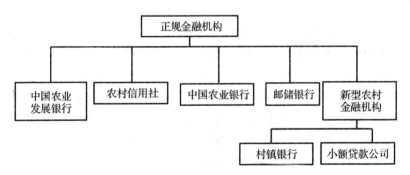

图 1　农村正规金融体系组织结构

① 人民网－辽宁频道. 农行辽宁分行实施"惠农通"工程服务"三农"〔EB/OL〕. http://ln.people.com.cn/n/2014/0218/c353931－20595329.html，2012－02－19.

（二）新型农村金融组织快速发展，在农村金融中作用不断增强

自 2006 年年底，银监会调整放宽农村地区银行业金融机构市场准入政策以来，经过 8 年多的探索实践，辽宁省新型农村金融组织得到了快速发展，进一步完善了农村金融体系，增加了农村金融资源的供给。据中国人民银行沈阳分行统计，截止到 2012 年年末，辽宁省已挂牌营业小额贷款公司 548 家，注册资本 303.4 亿元，覆盖了全省 95％的县（市）区。试点以来，累计投放贷款 16 万笔、金额 999 亿元，累计上缴各项税收 5.7 亿元，为辽宁省城乡经济社会协调发展注入了动力。截至 2012 年 6 月，辽宁省共成立村镇银行 58 家，发起行主要为辖区内城商行、农村合作金融机构，这些发起行熟悉本地情况、了解市场需求，有利于提高支农服务的针对性。截止到 2011 年年末，辽宁省参与统计的 45 家村镇银行资本金合计为 23.71 亿元，平均注册资本为 5300 万元。村镇银行涉农贷款余额为 49 亿元，比上年多增加 13.16 亿元；贷款增速为 155.12％，高于各项贷款平均增速 20.52 个百分点。[①] 小额贷款公司和村镇银行的发展壮大，有效地弥补了农村金融服务的不足，在支农方式上不断创新，走出了一条独特发展道路。

据了解，目前辽宁新型金融机构整体运行良好，存、贷款业务稳步增长，风险控制情况良好，不良贷款率较低。新型农村金融机构的发展，有效缩小了城乡金融差距，改善了农村地区金融服务，有力地支持了"三农"和微小型企业，增强了农村金融信贷市场的竞争性。

（三）民间融资活跃，对完善农村金融体系具有重要的补充作用

农村金融领域面临着和城市金融截然不同的问题：一方面是信息严重不对称，由于农村居住分散，建立信用记录的费用很高，银

---

① 徐扬. 辽宁拥有村镇银行 47 家成为支农生力军 ［N］. 经济参考报，2012－03－20.

行要为克服信息不对称支付很高的成本；另一方面是抵押物的问题，农户的抵押品一般很少，土地与房产等作为抵押品的产权制度尚未建全。因此，正规金融在解决农村融资问题上出现了失灵的情况。而民间金融的优势正好是对正规金融失灵的补充：其一，民间金融可以较好地解决信息不对称问题。民间借贷带有"血缘"、"地缘"、"业缘"的鲜明特点，合约双方多为个人，彼此之间比较了解，与融资相关的信息极易获得且准确性高。其二，民间金融可以降低融资成本。一方面民间借贷一般不需要对资金贷出方进行"公关"，进而节约了"寻租"成本。另一方面民间借贷省去了繁琐的交易手续，交易过程快捷，因而节约了时间成本。

民间融资作为一种传统的融资方式，在一定程度上能够满足农民、个体工商户和中小企业的资金需求，是对银行信贷的一种重要补充。据人民银行沈阳分行对民间融资规模进行监测的数据显示，2010 年辽宁省民间融资规模为 1043 亿元，比 2009 年增加 334 亿元。2010 年民间融资大幅增加的主要原因在于紧缩的货币政策，使得银行信贷受限。虽然民间借贷利率水平较高，借贷利率维持在月利率 2% 之上，但人民银行沈阳分行的监测表明，这种借贷行为以信用为主，违约率较低。另外，民间金融的特点和优势是交易快捷、费用较低、借款成功率高、有广泛的信息源、灵活的经营模式和较强的适应性，这些优势促使民间金融的信贷资金和活动日趋活跃。

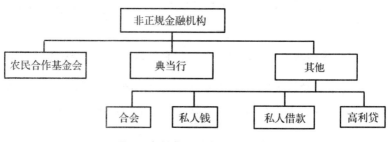

图 2　农村非正规金融组织体系

二、辽宁农村金融发展存在的主要问题

目前，辽宁省农村金融改革正向着纵深探索推进，多元化、多层次的农村金融体系正在不断地完善，但是仍然存在较多的问题。

（一）农村金融网点覆盖率低，涉农资金供给不足

随着金融体制改革的发展和四大国有商业银行经营理念的转变，国有商业银行逐步将农村机构网点撤离，农村地区金融机构网点覆盖率大幅下降，农村地区基层机构的贷款逐渐萎缩。目前，辽宁省农村金融的供给主要以农村信用社、邮政储蓄银行为主，农业银行以及刚刚成立的新型农村金融组织为辅，资金的供给难以满足农民和农村经济的需要。截止到 2011 年年底，辽宁全省县域金融机构网点共 3453 个，其中乡镇有 1868 个，城区有 1585 个。从区域划分看，乡镇人口占县域总人口的 74.4%，乡镇每个金融机构网点服务压力要大于县城区域，县域平均每万人拥有机构网点 1.5 个，乡镇平均仅为 1.1 个。而 2006 年年底，我国城市地区平均每万人拥有银行业金融机构服务网点 2 个。由此可见，辽宁省县域金融机构网点分布存在区域失调，而且网点数量仍然较少。

另外，截止到 2011 年年末，辽宁省金融机构涉农贷款余额达到 3941.1 亿元，同比增长 31.8%，涉农贷款总额增势强劲。但是，从农业贷款占贷款总额的比重来看，2005—2010 年间一直维持在 6.4% 左右的低水平上，而且农业贷款占比始终低于农业产值占比（农业产值占比从 2005 年的 11% 下降到 2010 年的 8.8%）。由此可见，虽然辽宁省涉农贷款总量逐年增加，但是农业信贷存在配给问题，涉农贷款投入相对不足。主要原因如下：

1. 农村正规金融组织资源配置功能弱化

历经几十年的改革，目前辽宁省农村金融体系形成了以农村信用社为主，商业银行分支机构、邮政储蓄、农业发展银行、新型农

村金融组织机构为辅的多层次、多渠道的农村金融体系。然而在现行的运行框架下，当前的金融体系却出现了边缘化的倾向，导致了资源配置功能的严重缺失。首先是商业性金融机构的收缩效应。金融体制改革以来，拉动农村金融发展的商业银行不断撤出农村金融市场，网点迅速减少，业务范围大量收缩，在农村地区没有形成针对不同客户、不同需求提供差异性金融服务的具有特殊支农地位的农村商业性金融体系。其次，农村合作金融机构的市场错位效应。农村信用社直接面对农户和农村各种不同的金融需求主体，在支持农业和农村经济发展中具有重要作用。近年来，随着农村信用社改革的深入，其资产质量、盈利能力和管理水平有所提高，但长期困扰农村合作金融发展的体制、风险和队伍建设等深层次矛盾并未得到根本解决，支农后劲明显不足。最后，政策性金融机构的缺位效应。作为弱质产业的农业和弱势群体的农村中小企业、农户，具有很强的正外部性，其金融需求不能完全依靠市场来解决，理应受到国家政策性金融的扶持，因此，农业的发展需要政策性金融的支持。但作为我国唯一的主要承担农业政策性金融供给的农业政策性银行——中国农业发展银行的资金投放主要集中于粮食收购，并且以流动资金贷款为主，中长期的贷款业务较少，业务面非常窄。这限制了农业政策性金融作用的发挥，使政策支农功能受到了限制。

2. 农村金融服务功能弱化

农村金融服务功能弱化，表现为：（1）农村金融机构服务功能单一，银行中间业务等非传统业务发展缓慢。分散化和多样化的金融需求要求小型灵活和各具特色的金融机构和组织，但现有的金融机构及金融产品仍然较为单一。（2）农业保险缺失，保障能力低。和信贷同样普及和重要的保险业务在农村开展很慢，特别是农业保险。目前辽宁省农业正处于从传统的封闭型的农业向现代化的开放型农业转化过程中，源于自然和市场的双重风险，共同构成威胁现代化农业生产和农村经济发展的主要因素，因而农业保险尤为重要。（3）农村金融市场发育不完善。目前，辽宁证券公司的营业网点主要分布在大中城市，有些县级市设有证券服务部，县域范围内的企业很难通过直接融资手段筹措资金。

(二) 新型农村金融组织发展的制约因素多

近年来，辽宁加速推进农村贷款组织试点工作，积极发展壮大村镇银行、小额贷款公司等新型农村金融机构，取得了一些成效。但从整体来看，其在农村金融体系中的作用还比较微弱，发展速度和规模相对于广大的农村金融需求仍然较小。这主要是因为：

1. 监管部门对新型农村金融组织设置的门槛普遍较高

出于风险可控性考虑，监管部门对新型农村金融组织设置的门槛普遍较高。我国《村镇银行管理暂行规定》指出："村镇银行最大股东或唯一股东必须是银行业金融机构，并由其派出主要高管人员。"因此，村镇银行主发起人限制为"银行"。城市商业银行及城市信用社占村镇银行主发起人比重最高，达到总数的45.83%，按现行政策企业和个人难以成为主发起人，而证券、保险等非银行业金融机构也要求降低村镇银行主发起人资格。另外，辽宁省规定，小额贷款公司组织形式为有限责任公司的，其注册资本不得低于人民币2000万元；组织形式为股份有限公司的，其注册资本不得低于人民币3000万元。较高的注册资本，也在一定程度上限制了小额贷款公司的发展。

2. 新型农村金融组织缺乏有效的融资渠道

新型农村金融组织融资能力有限，缺乏有效的融资渠道。村镇银行由于刚刚成立不久，规模小、网点少、业务种类有限，社会认同度较低，吸收存款困难；按照规定，村镇银行发放贷款的金额不得超过存款余额的75%。如果没有存款来源，村镇银行的贷款业务就无从做起。由于吸储难，许多村镇银行出现流动性不足问题。而小额贷款公司既不能吸收公众存款，也不能从其他金融机构融资超过自有资金的50%，融资渠道严重受堵。从当前试点中的小额贷款公司来看，大部分小额贷款公司的业务品种比较单一，主要从事贷款业务，不能从事票据、资产转让、委托贷款、代理保险等其他低风险业务，贷款利息收入成为唯一获利手段，直接影响了小额贷款公司的获利水平，压缩了盈利空间。

3. 政府配套设施不到位和扶植力度不够

新型农村金融组织由于投入不足和条件不具备，难以加入征信系统、现代化支付系统等，致使在结算、支付、网上银行等业务开展上存在困难；另外，各级政府财税扶植力度不够，新型农村金融组织尤其是小额贷款公司税收负担较重，严重影响了其发展的积极性。尽管小额贷款公司从事的是金融业务，但小贷公司作为一般工商企业，应依法缴纳 25% 的企业所得税和 5.56% 的营业税及附加，且税收并非按金融机构利差来征收，而是按利息征收，综合税费比例超过 30%，远高于其他金融机构，经营负担较重。另外，小额贷款公司不能比照金融机构在税前提取风险拨备，不能比照银监会批准的村镇银行、贷款公司、资金互助社享受中央财政按贷款余额的 2% 给予的补助，不能比照农信社享受"小企业贷款配套风险补偿"和"农业贷款配套风险补偿"，这使得小额贷款公司税负压力过大，盈利空间减小。

（三）民间融资规范性差

民间融资的存在，是我国农村金融机构失衡、金融二元性的重要表现。非正规金融组织或活动包括所有处于中央货币当局或者金融市场当局监管之外发生的金融交易、贷款和存款行为。当前，在正规金融机构从农村金融市场体系中不断收缩和退出的条件下，农户和乡镇企业金融需求越来越难以从农业银行和农村信用社获得满足，贷款难的问题日益严重，必然导致各种非正规金融迅速发展，并逐步在满足农村内部融资需求方面发挥重要的补充作用，有调查显示，农村银行信用社提供的贷款约占农村资金的 25%，其余 70% 左右的资金都是由所谓非正规的民间金融提供的。

民间融资虽然在一定程度上弥补了农村金融的不足，但是缺乏必要的规范和保护，风险较大。这主要体现在：一是组织制度不规范；内部经营管理混乱，没有建立严格的内控制度、财务管理制度、规范贷款程序等一系列制度，不提取存款准备金及呆账准备金；二是民间融资大多采用借条、便条或者口头协议等不规范方式运作，对借款期限、利率、归还方式等没有符合法律条文要求的形式要件，一旦发生违约现象，处理起来比较麻烦，容易引起社会纠纷；三是民间融资存贷利率不对称，贷款利率普遍过高，这样，受到高利率的利益驱使，民间融资易演变为非法社会集资，造成国家利率杠杆失控；四是民间融资具有一定的隐蔽性和自发性，游离于国家监管之外，容易造成国家和个人财产的损失。所以，辽宁省民间融资有待于进一步规范化来化解相关风险。

三、完善辽宁农村金融体系的财政政策

辽宁省现有的农村金融体系已经不能完全适应县域经济发展对金融的需求，因此，通过财政政策的支持，进一步完善农村金融体系，构建适合辽宁省自身发展的多元化、多层次金融体系势在必行。

（一）辽宁农村金融体系重构的总体目标

现阶段辽宁省农村经济发展的实际对农村金融改革提出了新的要求，即要求通过多元化的金融机构和规范化的竞争，提供多种多样的金融服务，满足农村经济主体多样化的金融服务需求，促进农村经济的发展。新的农村金融体系的建立是为了进一步提高农村金融服务的水平，增加对农业和农村经济发展的资金投入，促进贸、工、农综合经营，促进城乡一体化发展，促进农业和农村经济的发展和对外开放。构筑多层次、多元化的农村金融体系，是提高农村经济主体抵御自然风险和市场风险的能力、推动农业和农村经济结构战略性调整、实现农业和农村经济稳定协调发展的必然要求，也是降低风险和交易成本、促进农村货币经济发展的需要。因此，建立一个高效、稳定的农村金融体系，必然成为辽宁农村金融体系建设的最终目标。

（二）完善农村正规金融组织，增加农村金融总供给的财政政策

当前，辽宁省农村金融供求仍然失衡，只有进一步营造开放的农村金融市场，才能增加金融供给，满足日益增长的金融需求。

1. 充分发挥政策性金融的功能，加大财政支农投入

2005年以来，中国农业发展银行的转型改革一直被列入农村金融体系改革的重要内容，2006年中央一号文件明确要求"调整农业发展银行职能定位，拓宽业务范围和资金来源"。对中国农业发展银行的职能定位有了清晰的认识，农发行要忠实体现政府支农意图，以国家信用为基础，大量筹措支农资金，承担国家确定的农业和农村金融业务，按现代银行体制机制运作，专门为"三农"提供综合金融服务，成为政府支农的有效金融工具、引导社会资金回流农村的主要载体、农村金融的骨干和支柱。农发行改革的方向具体来说是：第一，制定专门法律，明确中国农业发展银行的法律地位；第二，增加资金来源渠道，确定稳定的资金来源，中央财政要建立专项基金支持培育农业产业化龙头企业；第三，推行业务多样化和一定规模的商业化经营；第四，逐步消化粮棉流通改革遗留的问题；第五，强化对农村反哺职能，提高支农力度。

2. 通过财政补贴和税收优惠，继续深化农村信用社改革

农村信用社是辽宁农村金融体系的重要组成部分，是农村金融的主力军和联系广大农民群众的金融纽带，农村信用社的改革对农村金融组织体系的完善有重要意义。首先，应该按照市场化要求继续完善产权改革，推动农信社股份制和股份合作制的改革。其次，严格控制农村信用社的经营风险。目前，辽宁省农村合作金融机构不良贷款比率仍然高于其他农村金融机构的平均水平，经营风险偏高。最后，加大地方政府的财税支持力度。国家规定，省级人民政府不得把对信用社的管理权下放给地（市）和县、乡政府。这样有利于减少对信用社具体经营活动的干预，但也使改革较难得到地市级政府的支持。应通过税收优惠和财政补贴，进一步深化农村信用社改革。

3. 利用财税政策引导，发挥商业性金融机构的优势

中国农业银行作为农村金融体系中商业性金融的核心，支持、配合、服务好新农村建设，既是国家赋予农业银行的重要任务和光荣使命，也符合农业银行发展的市场定位和目标取向。同时，农业银行历史上以及现在仍有部分资源配置在县域，已有较完善的组织和网点网络体系，积累了丰富的经验和成熟的信贷技术。因此，要利用营业税优惠、所得税优惠以及财政奖励等形式，促进商业性金融机构更好地服务农村。一是立足于支持现代农业发展，促进农业产业带、产业链的形成，支持出口创汇型、高新技术型、旅游观光型、生态型现代农业企业的发展。二是立足于促进分散农户小生产与大市场的有效连接，提高农民生产的组织化程度和农业效益，实现大宗农副产品的转化增值，支持一批辐射面广、带动力强、发展前景好的有规模、有特色、科技型的农业产业化龙头企业。三是立足于促进农村富余劳动力向小城镇的转移，支持符合"产业支撑、绿色环保、规划科学、可持续发展"为标准的县城和中心城镇建设。四是立足于促进农村市场体系建设，提高产品流通效率，引导县域经济结构调整并促进生产区域化、集约化，支持农村商品流通体系建设。五是立足于农村地区具有稀缺性、特色性旅游、矿藏、能源等资源的开发，在旅游、矿产、水电等特色资源富集的县域加强对特色资源开发项目的支持。六是立足于改善农村经济发展和投资环境，支持农村基础设施项目和通讯、电力建设项目。七是配合国家新农村建设重大项目，支持农村地区重大交通网络、能源体系、水利工程建设。

(三) 完善对新型农村金融机构的财税支持政策，活跃农村金融市场

为解决农村地区银行业金融机构网点覆盖率、金融供给不足、竞争不充分问题，2006 年年底，银监会发布了《关于调整放宽农村地区银行业金融机构准入政策　更好支持社会主义新农村建设的若干意见》（银监发［2006］90 号）。按照"低门槛、严监管"原

则，引导各类资本到农村地区投资设立村镇银行、贷款公司和农村资金互助社等新型农村金融机构，鼓励银行业金融机构到农村地区设立分支机构，以此完善农村金融体系，活跃县域金融活动，满足县域经济发展。

1. 扩大新型农村金融机构的试点

为适应新时期农业和农村经济发展的需要，进一步因地制宜扩大试点工作，一要坚持服务"三农"的经营方向，新型农村金融机构的准入与建设要统筹安排、科学设置、合理布局、有序推动，重点引导各类资本到金融服务空白和竞争不充分地区设立机构、开办业务，切实起到农村金融体系的重要补充作用。二要遵循市场化运行规则，充分尊重各类资本投资意愿，由投资人按商业可持续要求自主决策、自主管理、自主经营、自担风险，正确处理为"三农"服务与自身经济效益的关系。

2. 完善新型农村金融机构的法人治理结构

要进一步完善法人治理结构，建立健全内控机制，强化资本约束，注重防范风险，确保新机构安全稳健运行。政府和有关部门还要积极搭建资本运作平台，引导新型农村金融机构通过吸收银行资本、产业资本、民间资本和实体组织等多种途径拓宽融资渠道。

3. 加大新型农村金融机构的扶持力度

要加大财税政策对新型农村金融组织的扶植力度，落实相关财税优惠政策，尤其是对于小额贷款公司，建议参照农村信用社和三类新型农村金融机构相关财税优惠政策标准执行。鉴于是新建农村小型金融机构，也是农村金融体系中的新生力量，在它们试建运行中，应坚持政策激励原则，进一步完善财税、货币、监管等方面政策，注重发挥地方政府支持作用，加大正向激励和引导，充分发挥它们在农村金融体系中的重要补充作用，全面激活农村金融市场。

（四）加强农村金融监管，引导和规范民间金融的健康发展

监管部门应该分工明确，建立起以农村金融自律组织为基础，省银监局和人民银行为主体，财政部门协同监管、社会广泛监督的综合金融监管体系。对于正规金融组织，一方面应该重点把握好村镇银行、小额贷款公司、农村资金互助社等新型农村金融机构的市场准入关，确保其法人治理结构、资本充足率符合相关规定；另一方面应充分发挥省、市、县三级金融稳定工作协调机制的作用，完善部门间金融风险联合检测、预警和处置机制，加强对农村金融机构尤其是新型农村金融组织的风险监管，妥善应对各类金融突发风险。

民间金融在扩大农户生产经营资金来源、促进乡镇企业和农村个体经济发展方面能对正规金融起到重要的补充作用。因此，在辽宁省全面推进社会主义新农村建设需要大量资金支持时，应规范发展民间融资，使其成为正规金融体系的有效补充。第一，正规化一部分民间金融，逐步放宽市场准入的标准，稳妥地考虑设立民间银行和社区银行。今后村镇银行、小额贷款公司以及社区性金融合作组织、农村资金互助社的发展，将为一部分民间资金进入农村金融供给渠道提供平台。第二，支持和规范一部分民间金融。应当允许民间借贷自然人和企业直接借贷，但必须要对借款上限、借款人数上限、注册原则、地域范围进行限制，否则民间借贷与非法集资和非法吸收公众存款无法加以区别。例如，可以由中央或地方制定《放债人管理规定》，由工商部门对放债机构进行注册管理，由个人信贷登记系统进行放债登记并对借贷双方进行基本的金融知识培训，由法院对借贷合同的纠纷进行裁决。第三，限制、打击有违公平原则、存在过高风险的非法民间借贷，打击高利贷、非法集资、金融欺诈行为。

（五）财税政策引导支持农业科技信贷，提高资金使用绩效

相关统计数据显示，2011 年科技进步对农业增长的贡献率达到 53.5%；截至 2011 年年底，我国农业耕种收的综合机械化作业率已经达到 54.5%；2011 年粮食增产的贡献当中，85.8% 是由于单产提高，而单产提高主要是科技的作用。同时，农业科技创新成果的转化过程由于缺乏相应的经费支持而面临困境。因此，辽宁省

应结合自身实际和 2012 年中央一号文件关于"支持农业发展银行加大对农业科技的贷款力度"的精神,补充政府缺位问题,加强与金融机构的沟通,引导金融机构加大农业科技的贷款力度,进而提高土地产出效率。同时,扩大对农业科技的信贷支持范围并扩大贷款对象。为了有效解决农业科技单位可抵押资产缺乏问题,需要积极探索专利权质押等多种贷款担保方式。农业信贷在加强良种良法等狭义技术进步支持的基础上,还应加强对农业机械化技术研究与应用的信贷支持。

(六) 加大财政贷款贴息,满足农户小额贷款需求

为引导金融资本投入农村贫困地区,中央财政自 1998 年起安排扶贫贷款贴息资金,并不断改革和完善扶贫贷款贴息制度,扩大承贷主体,丰富资金来源。另外,为提高扶贫贴息贷款的使用效率,2008 年,国务院扶贫办联合财政部、中国人民银行、中国银行业监督管理委员会下发了《关于全面改革扶贫贴息贷款管理体制的通知》(国开办发 [2008] 29 号)。该通知明确提出,进一步将扶贫贷款管理权限和贴息资金下放到省,其中到户贷款管理权限和贴息资金全部下放到县;扶贫贷款由自愿参与的任意机构承贷;到户贷款按年息 5% 、项目贷款按年息 3% 给予贴息。但是,财政对农户小额信贷的支持力度仍然不够。由于对农户发放贷款额度小、风险大、受益少,大部分金融机构对此兴趣不是很大。因此,作为农村金融市场重要构成的农户小额信贷亟须国家的扶持,尤其是国家和省级财政政策的支持。例如,农户小额信贷业务点多、面广、工作量大和额度太小的特征使得其管理成本和固定成本相对于其他类型贷款业务要高得多。高成本、高风险决定了它的利率应该比较高,而这一问题的解决途径就是允许对农户提高贷款利率,但这可能影响农户对贷款的使用积极性,或通过财政补贴来维持较低的小额信贷贷款利率。因此,中央财政或者地方财政应该尽快出台相应的财政扶持政策,提高农户小额信贷发放机构积极性,满足农村金融需求。

第三章　辽宁村镇银行融资问题研究

近几年来，辽宁省高度重视农村经济建设和农村金融改革，村镇银行在这种大环境下发展迅速，但融资问题导致资金来源不足已成为村镇银行的通病，只有有效地解决村镇银行融资问题，村镇银行才能健康可持续发展。

一、村镇银行成立的背景

在我国，由于历史和现实原因，金融体系呈现二元性，城乡发展极不平衡。一方面，城市金融体系相对完善，城市生产者即使出现资金短缺的状况，城市金融体系也能通过各种途径为其提供资金支持；另一方面，在广大农村，资金则是一种十分稀缺的资源，农村生产者往往有扩大生产的愿望却没有足够的资金支持，金融供给严重不足，再加上农村金融发展的滞后性使其求助无门，资金"瓶颈"成为制约农村生产者进一步发展生产的因素之一。在这种情况下，村镇银行应运而生。

（一）村镇银行是填补农村金融供给空白的需要

伴随着国有商业银行市场化改革的到来，国有银行大量撤除农村地区的分支机构，同时收缩了放贷权限，导致其为农村经济发展提供的资金支持非常有限。据银监会统计，我国县及县以下农村地区平均每万人拥有银行机构数只有 1.26 个，而城市超过 2 个。截止到 2011 年年底，农村地区仍有 1696 个乡镇没有任何金融机构网点。由于农村金融市场正规金融供给不足，农户大量的信贷需求依靠非正规金融供给来满足。在我国广大农村，民间借贷活动尤为活跃，金融风险加大。因此，在农村金融体系中，广大农户和农村中小企业难以找到持续发展需要的资金支持，必须做增量改革，发展和培育适合"三农"特点的村镇银行势在必行。

(二) 村镇银行在农村地区有广阔的发展前景

农业产业化是我国改造传统农业的必然选择，是实现农业现代化的必由之路。农业产业化过程中暗藏着巨大的融资需求，但我国现有农村金融供给体系不能充分满足多元化的农业产业化主体的资金需求，而村镇银行最主要的特点就是扎根农村，定位"三农"，正好可以满足其需求。第一，村镇银行的信贷活动通常建立在对"三农"信息充分了解的基础上，信息不对称程度较小，安全盈利空间更大；第二，村镇银行在确保将县域吸收的存款留在当地的同时，还将各类民间资本、城市金融资本甚至外资引入农村地区，增加了县域信贷资金供给；第三，村镇银行可以根据农村企业和农户的不同需求设计专门性的服务，并积极创新支持农业龙头企业和农户的融资模式，推动农业产业化进程，增加产业附加值，实现公司、农户、村镇银行的多赢局面。

(三) 农村金融改革的不断深入和相关扶植政策先后出台

党中央、国务院高度重视发挥农村金融在服务"三农"中的核心作用，推进了一系列重要改革，出台了多项扶持政策。2004年至2006年连续三年中央一号文件都提出要鼓励农村金融改革，建立现代金融制度。正是为了解决农村地区银行业金融机构网点覆盖率低、金融供给不足、竞争不充分等问题，银监会按照商业可持续原则，适度调整和放宽农村地区银行业金融机构准入政策，降低准入门槛，强化监管约束，加大政策支持。2006年12月20日，银监会出台《关于调整放宽农村地区银行业金融机构准入政策 更好支持社会主义新农村建设的若干意见》（简称《意见》），随后又于

2007 年 1 月 29 日发布了《村镇银行管理暂行规定》（简称《规定》）等 6 项新型农村银行业金融机构的行政许可及监管细则，这是中国农村金融政策的重大突破。在这样的背景下，全国各地村镇银行如雨后春笋般应运而生。

二、辽宁村镇银行发展现状

（一）辽宁村镇银行发展概况

2006 年 12 月，中国银监会发布了《关于调整放宽农村地区银行业金融机构准入政策 更好支持社会主义新农村建设的若干意见》，随后辽宁于 2007 年 10 月成为调整放宽农村地区银行业金融机构准入政策的扩大试点地区，村镇银行由此开始在辽宁省农村发展起来。2008 年 8 月，辽宁第一家村镇银行辽宁大石桥隆丰村镇银行股份有限公司成立，由营口银行古风有限公司作为主发起人，和其他 7 个法人、12 个自然人共同出资 8000 万元人民币组建而成。2009 年 12 月 28 日，辽宁大石桥隆丰村镇银行股份有限公司沟沿支行在大石桥市沟沿镇挂牌开业。沟沿支行是辽宁大石桥隆丰村镇银行在辖区设立的首家分支机构，也是辽宁省首家村镇银行分支机构。

截止到 2012 年 3 月，全国共批准成立村镇银行 987 家，试点范围也由原来的 6 省（区）扩大至 31 个省（区、市）。辽宁省作为全国第二批试点组建村镇银行的省份，是东北三省成立村镇银行最多的省份，自 2008 年 3 月启动试点工作以来，截至 2012 年 6 月，辽宁共成立村镇银行 58 家，其中辽东地区的村镇银行共有 26 家，辽中地区村镇银行共有 17 家，辽西地区的村镇银行共有 15 家，基本实现了全省覆盖。目前辽宁省成立的 58 家村镇银行，从其发起主体来看，90％以上的是城市商业银行和农信社发起成立的，仅有 10％左右的是外资银行发起成立，而国有银行和政策性银行几乎没有；其注册资本规模在 3000—15000 万元之间，10000 万元以下的占 80％，10000 万元以上的占 20％。辽宁村镇银行的逐步发展壮大，有效地弥补了农村金融服务的不足。在支农方式上不断创新，走出了一条独特的发展道路。

表 1　　　　　　　　辽宁村镇银行基本情况

年份	成立数目（个）	区域	银行数目（个）	注册资本（万元）	数目（个）
2008	4	辽东地区	26	3000—4999	17
2009	8				
2010	26	辽中地区	17	5000	20
2011	16			5001—9999	10
2012 年 6 月	4	辽西地区	15	10000 以上	11

数据来源：中国人民银行沈阳分行

（二）辽宁村镇银行发展的优势

1. 本土优势

目前，辽宁省所成立的 58 家村镇银行中的 90％是由当地的商业银行或农村信用社结合当地的企业联合出资组建的。"草根性"也决定了村镇银行在当地具有良好的地理人缘优势：一是银行员工大多是本地人，对当地的情况也有一定的了解；二是本地企业出资组建对将来银行的发展起着推动作用。

2. 主发起行的成功经验与扶助

辽宁省成立的 58 家村镇银行 90％是由当地商业银行或者农信社发起成立的，而剩下的 10％也是由一些实力比较强的外资银行发起成立的。而这些银行长期以来都积累了大量的行业经验和独特资源，所以村镇银行由这类银行发起，在其管理和运营方面都可以借鉴它们的成功经验，更关键的是还可以借调它们的优秀从业人员来对其进行辅助管理。此外，在经营风险控制方面也可以借鉴一些优秀的管理经验，从而实现村镇银行的可持续发展。

3. 机构精炼，机制灵活

辽宁省内的大多村镇银行机构在内设上实行扁平化的管理组织架构，行长下仅设管理部、业务部及营业部三个部门，村镇银行的特殊管理组织架构决定了银行内部的人数不多，而且每个部门之间都保持着相对独立，各自决策各部门的发展事宜。村镇银行的这种扁平化管理组织架构一般有两层即高层和基层，高层是行长，基层包括综合部、营业部和业务部三个部门。这种架构决策链短，各部门之间的信息能够得到及时有效传递和沟通，并且也能针对相关问题作出及时的反馈，这也体现了村镇银行简单、快捷、高效的特点。

（三）辽宁村镇银行存在的主要问题

1. 地域分布不平衡，市场定位有偏差

从地域分布看，辽东地区村镇银行发展要快于辽西地区，辽东地区 26 家，辽西地区只有 15 家，这是资本的逐利性使之自然向东部经济较发达的地方流动，中西部缺少投资动力。另外，定位"三农"、服务农村中小型企业、服务县域经济是村镇银行的根本宗旨。很多发起人在设立村镇银行时，起初都会严格贯彻有关政策和法规，积极开展农村金融服务工作，并且谨记承诺恪守服务"三农"的宗旨。但村镇银行是"自主经营，自负盈亏"的独立的一级企业法人，实现利润最大化必定成为那些发起人或出资人的最大追逐。而农民作为弱势群体，农业产业的先天弱质性，受自然气候条件和市场条件的影响巨大，并且农业保险严重不足，那些村镇银行在利益的驱使下会寻求新的符合自身发展的市场定位。部分村镇银行无意"高风险、高成本、低收益"的"三农"业务，而将目光放在贷款金额比较大的小企业主及出口企业上，集中锁定大客户和高端客户，从而出现"垒大户、傍大款"的局面，其行为在某种程度上已经背离了既定经营理念，并逐渐偏离服务"三农"的主要宗旨。

2. 产品与业务创新不足，盈利能力有限

首先，金融产品缺少特色。从目前村镇银行的经营范围来看，

虽然业务种类比较齐全，但是缺少有农村特色、真正符合农村实际的产品，特别是农民子女教育贷款、农户住房、宅基地使用权、农村土地承包经营权和荒山荒坡承包经营权抵押贷款等信贷产品，都有待进一步开发。其次，业务经营模式单一。目前多数村镇银行对于电子银行、外汇业务等都无法办理，而投资理财、担保咨询等受客户期盼的新型业务受各种条件限制无法开办，加上通存通兑业务也处于协商过程中，并且由于农民对银行卡、电话银行等新兴业务心存疑虑，极大地影响了村镇银行的业务经营模式。最后，服务手段还不能满足客户需求。目前村镇银行在对客户进行金融服务和产品设计的时候，未能实现对客户进行"贴身式"的紧密型服务，其产品、服务程序的设计、信用的评估、风险控制制度的实施等在一定程度上还不能完全满足广大农户、农村中小企业、各种农村合作经济组织的实际需求。因此，辽宁村镇银行盈利能力较弱。

3. 吸储能力差，资金供给不足

村镇银行作为一种新型农村金融机构，面临吸储难的困境，亟须"输血"。截至 2009 年 6 月，全国金融机构存款余额 58 万亿元，而同期村镇银行存款余额为 130 亿元，仅占 0.22%。首先，村镇银行成立的时间较短，信誉积累相对薄弱，农村居民以及农村中小型企业对村镇银行的了解相对较少，对其认可度相比国有大型银行、商业银行、农村信用社等大打折扣。据银监会 2010 年对部分村镇银行的调查报告反馈，农民更愿意到大中型商业银行办理存款业务，原因是对村镇银行的存款安全存在疑虑。在他们看来，村镇银行与一些假冒的小额贷款公司、地下钱庄及高利贷组织性质相类似。其次，村镇银行大多设立于广大的农村地区，虽然具有得天独厚的本土优势，也称是农民自己的银行，但由于这些地区受地域自然条件和开放程度等限制，并且农民收入水平较低，结余资金较少，农村中小型企业闲置资金也非常有限，在客观上制约了村镇银行储蓄存款余额的增长。最后，村镇银行营业网点太少，现代化科技手段缺乏，而且没有加入银联，农民存贷款可选择的网点有限，这限制了村镇银行的业务发展，同时也为村镇银行的吸储形成了障碍。

4. 政府扶植力度不够，配套设施不健全

村镇银行虽以立足农村、服务"三农"为其宗旨，但是支持其发展的财政扶持、税费减免、农贷贴息、支农再贷款等优惠政策不力或不明确。首先，税收减免优惠政策没有到位。在营业税、所得税方面，由于村镇银行是独立法人，其营业税率参照商业银行5％的标准，而农村信用合作社仅为3.3％，相比于村镇银行较低，并且农信社还可以享受到相关减免所得税的优惠。其次，中央财政对农行、农村信用合作社等发放农业贷款进行贴息，但对村镇银行发放贷款并未明确规定进行贴息，央行支农再贷款、委托贷款、贴息贷款等优惠政策也未向村镇银行进行倾斜。再次，村镇银行的利率定价、呆账核销、农村信用社的中央银行票据置换以及不良资产处置等相关政策等没有作出明确规定，不具备可操作性。最后，村镇银行的多数股东是具备一定实力的民营企业，而控股股东却规定是银行业、金融企业，实体企业在村镇银行中的话语权较弱，其参与积极性受到影响，这些都会对村镇银行的生存与发展形成束缚。

农村地区相关配套设施不健全，村镇银行结算系统孤立。首先，直接办理跨行转账汇兑难。由于村镇银行没有接入人民银行支付系统，客户办理跨行转账、汇兑业务只能借助于第三方（如县农村信用联社）通道来进行办理，而无法像农信社、农业银行或邮储银行等那样实现计算机联网——结算环节少、汇划速度快，对跨行转账业务可以直接办理。其次，使用非现金支付工具难。由于它没有加入银联，不能发行银行卡，无法印制票据，导致它无法提供多品种、高效率的结算服务，其结算方式过于单一。外出务工的农民工一般不会选择村镇银行作为汇入行，而在我国广大农村地区是典型的"打工经济"，农民工外出务工收入是当地经济的重要支柱，如果该部分业务不能保证，对其发展显然不利。最后，加入人民银行支付系统难。一是若以直接参与者身份接入，其硬件、技术、风险控制及费用支付等均达不到人民银行支付系统接入标准；二是人员素质对接不上，村镇银行员工没有接受过系统的相关理论培训，他们对加入支付系统相关规定与业务处理基本流程也比较陌生。由于这些问题的存在，导致村镇银行并不具备现代银行的结算功能。

三、通过融资渠道分析村镇银行融资困难的原因

村镇银行的融资渠道分为内源融资和外源融资两方面。内源融资主要包括：发行股票，留存收益转化投资、增资扩股等。外源融资主要包括：吸收存款、同业拆借、发行债券等。但是，受到当前村镇银行本身发展条件和相关政策限制，村镇银行的融资渠道并不健全，造成了村镇银行的融资困境。

（一）内源融资渠道分析

1. 主发起人资格限制

村镇银行内源融资首先是主发起人资格的限制——银行机构作为村镇银行主发起人的限制迟滞了村镇银行的发展速度。我国《村镇银行管理暂行规定》指出："村镇银行最大股东或唯一股东必须是银行业金融机构，并由其派出主要高管人员。"因此，村镇银行主发起人限制为"银行"。由表 2 可知，截至 2011 年年末，全国已组建村镇银行 726 家，其中区域性中小银行占村镇银行主发起人比重最高，达到总数的 82％，这里的主要原因在于作为地方性银行业金融机构，通过设立村镇银行可以间接实现跨区经营，还能享受其他省市地方政府对村镇银行的政策优惠。另外，作为国有商业银行和股份制银行发起设立的村镇银行占比相对较小，仅占 7％，这可能与农村金融服务风险大、利润率低以及国有商业银行股份制改造后撤离农村市场的大趋势有关。同期，辽宁村镇银行的发起人 90％以上的是城市商业银行和农信社，仅有 10％左右的是外资银行，而国有银行和政策性银行几乎没有，由此可见，辽宁与全国情况基本相似，国有银行和政策性银行在辽宁设立村镇银行仍是空白。

表 2　　　　　2011 年年末村镇银行主发起人情况

统计指标 发起人	村镇银行数目（个）	百分比（％）
国有商业银行	35	5
政策性银行	14	2
股份制商业银行	47	6
区域性中小银行：城市商业银行和城市信用社、农村信用社和农村合作银行、农村商业银行	594	82
外资银行	36	5
合计	726	100

资料来源：根据银监会网站资料数据整理

　　与大中型商业银行组建村镇银行动力不足相比，各类企业和自然人对设立村镇银行的意愿强烈。但按现行政策，这些企业和个人难以成为主发起人，而证券、保险等非银行业金融机构也要求降低村镇银行主发起人资格，从而使得自己能涉足村镇银行。按照《村镇银行管理暂行规定》要求，"在银行业金融机构持股比例不低于 20％的情况下，单个自然人股东及关联方持股比例不得超过村镇银行股本总额的 10％"。据统计，全国 726 家村镇银行中绝大部分村镇银行都有非金融机构企业法人和自然人入股，社会资本参与村镇银行的比例平均超过 50％。据银监会发布的 2010 年年报，民间资本在各类农村中小金融机构的入股比例分别为：农村资金互助社 99.8％，农村信用社 99.3％，农村合作银行 95.8％，农村商业银行 77.7％，村镇银行 54.8％。民间资本已成为我国银行业资本金的重要组成部分，但相比其他农村金融机构，村镇银行民间资本参与度不高。这是因为在银行经营管理上，作为大股东的银行金融机构对村镇银行占有绝对的控股地位，致使在村镇银行成立初期相当于大银行的一个分支机构，人员管理、业务经营等诸多方面受到约束。同时由于出资额的限制，其他股东在管理上的发言权很小。

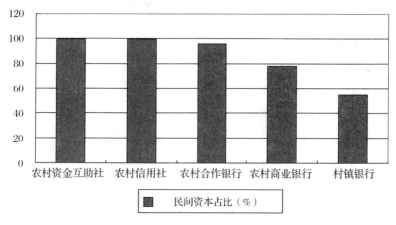

图 1　民间资本占比

2. 注册资本限制

村镇银行注册资本的情况：不断增高的注册资本，缓解了村镇银行成立初期可贷资金不足的情况，但是也使得村镇银行资金外流的风险增加。按照《村镇银行管理暂行规定》要求，"在县（市）设立的村镇银行，其注册资本不得低于 300 万人民币；在乡（镇）设立的村镇银行，其注册资本不得低于 100 万人民币"。但从实践来看，大部分村镇银行的注册资本规模都远远超过了最低监管要求，并逐年增加，2007 年我国村镇银行平均注册资本额为 1500.55 万元，2008 年为 4879.56 万元，2009 年年末可获得的村镇银行的平均注册资本高达 5325 万元①，2011 年成立的村镇银行，平均注册资本规模已经超过 1 亿元。辽宁目前拥有注册资本在 1 亿元以上的村镇银行 11 家，占到总比重的 19%。村镇银行较高的注册资本，最好的解释是"村镇银行对统一借款人的贷款余额不得超过资本净额的 5%；对单一集团企业客户的授信余额不得超过资本净额的 10%"。这一监管规定的反应，使其可以提高向同一借款人贷款余额和单一集团企业的授信额度，增加其优质客户。但是，这也反

---

①　杨东，姚璐. 我国村镇银行规模问题研究［J］. 金融经济，2010（10）.

映出拥有较高注册资本的村镇银行其目标客户可能是能够获得高利润率的优质大客户，而对于目前中国农村处于弱势的中小企业和农户的需求重视不足，导致资金外流风险加大，偏离服务"三农"和支持新农村建设的办行宗旨。

3. 自有资金积累限制

村镇银行内源融资主要渠道是自有资金的积累。村镇银行成立时间短，利润空间小，自有资金积累不足。自有资金的积累具有自主性、低成本性和抗风险性，是所有企业内源融资最重要的渠道。村镇银行作为商业银行，其主要经营业务仍为存贷款业务和中间业务。目前村镇银行的收入主要依靠存贷利差。按照规定，村镇银行发放贷款的金额不得超过存款余额的 75％。如果没有存款来源，村镇银行的贷款业务就无从做起。由于吸储难，许多村镇银行出现流动性不足问题。一些村镇银行的贷存比已经超过了监管红线的75％，严重影响了村镇银行自有资金的积累。而且村镇银行还处于起步阶段，规模较小，银行利润率较低，留存收益有限，不能满足村镇银行目前的资金需求。

4. 追加投资限制

村镇银行内源融资途径除了投资人初始投资外，还有后来入股的股东追加投资。但由于目前我国村镇银行发展的规模和条件限制，还不具备上市融资的条件。而仅仅依靠股东的追加投资，还会受到股东资金规模的限制。尤其对于那些盈利能力较弱的村镇银行，增资扩股也不能吸引更多的民营资本进入。因此，上市融资和追加投资的融资渠道在当前的环境下难以有效实施。

（二）外源融资渠道分析

1. 吸储困难

外源融资最主要的渠道是吸收存款。目前村镇银行吸储困难，资金供给严重不足。主要原因在于：首先，村镇银行设立于我国广大的农村贫困地区，这些地区受地域自然条件和开放程度限制，居民收入水平不高，农民和乡镇企业闲置资金有限，例如，2012 年，我国农村居民均可支配收入 7917 元，城镇居民人均可支配收入 24565 元，可见城乡差距仍然较大；其次，村镇银行成立的时间较短、规模较小，与国有商业银行、邮政储蓄银行、农村信用社相比，知名度和信誉度不高。在同等条件下，农村居民有了资金剩余，会考虑存入信誉好、知名度高的银行办理存款业务；最后，村镇银行服务体系滞后也是造成吸储困难的重要原因。村镇银行网点少，目前政策上又不允许村镇银行跨区经营；同时，大多数村镇银行至今未能获得结算行号，导致其无法在人民银行开立清算账户，不能参加大、小额支付系统结算，无法开通汇票，不能与其他银行实现互联互通，银行卡业务也开办不了，使得对公业务的开展极其不利，也给村民存款、取款带来不便，影响了农民存款的积极性。

2. 同业拆借融资受限

村镇银行外源融资另一个渠道是同业拆借业务。尽管目前村镇银行可从事资金拆借业务，但是不能进入全国银行间市场拆借，只能向当地金融机构拆借资金；而且由于同业拆借时间短，主要是为了弥补头寸不足，保证村镇银行的资金流动性，因此，对于村镇银行而言，同业拆借的融资能力十分有限。

3. 发债受限

村镇银行外源融资再一个渠道是发行债券。但是，按照国家规定，目前村镇银行不能发行、买卖金融债券，排除了村镇银行通过发行债券、票据等方式进行融资的可能。

四、缓解辽宁村镇银行融资困境的政策建议

村镇银行是新生事物，广大农村大众对其缺乏认同感，导致许多村镇银行都遇到"吸存难"的困扰，解决辽宁村镇银行的融资问题是村镇银行持续健康发展的重点。

（一）政府的监管角度

1. 放宽主发起人资格限制

适当放宽村镇银行的设立门槛，充分挖掘民间资本的巨大潜力和企业参股的重要作用，村镇银行组建应走多样化和多元化之路。当前对投资村镇银行抱有热情的主要有三类企业：投资公司、担保公司和当地的农业产业化龙头企业。其中，担保公司和当地农业龙头企业考虑到客户关系以及未来的业务开展，主要兴趣在本地发展。相反，投资公司因为主要是在谋求财务回报，很可能成为跨区域投资发展的主力。因此，将投资公司、担保公司、保险公司等非银行金融机构和民营资本列为主要发起人，放宽主发起人的资格，是化解村镇银行内源融资不足的一个有效途径。

2. 加大政策扶持力度，给予税收优惠和利率贴息

国家各有关部门应比照对农村信用社的优惠政策，明确对村镇银行财政扶持、营业税所得税税收减免、农业贷款补贴利息等方面的优惠政策，降低其费用支出，提高盈利和积累能力，支持其持续、健康、稳定发展。一是享受优惠税收政策。为支持村镇银行在农村地区经营，给予村镇银行 1 至 3 年营业税、所得税免税期，允许在税前多提坏账准备。二是由财政对村镇银行面向农户的贷款进行贴息，以此缓解农户由于自身不能承担过高的利率以及村镇银行贷款分散，单笔贷款成本较高的问题。三是对村镇银行放松存贷款利率管制，允许村镇银行根据当地经济发展水平、资金供求状况、债务人可承受能力自主确立贷款利率，利率浮动可以比照小额贷款公司最高上浮至基准利率的 4 倍。

3. 加强金融基础设施建设，完善相关配套设施

结算难成为村镇银行发展过程中亟待解决的问题。首先，村镇银行应尽快加入银联清算系统。应积极加快网络基础设施建设，比如与知名计算机互联网公司或高等院校合作，联合开发适合其业务发展的系统。其次，人民银行要加强结算业务指导。各级人民银行组织要切实加强对村镇银行结算业务的监管与指导，在不断拓展业

务范围的同时，积极提高结算水平。最后，村镇银行应积极拓展银行卡业务。建议可采取代理银行卡的方式拓展银行卡业务，即可代办发起银行或代理业务银行的借记卡、贷记卡等银行卡业务。在一些经济基础较好的乡镇可安装 ATM 机，力争满足广大农民群众、个体工商户等的现实需求。

4. 加强对村镇银行的监管，减少资金外流

建立以政府监管为主导、村镇银行内部控制为依托、社会监管为补充，并形成三位一体的立体监管模式。在政府监管方面，可以考虑适时修订《商业银行法》，将村镇银行纳入其中，或者颁布《村镇银行金融法》，以法律的形式明确村镇银行的法律地位、产权关系及法人治理机构等，使村镇银行能依法经营、依法维护自身权利；并明确村镇银行金融监管主体的法律地位、职能、执法程序等，使监管者对村镇银行的监管有法可依、依法监管。同时，金融监管部门应加强同村镇银行风险控制部门及社会监管的合作，制定并完善相关规章制度办法，以规范和实施有效监管。针对村镇银行注册资本金额比较大的问题，可以采用分级管理的方式，必要的时候对初始注册资本不但要设置下限，还要设置上限。政府相关部门还可以建立涉农贷款发放奖惩机制，设定商业化村镇银行涉农贷款的限额，根据额度来确定奖惩依据。对于完成目标较好的村镇银行，可由地方财政出资建立奖励基金，地方政府给予税收等优惠，以此鼓励村镇银行加大对"三农"的资金投入，避免资金外流。

（二）村镇银行强化自身改革角度

1. 提高村镇银行知名度和信誉度

第一，扩大宣传力度，与当地政府建立良好关系。利用各种媒体和平台向公众宣传设立村镇银行的意义和目的，介绍村镇银行开展的相关业务，突出村镇银行的业务和服务的特点，正面引导公众充分了解并认可村镇银行。第二，建立存款保险制度。村镇银行作为新生的小银行，影响面小，没有历史包袱，把村镇银行纳入存款保险制度中，由相应的存款保险来保证农村居民存款的支付，使储

户可放心地在村镇银行办理存款业务。

2. 借助主发起行的力量，实现资源互补

与村镇银行相比，主发起行的规模较大、网点较多，结算手段齐全，资金实力更为雄厚。村镇银行可以充分利用发起行的优势，与其签订通存通兑的业务代理协议，并借助发起行的网点和渠道，方便客户进行存取款等各项业务的办理，提升客户满意度，吸引客户来村镇银行办理业务。同时，发起行也可以在产品研发、科技等方面提供支持，帮助村镇银行丰富产品线，弥补村镇银行在业务方面的弱势，实现资源互补。

3. 创新金融产品和服务方式

首先，要注重提升服务水平。村镇银行要真正成为农民自己的银行，必须积极推出与自身管理相适应、与"三农"和农村中小型企业融资需求相符合的金融产品和服务方案，满足农村多元化与个性化的金融服务需求，逐步弥补农村地区金融服务的空白。其次，不断探索新的贷款模式。为了更高效、便捷地为广大农户及农村中小型企业提供金融产品和服务，村镇银行需要积极探索新的贷款模式，开发新的金融产品和服务，以"特色服务"来吸引贷款。积极探索农户住房、宅基地使用权、农村土地承包权、应收账款抵押贷款等多种创新产品，努力建立"银行＋企业＋保险"、"银行＋农民专业合作社、农户联保"的现代化金融支持方式，实现农村资金渠道和商品物流通道的高效融合，彻底解决农民贷款难题，创造多赢局面。最后，积极尝试开办中间业务。当前村镇银行的主要业务就是存、贷业务，过于单一，对于村镇银行的长期发展极为不利。如可以，应与主发起行或者其他银行业金融机构股东合作，扩大代收代付业务范围、代理保险业务、代理发行有价证券和理财产品等。

4. 扩大村镇银行融资渠道

随着我国资本市场的逐步完善，考虑到村镇银行的规模和业务特征，允许经营状况良好的村镇银行以发行股票的方式在中小企业板块进行融资，从而解决其内源融资不足问题；在外源融资途径上，可考虑让村镇银行通过发行债券、票据等渠道利用资本市场进行融资。由于村镇银行的一部分股东本身就是社会上的优质民营企业和有一定实力的自然人，因而可以考虑在股权融资的同时适当地选择债券融资，比如，允许村镇银行定向发行融资债券，积极利用社会力量，大力拓宽融资渠道。此外，村镇银行还可以吸收大额的协议存款，申请转贷款和再贷款等。

第四章　财政扩张、信贷
关系和钳制效应

本章基于信贷关系和钳制（hold-up）效应研究政府财政支出扩张后的银行定价行为。第一，将信贷关系的程度和持续性引入商业银行收益最优化模型，发现在利率市场化经济体中，银行作为理性个体在寻求最优化的过程中，将会运用由客户信贷习惯所导致的钳制效应。财政支出增加后，银行预期到未来产出将增加，银行的行为可能会是降低贷款利率定价，钳制更多信贷客户以获得最优化收益。第二，基于香港地区的季度数据进行实证研究，通过构建VAR 模型并分析脉冲响应函数图，发现财政支出是信贷利率的格兰杰原因，并且财政扩张对商业银行贷款利率定价产生负向影响。

一、引言及文献综述

钳制（hold-up）问题在不完全契约理论文献中是研究的核心问题。Klein，Crawford and Alchian（1978）提出，当交易者在进行专用性投资时会产生钳制（hold-up）问题。由于受到信息不对称和有限理性的影响，导致契约的不完全性，事前的专用性投资无法写入契约，一旦投资沉淀，便出现了钳制（hold-up）问题，这属于机会主义行为的一种公开形式。本质在于投资主体无法获得自身投资全部边际回报的现象，必然引起投资不足或投资激励问题。Caballero and Hammour（1998），Giovanni Melina and Stefania Villa（2013）将钳制（hold-up）理论应用到宏观经济领域，发展了钳制问题重要性的一般均衡模型。

Smets and Wouters（2007），Christiano，Eichenbaum and Evans（2005）对消费习惯持续性进行了研究。Tommaso Monacelli and Roberto Perotti（2008）基于价格刚性和消费习惯构建商业周期模型，并结合 svar 模型分析表明：政府支出增加，导致了消费及实际工资的增加，以及利润加成（markup）的下降。Giovanni Melina and Stefania Villa（2013）将消费习惯及钳制（hold up）理论引入模型，基于美国数据分析了财政支出增加导致利润加成（markup）下降的传导机制。消费习惯使得消费者和厂商建立了长期关系，而厂商可以利用这种长期关系对消费者进行钳制。财政支出增加时，厂商预期未来销售将增加，因而考虑降低利润加成（markup），以钳制更多客户。

在信贷领域，Aliaga-Diaz and Olivero（2010）对信贷关系进行了实证研究，研究表明，由于银行具有对客户信用状况的信息垄断，使得客户在向新的融资渠道进行转换时存在转换成本。Petersen and Rajan（1994）研究表明，在美国信贷市场信贷关系持续的平均时间是 11 年。欧盟委员会（2007）也报道了欧洲信贷市场的信贷客户融资渠道转换成本不断提高，Angelini（1998），Degryse（2000），Kim（2003）等研究表明一些欧洲国家（如意大利、比利时和挪威）信贷关系持续的平均时间是 10 年。

Fernández-Villaverde（2010），Canzoneri（2012），Carrillo and Poilly（2013）基于带有信贷市场摩擦的 DSGE 模型研究财政政策稳定性，但这些研究没有将客户信贷关系考虑在内。

理论及实证分析认为，在消费领域和信贷领域都存在着客户关系积累的问题。而钳制（hold up）效应在信贷市场是否如何存在的呢？财政支出等扩张政策之后，作为理性个体的商业银行是否会利用信贷关系来钳制（hold up）客户呢？本章将针对上述问题进行理论探索和实证分析，借鉴 Ravn 等（2006）构建消费者消费决定模型时的方法，假定企业在进行信贷选择过程中形成了信贷习惯的积累，进而将信贷关系引入最优化模型。最后基于信贷关系和钳制（hold-up）效应研究政府支出扩张后的银行理性行为。

在分析银行理性行为时，需要银行有很强的市场化定价自主性。我国内地利率市场化正在稳步推进，银行定价空间也在逐步放开，但仍有很强的政策性定价因素。因此，本章选择了利率市场化经济体（香港）的数据进行分析。通过构建 VAR 模型并分析脉冲响应函数图，发现财政支出是信贷利率的格兰杰原因，并且财政扩张对商业银行贷款利率定价产生负向影响。

二、附加信贷关系的最优化模型

Ravn 等（2006）将消费者深层消费习惯的程度和消费习惯的持续性引入消费者最优化模型。参照该方法，本章将信贷客户的深层信贷习惯及习惯的持续性引入信贷客户最优化模型，进而将最优化结果作为商业银行最优化模型中的一个约束条件，推导出商业银行行为的最优化结果。

（一）消费者支出最优化

$$\min_{c_{it}^j}\int_0^1 P_{it}C_{it}^j di \tag{1}$$

$$s.\,t.\ \left[\int_0^1 (C_{it}^j - \theta S_{it-1}^c)^{1-\frac{1}{\eta}} di\right]^{\frac{1}{1-\frac{1}{\eta}}} = (X_t^c)^j \tag{2}$$

$$S_{it}^c = \rho S_{it-1}^c + (1-\rho)C^{it} \tag{3}$$

$$\Rightarrow C_{it}^j = \left(\frac{P_{it}}{P_t}\right)^{-\eta}(X_t^c)^j + \theta S_{it-1}^c \tag{4}$$

方程（1）代表家庭 j 的消费总支出，用积分形式表示，用 i 标示，i 取值为（0，1）。方程（2）代表家庭 j 经消费习惯调整后的各种私人消费品的累加，用积分形式表示，用 i 标示，i 取值为（0，1），其中 η 代表不同消费品之间的替代弹性，θ 代表消费习惯的程度。方程（3）代表外部消费习惯的积累，ρ 代表测度消费习惯持续性的程度。求解规划方程组，得出结果（4），即家庭 j 对每种消费品 i 最优的消费量，其中 $P_t = \left[\int_0^1 P_{it}^{1-\eta} di\right]^{\frac{1}{1-\eta}}$ 为名义价格指数。

（二）信贷客户支出最优化

参考消费者支出最优化的推导过程，可以得出信贷客户支出最优化结果。

$$\min_{L_{bt}^e} \int_0^1 (1 + R_{bt}^L) L_{bt}^e db \tag{5}$$

$$s.t. \left[\int_0^1 (L_{bt}^e - \theta^L S_{bt-1}^L)^{1-\frac{1}{\eta}} db\right]^{1/(1-\frac{1}{\eta})} = (X_t^L)^e \tag{6}$$

$$S_{bt}^L = \rho^L S_{bt-1}^L + (1 - \rho^L) L_{bt} \tag{7}$$

$$\Rightarrow L_{bt}^e = \left(\frac{1 + R_{bt}^L}{1 + R_t^L}\right)^{-\eta^L} (X_t^L)^e + \theta^L S_{bt-1}^L \tag{8}$$

其中 R_{bt}^L 代表贷款利率，L_{bt}^e 代表信贷客户 e 对银行 b 的信贷需求，θ^L 代表信贷习惯的程度，S_{bt}^L 代表借贷习惯的积累，η^L 代表不同贷款产品之间的替代弹性，$(X_t^L)^e$ 代表信贷客户 e 经信贷习惯调整后的各种贷款的累加，用积分形式表示，ρ^L 代表测度信贷习惯持续性的程度。方程（5）代表客户 e 的整体信贷支出，方程（6）施加了信贷习惯的条件，方程（7）代表外部信贷习惯的积累。求解规划方程组，得出结果（8），即客户 e 对每家银行最优的信贷数量。

（三）银行收益最优化

$$\max_{L_{bt}} \sum_{s=0}^{\infty} \delta \{D_{bt+s+1} - L_{bt+s+1} + (1 + R_{bt+s}^L) L_{bt+s} - (1 + R_{t+s}^D) D_{bt+s}\} \tag{9}$$

$$s.t. L_{bt} = D_{bt} \tag{10}$$

$$L_{bt} = \left(\frac{1 + R_{bt}^L}{1 + R_t^L}\right)^{-\eta^L} X_t^L + \theta^L S_{bt-1}^L \tag{11}$$

$$S_{bt}^L = \rho^L S_{bt-1}^L + (1 - \rho^L) L_{bt}$$

$$\Rightarrow \lambda_{bt} = \delta \{ (R_{bt+1}^L - R_{bt+1}^D) + \lambda_{bt+1} \theta^L (1 - \rho^L) \} \tag{12}$$

银行需要实现整个生命周期现值利润最大化，其中方程（9）中 δ 代表贴现因子，大括号内代表银行各期的现金流，即存款和贷款的差额，以及贷款本息收益与存款本息支付之间的差额。方程式（10）假设银行资产负债表中，贷款表示的资产方等于存款表示的负债方。方程（11）恰是信贷客户支出最优化问题中的最优解（8），即客户 e 对每家银行最优的信贷数量，在这里代表银行所面临的贷款需求。通过设立拉格朗日方程，之后对 L_{bt+1} 求一阶导数，得到方程式（12）。

最终结果表示，t 期额外一单位贷款的影子价格等价于贷款和存款的利差收益，再加上由于信贷关系导致钳制（hold-up）效应而在 t＋1 期带来 θ^L 份额的贷款所产生的预期收益。模型结果表明，银行作为理性个体在寻求最优化的过程中，将需考虑由于客户信贷习惯所导致的钳制（hold-up）效应。

（四）基于钳制（hold-up）效应的财政支出与银行行为逻辑

Giovanni Melina 和 Stefania Villa（2013）将消费习惯及钳制（hold-up）理论引入模型，基于美国数据分析了财政支出增加导致利润加成（markup）下降的传导机制。消费习惯使得消费者和厂商建立了长期关系，而厂商可以利用这种长期关系对消费者进行钳制。财政支出增加时，厂商预期未来销售将增加，因而考虑降低利润加成（markup），以期套牢更多的客户，进而获得最优化收益。

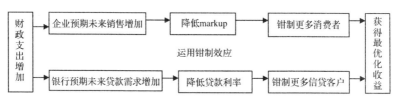

图 1 基于钳制（hold-up）效应的财政支出与银行行为逻辑简图

如图 1 所示，根据模型推理，由于钳制（hold-up）效应的存在，信贷习惯使得银行与客户建立了信贷关系，银行可以利用这种信贷关系对信贷客户进行套牢。在财政支出增加后，银行预期到未来产出将增加，银行的行为可能会是降低贷款利率，部分让利给客户，运用钳制（hold-up）效应，套牢更多的信贷客户，以获得最优化收益。

三、财政扩张政策对商业银行信贷利率定价影响的实证分析

（一）模型构建方法选取及数据来源

本章选择向量自回归模型（VAR）进行实证分析。VAR 模型就是一种经典的非结构化模型，思路是用模型中的所有当期变量对所有滞后变量进行回归，用来估计联合内生变量的动态关系，而不带有任何事先约束条件。含有 n 个变量滞后 p 期的 VAR 模型为：$y_t = \alpha + \sum_{i=1}^{p} \beta_i y_{t-i} + \varepsilon_i$，其中 y_t 为 $(n \times 1)$ 向量组成的同方差平稳的线性随机过程，β_i 为 $(n \times n)$ 系数矩阵，y_{t-i} 为 y_t 向量的 i 阶滞后变量，ε_i 为随机误差项。在建立 VAR 模型的基础上，可以对内生变量之间的动态关系进行分析。

在分析银行理性行为时，需要银行有很强的市场化定价自主性。我国利率市场化正在稳步推进，银行定价空间也在逐步放开。但我国内地缺乏商业银行自主定价的数据积累。直到 2013 年 7 月 20 日以后，中国人民银行宣布取消金融机构贷款利率 0.7 倍的下限，由金融机构根据商业银行原则自主确定贷款利率。而 shibor 反映的是银行同业间的拆借利率，而不是商业银行针对更广泛信贷客户进行的利率定价。更多时间里我国商业银行贷款利率都是参照央行挂牌利率标准执行，浮动空间有限。

因此，本章选择了香港地区这一利率市场化经济体的数据进行分析。模型选用了 1994 年第三季度至 2013 年第一季度的季度数

据。香港特区政府财政支出的数据来源于香港特别行政区政府统计
处网站，然后根据各期人口数据求人均值。商业银行贷款利率定价
选择的是香港最优惠贷款利率（best lending rate），该利率反映商
业银行贷款利率自主定价行为，数据来源于香港金融管理局网站。
香港特区统计数据以环比物量计算方法，其变动反映在扣除价格变
动的影响后，不同期间所生产或购买的货品和服务的物量变动；同
时，香港统计数据都经过了季节调整，2008 年由 X－11－ARIMA
季节调整方法变为 X－12－ARIMA 季节调整方法，剔除季节因
素，更便于数据之间的比较。

　　模型对时序数据进行了对数化处理。原因在于：首先是在数据
分析中，可以有效解决异方差问题；其次，因为财政支出是以货币
单位计量的，而贷款利率用百分比计量，因而存在量纲问题，而通
过取对数之后模型的解释变量和被解释变量表现为弹性关系，可以
有效地剔除模型中解释变量和被解释变量的单位量纲，便于数据的
比较。为分析财政扩张对商业银行信贷利率定价之间的动态关系，
构建二维向量自回归模型。模型设置两个经对数化处理的内生变
量，其一是人均政府财政支出 lnpublic，其二是商业银行贷款利率
lnlir。利用脉冲响应函数方法可以有效分析财政扩张对商业银行信
贷利率定价的冲击效应。

（二）实证分析

1. 平稳性检验

　　VAR 模型的建立需要模型所包含的序列均为平稳序列或序列
之间存在协整关系，否则模型就可能会存在虚假回归问题。为避免
虚假回归问题，首先对变量的稳定性进行 ADF 检验。在进行 ADF
检验时，其中通过统计检验显著性来确定是否包含截距及时间趋
势，通过 AIC 最小信息准则确定滞后阶数。检验结果如表 1 所示：

表1 变量的单位根检验结果

变量	ADF 统计量	检验形式（c，t，k）	P 值	平稳性
ln*public*	−3.83＊＊	（c，t，1）	0.0151	平稳
ln*lir*	−3.282＊	（c，t，1）	0.0693	平稳

注：（c，t，k）分别代表所检验的方程中含有截距，时间趋势及滞后阶数；＊表示10％显著性程度，＊＊表示5％显著性程度。

表1显示，在5％的显著性水平下，ln*public* 拒绝了变量存在单位根的假设；在10％的显著性水平下，ln*lir* 拒绝了变量存在单位根的假设。因此，变量均为平稳序列，可以构建无约束的 VAR 模型。

2. Granger 因果检验

为确定变量之间的相互关系，在建立 VAR 模型之前，我们对 VAR 模型中的变量进行 Granger 因果关系检验。在 Granger 因果关系检验时对于滞后期长度的选择较敏感，不同的滞后期可能会得到完全不同的检验结果。在滞后期选择上综合考虑两个因素：一是以模型随机误差项不存在序列相关为标准选取滞后期；二是考虑 AIC 最小信息准则确定滞后阶数。检验结果如表2所示：

表2 Granger 因果检验结果

滞后长度	原假设	χ^2 检验的 p 值	LM（1）检验的 p 值	AIC 值	结论
1	ln*lir* $\overset{\times}{\longrightarrow}$ ln*public*	0.0018	0.0026	−91.0800	不拒绝
1	ln*public* $\overset{\times}{\longrightarrow}$ ln*lir*	0.0262	0.0000	−209.9181	不拒绝
2	ln*lir* $\overset{\times}{\longrightarrow}$ ln*public*	0.1497	0.4547	−94.6102	拒绝
2	ln*public* $\overset{\times}{\longrightarrow}$ ln*lir*	0.0346	0.5488	−256.1963	不拒绝
3	ln*lir* $\overset{\times}{\longrightarrow}$ ln*public*	0.4902	0.5312	−93.0005	拒绝
3	ln*public* $\overset{\times}{\longrightarrow}$ ln*lir*	0.0900	0.9352	−249.8122	不拒绝

表 2 显示，滞后 1 期时，从检验模型随机误差项 1 阶序列相关的 LM 检验看，以 $\ln lir$ 为解释变量的模型 LM 检验所对应的伴随概率为 p＝0.0026，以 $\ln public$ 为解释变量的模型 LM 检验所对应的伴随概率为 p＝0，表明在 5％ 的显著性水平下，该模型存在严重的 1 阶序列相关；滞后 2 期和滞后 3 期时，模型 LM 检验所对应的伴随概率 p 值较大，表明在 5％ 的显著性水平下均不存在 1 阶序列相关。而由 AIC 信息准则，发现滞后 2 阶的模型拥有较小的 AIC 值。综合考虑以上因素，本章最终选择滞后期长度为 2 阶。从表 2 可以看出，模型检验在 5％ 的显著性水平上拒绝了 $\ln public$ 不是 $\ln lir$ 的格兰杰原因的原假设，而不能拒绝 $\ln lir$ 不是 $\ln public$ 的格兰杰原因的原假设。

3. VAR 模型的构建与分析

（1）滞后期选择及模型结果

根据最小信息准则、似然比（LR）检验来综合判断 VAR 模型变量的滞后期，检验结果如表 3 所示，LR 检验、FPE 检验、AIC 检验、HQIC 检验、SBIC 检验都表明应选择的滞后期为 2 期，即可以建立滞后 2 期的 VAR 模型。根据香港地区 1994 年第三季度至 2013 年第一季度的季度数据得到 VAR（2）模型的回归结果如表 4 所示。

表 3　　　　　　　　　　VAR 模型的滞后期选择

Lag	LR	FPE	AIC	HQIC	SBIC
1	235.03	0.000056	−4.1132	−4.03717	−3.92199
2	58.208 *	0.000028 *	−4.82036 *	−4.69363 *	−4.50167 *
3	3.9283	0.000029	−4.76301	−4.58559	−4.31685
4	6.7641	0.00003	−4.74561	−4.51749	−4.17197

表4 VAR 模型的回归结果

解释变量	回归函数 (1) lnlir	回归函数 (2) ln$public$
lnlir_{t-1}	1.6068　(19.75)	−0.0755　(−0.31)
lnlir_{t-2}	−0.6915　(−8.78)	−0.0734577　(−0.31)
ln$public_{t-1}$	−0.0816　(−2.24)	0.03155　(2.86)
ln$public_{t-2}$	−0.0079　(−0.21)	0.3306　(2.92)
C	0.9592　(2.47)	3.4571　(2.95)
R^2	0.9776	0.5796

注：方括号中数字为 t 统计量。

（2）模型稳定性检验

以上模型经过 VAR 模型滞后结构（AR Root Table）检验，所有根模的倒数都小于 1（如图 2 所示），说明此 VAR 模型的建立非常稳定。也就是说，当模型中某个变量发生变化时，会使其他变量发生变化，而随着时间的推移，这种影响会逐渐地消失。

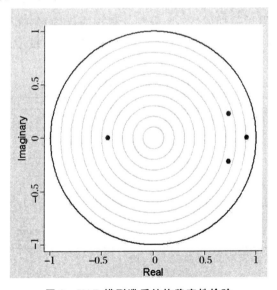

图 2　VAR 模型滞后结构稳定性检验

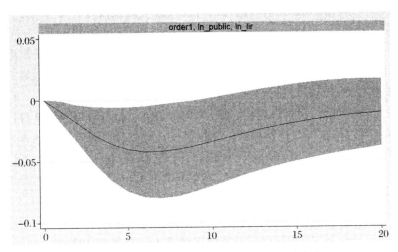

图 3　财政支出对商业银行信贷利率的脉冲响应

（3）脉冲响应函数图

由于 VAR 模型是一种非结构化的多方程模型。在分析 VAR 模型时，一般不分析变量间的相互影响，而是分析一个随机误差项施加一单位冲击，得到在一段时期内单位冲击对 VAR 系统的影响。这种分析方法称为脉冲响应函数分析方法。根据 Granger 因果检验结果可知，$\ln public_{t-p}$ 对 $\ln lir_t$ 存在 Granger 因果关系，因而模型将主要分析 $\ln lir_t$ 对 $\ln public$ 冲击的响应。如图 3 所示，财政扩张政策冲击对商业银行贷款利率的影响都处于零线以下，这表明财政扩张对商业银行贷款利率产生负向影响。在前 6 期，影响力度逐期增强，并在第 6 期达到最大值；在第 6 期以后，影响力度逐期下降，逐渐向零线回归。结果一定程度上印证了第二部分的模型逻辑推理。

四、结论性评价

本章应用模型分析了基于钳制（hold-up）效应的商业银行最

优化行为，并实证分析香港地区财政政策对商业银行信贷利率定价的作用机制与效果。可以得到如下结论：

第一，通过构建 VAR 模型并分析脉冲响应函数图，发现政府支出扩张后，银行贷款利率下降。在利率市场化条件下，商业银行具有贷款利率定价自主性。由于钳制（hold-up）效应的存在，信贷习惯使得银行与客户建立了长期信贷关系，银行可以利用这种信贷关系对信贷客户进行钳制。在财政支出增加后，银行预期到未来产出将增加，进而客户的贷款资金需求将增加。银行理性行为是降低贷款利率，部分让利给客户，运用钳制（hold-up）效应，套牢更多的信贷客户，以获得最优化收益。

第二，在利率市场化经济体中，客户信贷关系越深入，由于钳制（hold-up）效应的存在，将使得财政扩张政策的效果得以加强。θ^L 代表信贷习惯的程度，该参数值越大，则钳制（hold-up）效应越明显，进而商业银行的理性行为将是降低贷款利率以钳制更多客户，通过降低利率及推动信贷，促成更好的信贷市场条件，进而促进经济活动的进一步增长。因此，θ^L 在一定程度上具有加速数的作用，可以助推财政政策扩大产出的效果。

第三，对我国内地利率市场化改革有所启示。原有利率管制的弊端一定程度上造成了经济的低效和失衡，进而制约了经济进一步发展。应发挥价格在市场经济中的配置作用，不断完善我国内地利率的形成机制，增强商业银行利率定价的自主性。进而使商业银行这一理性个体可以在信贷市场上更好地运用定价机制，基于客户信贷关系和钳制（hold-up）效应，竞争更多的客户资源。在市场竞争的过程中，又会进一步助推扩张性财税政策的积极作用，实现财政政策和市场微观个体理性行为的有效结合。

第四，商业银行利率定价中存在诸多问题，有待增强以有效开展竞争。具体从资金定价机制以及中小银行内部定价机制等层面展开讨论。

（1）我国商业银行定价机制有待增强。商业银行中完备的资金定价机制主要包括三个层次，即中央银行基准利率的确定、企业与银行间存贷利率的确定和内部资金转移的合理定价。在利率管制条件下，我国商业银行利率定价体系中主要存在以下三方面的问题：一是目前我国市场上存在着多种基准利率并行的状况，主要有一年期存款利率、国债回购利率、央行票据发行利率，这三种利率都承担着部分基准利率功能。人民银行确定的基准利率，主要是依据社会资金供求状况、社会资金平均利润率、企业和银行的赢利水平以及同业拆借市场的利率水平等经济指标，而上述指标难以精确测定，因而中央银行最终确定的利率水平难以真正体现市场均衡，实际上不能真正起到基准利率的作用。二是受利率管制的影响，商业银行的存款利率定价理念淡薄，缺乏存款利率定价机制研究的动力。在实践中，商业银行只是被动按既定的利率执行，并不去考虑成本与效益，导致贷款利率定价缺乏科学性，也缺乏弹性。银行不注重细分贷款对象，执行统一的贷款利率标准，造成贷款对象待遇差别很大。同时，这种表面上的公平也极易损伤优质客户的积极性。三是商业银行内部资金转移定价机制不完善。主要表现在：全国一级分行与二级分行之间执行统一的同业拆借利率，不能够起到激励先进、惩罚落后的作用；一、二级分行间及分行与各支行间无偿划拨和低成本转移资金情况时有发生。

（2）中小银行资金转移定价能力有待提高。影响中小商业银行发展滞后的因素是多方面的，而内部资金管理存在严重问题也是其中原因之一。在资金管理上，部分中小商业银行往往采用分行职能型组织架构，总行资金池与分支行资金池不是一个有机整体，而主要是通过行政手段进行管理，上下级"资金池"之间通过差额资金管理方式开展业务往来。因此，内部资金往来主要包括调拨资金和汇差资金两个方面。通常，总行、分行根据各自的资金状况，以中央银行公布的标准利率或同业市场利率为基础，分别制定辖内资金划转价格，即通常所说的调拨资金利率和辖区内联行利率。在这种管理模式下，资金管理存在如下问题。首先，资金管理职能单一，资金池在组织架构中的地位不突出。从理论上讲，"资金池"是组织架构中的重要组成部分。但是，在总行、分行职能型管理架构下，虽然"资金池"作为各级行利润的重要来源，但上下级行资金池实际上基本不对利润等其他指标负责，仅定位于以保支付为核心的流动性管理，职能单一，造成一直以来各级银行的备付率都异常高。其次，利率风险管理难度大、要求高。各分行迫于完成存贷款新增指标、利润指标等的压力，在大力吸收存款的同时，还必须争先放贷，为资金寻找出路。因此，总行、分行均在不同程度上承担了利率风险。一方面，由于商业银行多数资产和负债的价值主要是由利率决定的，因而过于分散的利率风险管理大大增强了商业银行经营的不稳定性。另一方面，利率管理需要相关人员对市场主导利率的变化及其趋势具有较强的敏感度、洞悉力和判断力。由于资金是分散管理的，资金内部价格又不合理，诸如短借长存等内部寻租现象就非常普遍，内耗较严重，影响了商业银行效益的提升。最后，信息不对称导致资金使用安排不合理。由于总行、分行之间信息不对称，导致各分行对资金作出的使用安排对全行而言并非是最合理的，从而使全行丧失获取更高收益的机会。因此，部分中小商业银行现行的内部资金管理模式不利于提高整体盈利水平，实现利润最大化。随着我国金融市场开放程度的逐步提高，利率市场化进程的不断推进，中小商业银行亟须在深化改革的过程中，加快推动内部资金管理模式改革，构建适合中小商业银行的内部资金转移定价体系，以有效加强利率风险管理。

附表1 计量所用数据

年	月	财政支出（百万港元）	7.4700（利率）
1994	7－9	35438	7.4700
	10－12	34325	8.0833
1995	1－3	45276	8.8033
	4－6	36745	9.0000
	7－9	45263	9.0000
	10－12	36379	8.9867
1996	1－3	37470	8.5933
	4－6	35759	8.5000
	7－9	39673	8.5000
	10－12	38068	8.5000
1997	1－3	38432	8.5133
	4－6	38494	8.7500
	7－9	39410	8.7500
	10－12	37323	9.3133
1998	1－3	49953	10.1533
	4－6	49337	10.0000
	7－9	43078	10.0000
	10－12	42049	9.5967
1999	1－3	60230	8.7767
	4－6	49888	8.3700
	7－9	42960	8.3400
	10－12	49935	8.5000
2000	1－3	48495	8.6433
	4－6	45134	9.2200

年	月	财政支出（百万港元）	7.4700（利率）
	7－9	46641	9.5000
	10－12	46741	9.5000
2001	1－3	53664	8.6933
	4－6	47920	7.3967
	7－9	51390	6.5867
	10－12	50020	5.3433
2002	1－3	51383	5.1300
	4－6	49183	5.1300
	7－9	52558	5.1300
	10－12	53537	5.0533
2003	1－3	59956	5.0000
	4－6	59441	5.0000
	7－9	51703	5.0000
	10－12	71535	5.0000
2004	1－3	56355	5.0000
	4－6	48104	5.0000
	7－9	50183	5.0100
	10－12	50566	5.0600
2005	1－3	49618	5.0300
	4－6	45962	5.4667
	7－9	48884	6.5867
	10－12	48571	7.3700
2006	1－3	54429	7.7567
	4－6	46014	8.0000

年	月	财政支出（百万港元）	7.4700（利率）
	7－9	49472	8.0000
	10－12	48347	7.8500
2007	1－3	51747	7.7500
	4－6	48433	7.7500
	7－9	52279	7.7200
	10－12	51853	7.1500
2008	1－3	55221	5.9567
	4－6	53494	5.2500
	7－9	59992	5.2500
	10－12	57074	5.1100
2009	1－3	90234	5.1100
	4－6	55969	5.1100
	7－9	61970	5.1100
	10－12	57797	5.1100
2010	1－3	61559	5.1100
	4－6	60818	5.1100
	7－9	63273	5.1100
	10－12	58593	5.1100
2011	1－3	59986	5.1100
	4－6	63069	5.1100
	7－9	68339	5.1100
	10－12	93055	5.1100
2012	1－3	75056	5.1100
	4－6	76793	5.1100

年	月	财政支出（百万港元）	7.4700（利率）
	7－9	86868	5.1100
	10－12	71220	5.1100
2013	1－3	71258	5.1100

第四篇　辽宁财政预算绩效改革与监督研究

第一章 借鉴美国经验，加强我国政府预算的绩效管理

近些年来，世界范围内兴起的政府预算改革及相关制度创新，其重要目的就在于加强政府的预算责任，以提高公共支出的绩效。本章主要分析美国联邦政府在推行绩效预算的实践过程中所取得的经验，并在此基础上，结合对当前我国预算管理制度中存在的突出问题进行分析，并提出改进建议。

一、美国政府绩效预算实践的经验

近年来，美国政府坚持推行绩效预算，不仅颁布了指导绩效预算的法律和其他配套法规，在有关实践中修订了政府部门的行为准则，规范了行为方式，完善了技术手段，而且取得了许多有助于继续深化绩效预算的宝贵经验。

（一）根据法律逐步有序完成政府再造的经验

依法行政是西方发达国家政府施政活动所要遵循的最重要原则，即政府作出的任何决定都要有法律依据。同样，政府推行的重大体制或制度改革，如美国绩效预算改革，也必须首先取得立法支持以使改革具有合法性。一般来说，具有合法性的制度改革比较容易得到社会各界的支持，也容易得到众多相关部门的协作配合；而且还有助于减少改革阻力，节约改革成本以及推进改革速度。

美国标榜"新绩效预算"的预算管理制度改革正式启动于

1993 年，以《政府绩效与结果法案》（GPRA）通过为标志。该法
案要求在联邦政府部门内普遍使用绩效预算技术，以改善政府的行
政效率，提高政府满足公共需要的能力。关于此项法案，联邦政府
绩效委员会的经济学家白瑞·怀特（Barry. White）曾经指出：
"'结果法案'最重要的贡献是为当代联邦绩效评估建立了永久性的
法律框架，为政府部门和国会提供了持续使用的可能性"。具体来
说，《1993 年政府绩效与结果法案》不仅为日后的联邦政府预算管
理改革设计了制度框架，而且为使绩效预算得以顺利进行还对预算
改革的内容作出系统规定。这些规定主要包括：（1）对预算活动的
目标和内容实行绩效管理；（2）绩效管理的责任与弹性；（3）在不
同政府部门之间绩效管理的职权和利益配置；（4）绩效预算的实施
进程；（5）对关于如何落实《政府绩效与结果法案》的若干问题的
阐释。理论上讲，以立法推动改革可能有助于政府取得事半功倍的
效果，这种改革路径为许多国家所重视，新西兰政府的预算改革也
采取了这种做法。①

　　考察美国联邦政府推行绩效预算改革的过程还可以发现，虽然
国会及时颁布了 GPRA，但并不意味国会急于在所有政府行政部
门全面推广绩效管理模式，而是在法案中明确指出要采用渐进扩
展、有序推进的方式，分步骤地在政府部门预算管理过程中推进绩
效管理模式。这是因为，国会考虑到预算管理制度的改革在具体操
作、实施方法上还须一系列特定条件与之配套，如绩效评估工具的

---

　　①　新西兰政府主持进行的绩效预算改革也采取了类似的以立法推动改革的做法，
政府先是相继制定了"企业法"、"国有部门法"、"公共财政法"、"储备银行法"、"财政
责任法"以及一些关于公共服务权力下放的法案；尔后，通过这些法律分别规定绩效预
算管理中各相关部门的责任与义务，以及预算改革的进程安排。例如，通过"公共财政
法"，政府确立了绩效预算作为公共领域改革的重要组成部分，并就各政府部门行政总
裁应该对自己部门财务管理所负的责任作出原则规定。再如，"财政责任法"不但要求
各部门须按照中长期的财政框架制订财政政策和预算活动计划，而且还要求它们实行符
合国际惯例的政府会计准则，在政府会计和预算中引入权责发生制，以及定期按照标准
格式编制并提交财政报告。

开发，绩效评估指标的建立等，而且这些条件又不可能一蹴而就地予以完成。因此，GPRA 规定：联邦政府应该首先在部分条件适宜的政府部门试行部分绩效预算改革，在总结实践经验，不断完善绩效管理制度和绩效评估技术的基础上，逐渐使之推广到全政府范围。例如，通过 1994－1996 年进行的绩效预算试点工作，联邦绩效审查委员会在 1994 年汇编出版了历史上第一个"政府服务标准手册"，要求各政府部门据此分别建立各自的客户服务标准，并根据本部门具体情况自行开展绩效预算实践。在取得一定实践经验的基础上，1997—1999 年绩效预算进入全面推广阶段，联邦政府所有部门依次提交了各自的 5 年绩效计划（1997 年）、年度绩效计划（1998 年），和年度绩效报告（1999 年）。2001 年后，联邦政府要求各部门加快绩效与预算整合进程。2002 年 OMB（美国公共与预算管理办公室）推出了用于评价项目支出绩效的工具 PART，力图通过连续客观的获取支出项目的绩效信息并运用于预算决策，提高决策的科学性。2004 年 OMB 选取了 20％的联邦支出项目进行 PART 评估，以期在绩效与预算之间建立起紧密、清晰的联系，使新绩效预算的真正意图逐渐实现。2004 年 3 月，国会又通过了普赖特（Todd Platt）提出的《项目评估与结果法案（2004）》（Program Assessment and Results Act，PAR），要求 OMB 每 5 年至少对所有政府项目进行一次评估。

由此可见，联邦绩效预算改革是一个在法律框架下逐步推进，在推进中不断加以改革和完善的过程，而且这一过程仍在进行中。迄今为止，美国联邦政府的几乎所有部门都已建立和实施了绩效管理，目前预算改革的重心已转入在城市及县一级的地方政府推行绩效管理。

需要特别指出的是，绩效预算所依据的法律环境不仅仅靠一部《政府绩效与结果法案》，其顺利推行需要其他各种与之兼容的法律制度，相互间形成明确分工，相互制约、相互监督，互相促进、共同发展的制度体系，如会计制度、审计制度、信息披露制度等。从纵向维度看，这些法律制度经历了一个逐步完善、连续发展、自然演进的过程，即法律法规本身也具有渐进性和历史继承性。如果在借鉴美国绩效预算时，只看到其出台的《政府绩效与结果法案》，而没有看到该法案的出台建立在美国对政府绩效持续关注并加以改革的基础上，经历的是一个瓜熟蒂落的过程，也没有看到其他配套法律也是经过了同样的演进过程，只知其然而不知其所以然，结果将适得其反。

（二）在政府治理改革框架内推行绩效预算的经验

如果说民众的压力和国会的督促是美国推行绩效预算的外因，那么其内因则是（20世纪90年代）联邦政府逐渐接受了（自公司治理理念演化而来的）政府治理理念。尽管政府治理与绩效预算的实现路径、采取的方式方法不同，但它们所追求的基本目标却是高度统一的：绩效预算既可以理解为政府治理在预算领域中的具体实施，也可以理解为在政府治理框架下推行的预算改革。例如，2000年克林顿政府的《总统管理议程》中提出5项政府管理改革动议，绩效预算是这5项政府动议之一，并与其他4项动议相辅相成，共同服务于全政府绩效的改善。这就充分说明，绩效预算已经成为联邦政府行政改革的一个有机组成部分。

在政府治理框架下推行绩效预算的好处在于，政府治理运动在强调政府观念更新、管理模式改革、管理方式创新的同时，特别为政府预算管理的改革制定了时间表，并明确提出具体的改革方法、行动要点、应努力实现的目标以及考核标准。例如，克林顿之后的布什政府为继续推行绩效预算活动，在2002年发布了他的《总统管理议程》，该议程的5项动议中有3项直接与绩效预算改革有关，不仅规定了对政府部门执行"议程"效果的考核指标，而且明确提出了政府预算活动最终要实现"预算与绩效整合"的设想，即要在联邦政府的预算决策过程中逐渐建立以部门的绩效表现为依据安排其预算资金的机制。

总之，政府治理运动的开展有助于为预算改革创造适宜的环境和氛围，从而有助于绩效预算的顺利推行并取得成功。从美国的绩效预算发展过程看，坚持政府治理原则，将绩效预算改革置于全方位政府管理改革的大框架内与其他方面的改革同步进行，取得相互推动、相互加强的改革效果，是美国绩效预算活动得以顺利推行并取得一定成效的重要经验。

（三）确保绩效信息和绩效资料可信性的经验

技术上讲，绩效预算首先要求政府部门能够准确表达各自的绩效目标，并以可量化的指标体系予以说明；其次，由于绩效信息能够直接反映政府部门及其官员、职员的工作成果（质量），因而政府部门及官员、职员不仅有义务使与绩效信息相关的所有资料、数据保持完整性、准确性，对这些信息的可信性形成广泛认同，而且还要主动地搜集、加工、使用这些信息。美国的实践经验表明，绩效信息和绩效资料应有足够的可信度，对绩效信息的应用要有足够的诱因，这是顺利推行绩效预算的关键。否则，在部门高级主管对于绩效信息的准确性怀有疑虑情况下，以这些绩效信息为依据进行预算决策，或进行预算资金调整，极易引起部门主管的不满，甚至反对，进而对绩效预算工作施加人为的阻力。

如何保证绩效资料经常处于足够可信性状态，如何保持各利益方面在对绩效信息的开发、利用上有足够的主动性，按照美国的经验，在绩效预算实施中，战略规划，绩效目标、评价指标和标准的制定最好以部门为主，辅之以 OMB 等政府预算管理机构的指导。另外，在涉及绩效预算的管理活动中，政府官员、职员参与比例越高，绩效信息的质量与绩效管理的质量就越容易得到改善。根据 GAO 的调查，每年联邦政府部门平均约 38% 的官员、职员曾直接参与过绩效预算的管理活动。上述经验说明，确保绩效信息和绩效资料可信性的关键在于在制订战略规划、绩效管理目标、绩效指标时，应充分争取各类绩效管理者、技术专家的参与，在绩效管理决策的各个方面尽量征求他们的意见；当然，为此也需要建立某种有效的激励机制。努力提高各类绩效管理者、技术专家的参与性、积极性，尽量在事前化解大的分歧并就重要观念、认识、主张形成共识，有助于降低推行绩效预算的成本，同时有利于提高部门主管及员工的遵从性。

（四）注重培养绩效管理人员队伍与创造互信自主型政府组织文化的经验

绩效预算是一项非常复杂的工作，仅绩效计划的制订、指标的量化、绩效数据的收集，就是一项极为繁重和庞杂的任务，不仅专业性很强，而且涉及多门学科。它首先要求相关的管理者充分理解绩效预算的运作理念和运作方式，掌握有关绩效计划、目标、指标如何设定等相关知识。此外，绩效预算对管理者的组织管理能力提出更高要求，传统的预算管理模式下管理者很少有自由裁量权，他只要按照既定的规则和程序工作即可，并不对特定的结果负责。而绩效管理赋予了管理者更多的管理弹性，在一定程度上可决定人员的任免、资源的组合方式等并要求对结果负责。这要求他必须懂得如何协调组织内部之间的关系，与部门员工协同完成既定的绩效目标。因此，实施绩效预算要求培养一批懂专业、懂管理的人员，这是推行绩效预算的先决条件。

除了绩效管理人员的个人职业能力外，他们的行政伦理标准也同样在相当程度上影响着绩效管理工作的质量。这是因为，对于单一部门而言，其绩效改善要以调动整个部门员工的积极性为前提；而对于政府整体而言，其绩效改善则要以所有部门的努力工作、步调一致、相互配合、协调发展为基础。这就要求在各级政府部门之间，不同政府部门之间，组织内部管理者与普通员工之间，保持稳定的互信与合作关系，培育一种适宜的绩效管理文化。

不言而喻，作为推行绩效预算活动的重要经验之一，就是政府能否建立一支其组织文化、观念理念、知识结构以及职业能力在极大程度上与绩效预算这种公共事务管理之内在要求相一致的人才队伍。在这方面，曾有 2/5 的美国联邦官员认为他们需要接受有关绩效管理的训练，他们所需要的知识包括策略规划、决策研究、项目的成本—收益分析、绩效信息加工处理技术，以及行政伦理等。为

此，美国政府一直比较注意对其公共管理人才队伍的培养，OMB
每年都要在培训绩效管理人员上花费大量时间，支付大笔经费。

二、我国政府预算的绩效管理问题

我国政府财政活动中长期以来存在着诸如预算活动合规性较
差、预算支出规模不断扩大，但社会经济效果不断下滑、财政资金
紧张与浪费现象并存，以及预算管理混乱、效率偏低等现象。认真
分析可知，要消除这些不良现象，须解决以下问题。

（一）政府预算活动缺乏必要的透明度

所谓预算透明度是指政府全部预算活动信息，包括预算的编
制、执行和决算报告等信息都要公开，并且要保证预算信息的真实
性。根据 IMF 制定的《财政透明度手册》的建议，增加预算透明
度的良好做法是：政府应适当地公开其预算编制和执行过程，在向
公众提供的预算报告中，政府应当说明财政政策的目标、宏观经济
的框架、预算政策和主要财政风险等。而为了体现信息提供的定期
性和及时性，预算报告应当包括年报、半年报、季报和月报。此
外，在预算执行过程中，应当建立健全内部控制制度，并在此基础
上进行有效的内部审计。预算透明度的核心要求是：政府应定期向
公众提供全面并且真实的预算信息，并对公开预算信息的内容、程
序以及如何确保这些信息的质量进行了具体规范。而预算活动的公
共参与以及编制和公布政府预算报告是向公众提供这些预算信息、
实现财政透明的重要途径。

比照上述要求可以看出，当前我国预算活动的各个环节都缺乏
必要的透明度：首先，预算编制、决策过程缺乏相应的公共参与机
制，缺乏必要的听证制度；其次，预算调整随意性大，追加、追减
程序不规范；再次，预算支出过程存在大量违规资金使用现象，部
门内部控制制度不健全；最后，政府预算信息公开化尚未形成规范

的制度安排。

事实上，正是因为政府财政的公众参与问题长期得不到合理解决，政府各项预算活动便日益处于暗箱操作状态；在对其实行外部监督和制约几乎成为不可能的情况下，财政活动的社会经济效果便只能听凭政府单方面给予的解释。

（二）预算编制工作缺乏应有的科学性

增加预算编制的科学性、准确性和规范性，是进行绩效管理的基础，但是目前我国的政府预算编制工作中却存在着许多相反的问题，这是政府预算活动质量始终难以改善的重要原因。例如，按照《预算法》规定，我国复式预算分为政府公共预算、国有资产经营预算、政府性基金预算、社会保障预算，以体现政府在不同经济活动中的职能。但是，不知出于何种原因考虑，我国实际推行的复式预算，在其组织形式上却分为一般预算、基金预算和债务收支预算。实际预算编制形式与《预算法》规定不符不仅削弱了《预算法》的严肃性，而且在相当程度上失去了预算组织形式改革——变单式预算为复式预算的现实意义。

目前政府预算编制除了缺乏完整性和透明度外，在内容安排上有些过于简单、笼统，有些又过于复杂、繁琐。前一种现象导致预算执行弹性太大，某些预算资金甚至可以在一些科目间随意留用，根本谈不上预算的约束力；而后一种现象则使得某些不具专业知识的人大代表无法充分理解预算内容，因而对预算的审议、监督也便流于形式。

我国现行预算编制方法有失科学，各级政府大多沿用传统的"基数加增长"方式测算预算收支，并据此进行预算资金的分配。这种资金测算、分配方式导致某一政府部门可支配的预算规模往往取决于原有基数，而不受其所执行的预算项目的性质、以往的预算执行效果或其他需要考核因素的影响。长期使用这种方法，会使得一部分预算资金长久地"沉淀"在某些部门或某些项目中，即使该部门（该项目）的预算执行结果并不理想，其预算经费也难以得到

及时调整。更为严重的是，"基数法"一方面造成某些本应取消的
开支项目无法及时取消，另一方面又造成急需资金的项目得不到充
足的预算支持。换言之，"基数法"本质上违背了政府应该按照预
算事件（项目）的轻重缓急标准，或预算执行效果优劣标准，进行
财政资金分配的这一重要理财原则。其结果必然导致政府预算在支
出规模上失控，自然也无法保证预算资金的有效使用。

　　预算编制工作中亟待改进的方面还有很多，如预算收支科目体
系的设计还需进一步合理化以充分反映政府预算收支的全貌，预算
编制在时间安排上还要进行调整以便推行标准周期预算，如此等
等。总之，政府预算组织、编制工作既复杂，又艰巨，而且政策性
极强，既要有充足的时间保证，又要有足够的技术条件支持。因
此，以程序合理、运作规范、方式科学、技术先进、各项具体活动
衔接良好为基本特征的预算编制工作，不仅能够起到保证政府预算
严肃性、增加预算本身约束力的作用，而且直接关系到预算执行的
质量及其社会经济效果。

（三）预算监督体系不完善

　　我国在《预算法》中规定了各级权力机关和各级政府对预算活
动实行监督的职责、权限以及法律责任，但是在预算监督内容的法
律规定方面仍存在诸多不足之处，如监督内容规定得比较原则、笼
统，对政府预算活动的事前、事中监督没有明确的法律规定，对预
算监督活动缺乏具体的制度安排，等等。现实生活里，这些问题导
致各有关机构、方面对政府预算活动行使的监督权利难以落到实处
且操作性较差，形成各监督主体实际上不能对政府预算实现有效监
控的局面。

　　除了法律缺陷导致的监督失利外，其他一些原因也在不同程度
上削弱了对政府预算监督的力度。例如，我国人代会期间审议政府
预算的时间很短，只能对预算进行总体性、一般性审查，既无暇考
察各种收支安排是否真的合法合理，也无法深究预算编制上存在的
某些具有隐患性的问题。这是在我国政府预算活动中长期不能形成

有效的事前监督的主要原因。

又如，由于预算编制比较粗糙，预算指标不够具体，收支分类不尽科学等原因，在客观上也给各级政府主管预算活动的部门——财政部门实行内部预算监督造成许多实际的困难。各国的实践经验说明，在预算执行过程中如果对各预算单位的收支完成情况均缺乏有效的跟踪监督，或者预算单位在预算执行过程中长时间游离于某种动态监督过程之外，则很难保证政府预算执行最终能够取得令人满意的结果。

再如，在外部监督方面，由于政府审计力量有限，手段也不够先进，目前还只能有选择地对少量预算单位进行年度审计，而且大多局限于对预算活动的合规性审计，很少涉及相应的绩效审计。另外，由于预算各个环节缺乏透明度和公共参与机制，在国民无从获得反映政府预算活动信息的情况下，社会监督这一重要的外部监督形式无法发挥应有的作用。更为严重的是，在我国于预算监督中发现的政府重大财政违法行为，官员玩忽职守造成的财政资源浪费问题等，由于缺乏法律约束，惩治力度明显不够。这既是预算约束软化的外在表现之一，也是财经违法、违纪行为屡禁不止的原因之一。

（四）预算管理中绩效评估制度改革相对滞后

新中国成立以来，我国政府在预算工作中经常强调提高政府支出的效益，也为此一直探索建立某种合适的效益评估制度。但是，到目前为止，我国预算管理中对支出项目的效益评估仍然普遍存在着评估活动不规范，评估范围不全面，评估手段落后，重视有形产出的评估而忽视无形产出的评估，评估指标设计上偏重经济效益指标而忽略社会效益指标等问题。另外，尤其严重的是，长期以来我国政府预算活动中缺乏追踪问效机制，即对各种支出项目尚未建立规范的、稳定的事前绩效预测、事中绩效分析以及事后绩效评估制度，因而不能及时发现支出过程中存在的各类问题并及时加以纠正，导致财政资金被挪用、浪费的现象经常发生。

三、借鉴美国经验，逐步实现政府预算的绩效管理

预算管理制度的改革是一项艰巨的社会系统工程，必然涉及社会经济生活的方方面面，对社会经济生活产生多维影响。因此，通过借鉴美国先进的管理经验，逐步完善我国政府预算的绩效管理。

（一）关于法制环境建设、管理制度建设工作的基本构想

在法制环境建设、管理制度建设方面的具体工作主要包括修改现行的《预算法》，加快与政府预算管理有关的重要业务活动的立法，以及必须按照绩效管理要求所要进行的预算管理制度改革。

第一，目前，在我国虽有部分省市已经开始在某些预算活动中进行绩效管理的试验，但这种实验性质的绩效管理也不应长期处于自由探讨、自由发展状态，中央政府对这类实验逐渐给予统一的规范性指导实属必要。建议组织专家在适当的时候修改《预算法》，补充有关政府预算活动之绩效管理的立法内容，至少应该对"绩效"、"绩效预算"的概念，对实施绩效预算的目的、目标、程序、报告制度、管理机构及其管理责任以及对绩效评估机构的设置、职权等作出法律解释。美国的经验说明，只有逐步建立起依法开展绩效预算活动的法律框架，各项有关工作、制度安排才能按照条件成熟情况有序地进行下去。

第二，政府实施绩效预算不仅要对绩效管理活动本身立法，而且还要对其所包括的各种管理活动——财务、会计、审计、信息分布等进行相应的立法，即进行配套法规建设。这方面的立法重点是：（1）修改现有配套法律中与绩效预算特定要求不相符合的内容，并增补与其有关的内容。例如，在现行《审计法》中增加"效益审计"的规定。（2）加快财政立法工作的步伐，填补我国财政法体系中的某些法律空白，如制定有关财政监督的法律、有关政府信

正

息公开的法律。此外，还要对那些重要的，但目前仍以行政部门制定的规范、条例、决定等形式存在的财政法规进行提高其立法层次的工作，以加强这些法律规范的效力。（3）大力加强政府部门、政府官员的遵法守法、依法行政的观念，同时要扩大依法理财的范围并加大执法力度，以便尽快把政府预算活动、业务全部纳入法制化管理。（4）为加强政府支出责任，建立约束和激励制度，必须对部门主管官员、行政官员以及普通公务员确立相应的行政伦理、职业道德要求，这些要求也须通过专门规定各种预算责任和行为的法规予以体现。

第三，加强预算编制制度建设，进一步提高预算编制的科学性。我国预算编制在组织形式、采用方法、科目分类等方面的管理改革已取得了一定成效，除继续推进和完善外，还需在以下几个方面加强制度建设：（1）继续推广标准周期预算制度，在推广过程中不断加以改进，为政府预算编制工作的科学化、规范化创造条件。（2）实行滚动预算编制制度，即在编制政府和部门的年度预算时，一并进行中期预算（3－5 年）、长期预算（10 年以上）的编制工作，不仅有利于按照国民经济和社会发展计划指导政府的中长期预算活动，而且也有利于立法机构对各级政府（政府部门）的预算进行长期监督。（3）为加强预算编制、执行、修订、追加等重要政府行为的严肃性、公正性和透明度，可以考虑成立专职的预算管理机构和建立预算论证制度、预算听证制度等。例如，成立预算论证委员会，对年度预算编制的科学性和合理性进行论证，并负责向人大提供咨询。对数额较大或涉及面较广的预算支出决策，实行听证制度以广泛征求社会各界的意见与要求。

第四，在政府预算和相关的财务管理方面，应该逐步引入"权责发生制"会计制度。根据一些国家政府会计改革实践，主要有三种政府会计模式可供选择：一是"完全的权责发生制"，二是"修正的权责发生制"，三是"改进的收付实现制"。借鉴美国经验，我国政府会计制度改革似应采用分步走方式进行，第一步先完善"现金收付制"，过渡到"修正的权责发生制"，最后实行"完全的权责

·

发生制"并全面应用于政府预算活动和政府财务报告中。政府会计改革也是一个渐进的过程,一些最终完成"完全的权责发生制"改革的国家,大都经历较长的时间,如澳大利亚用了近 20 年的时间,新西兰也用了近 10 年时间。

第五,绩效预算要求建立多层次的绩效信息报告制度,以对反映政府预算活动的全过程及其执行结果的各种重要信息予以充分披露,这是防止政府预算活动"暗箱操作"的最好办法,也有助于提高政府公共管理、政府治理活动的透明度。我国可以考虑按照以下步骤建立规范化的绩效信息报告制度:首先,责成政府预算主管部门根据不同层次政府部门,不同类型支出项目的实际特点,设计方便于各类预算执行结果汇报的标准及格式,这些标准、格式的基本设计原则有二:一是要方便主管部门进行统一管理,二是要方便公众获取真实的预算信息。其次,由国家立法机构制定政府预算执行结果的汇报程序和相关规定,一般情况下,政府各预算单位要定期向预算主管部门汇报各自的预算执行结果,并接受内部监督;最后,预算主管部门定期向人民代表大会汇报全政府层面的预算执行结果,以接受权力机构监督,并向社会公开接受公众监督。

(二) 关于绩效预算的技术与评估体系建设工作的基本构想

绩效评估体系的建设是绩效预算中的关键环节,也是难点之一。绩效预算的评估体系主要由评估主体、评估对象、绩效目标、评估指标、标准、程序、评估报告以及评估结果的应用等组成。我国可以根据具体国情,尝试建立包括如下主要内容的、强调可操作性的政府预算绩效评估体系。

第一,评估主体。根据现行政府组织结构,应该由财政部统一领导,由中央政府各部门具体组织实施绩效评估工作。财政部主要负责制定统一的绩效评估规章制度,指导、监督、检查中央政府各部门的绩效评估工作,并视情况对这些政府部门的绩效评估结果进行检查;中央政府各部门负责组织实施本部门、本系统的绩效评估工作。这一绩效评估模式是暂时的,待大部分条件成熟后,再过渡到由各级人大、审计部门、政府预算主管部门以及社会中介各自分工负责的立体式的绩效评价模式。

第二，绩效评估对象。根据美国的实践，对政府部门的整体预算执行结果进行绩效考评最能反映该部门的公共管理质量，提供公共物品（服务）的能力，以及预算资金管理水平。但是，考虑到我国客观条件的限制，可在评估对象选择上适度增加灵活性。绩效评估对象的选择可以是整个部门的预算活动，也可以是某个具体的预算支出项目。对预算项目的绩效评估应主要选择资本开支类的支出项目，尤其注意要重点评估那些资金数额较大、社会影响较广、具有明显社会效益的本部门（或跨部门）的资本开支项目。

第三，绩效目标。政府部门预算活动的绩效目标一般包括部门的年度预算执行计划和中长期预算工作规划，可以再细分为各自的职能目标与业务目标。对部门绩效目标的量化处理应该和绩效评估指标的设计结合进行，共同遵循以下四原则：（1）相关性原则，即选定的绩效考评指标与部门的绩效目标要有直接联系；（2）可比性原则，即对具有相似目的的工作选定共同的绩效考评指标，保证考评结果的可比性；（3）重要性原则，即对绩效评估指标在整个评估工作中的地位和作用进行筛选，选择最具代表性、最能反映评估要求的绩效评估指标。这是为了避免绩效评估指标过多、过杂，忽视了最重要的东西；（4）经济性原则，即绩效评估指标的选择要考虑现实条件和可操作性，在合理成本的基础上实行评估。

第四，绩效评估指标。绩效评估指标的设定要充分考虑经济、社会、文化、心理等各种因素的影响，还要根据不同部门和单位的性质、不同的项目类型和考评工作的需要，按照定性与定量相结合、统一性指标与专业性指标相结合的原则设立。当前我国部门绩效评估指标的设计，可采用统一性指标与专业性指标相结合的方式。统一性指标可包括绩效目标完成程度、预算执行情况、财务管理状况、经济和社会效益四个方面，由财政部门统一规定；专业性指标，可由中央政府各部门结合本部门、本系统的具体情况，制定符合部门或行业特点的个性指标。

第五，绩效评估结果的运用。中央政府部门应该根据部门预算执行的绩效评估结果，及时发现以往预算执行中存在的各种问题，以便有针对性地加以解决；或者将绩效评估结果作为以后年度编制和安排政府预算的重要参考依据，及时调整、优化未来的部门预算支出方向与结构，以便进一步合理配置财政资源。除此之外，利用部门绩效评估结果还可以指导改进财务管理、财务监督等工作，最大限度地提高预算资金的使用效益。

（三）关于做好绩效预算改革准备工作的设想

根据目前预算管理制度改革的情况，我国各级政府及其部门可以利用开展绩效预算改革的"热身"活动，为未来管理模式转化创造充分条件。至于如何做好绩效预算改革的准备工作，有关设想如下。

第一，根据中央政府提出的要求，各级政府部门应编制财政绩效预算战略规划。编制战略规划的重要意义在于明确制定部门的战略目标，即本部门在法定行使的公共管理职能范围内主要完成的工作任务、总体工作目标，以及如何、何时完成这些任务。部门战略规划经本级政府立法部门（人民代表大会）和财政主管部门审议通过后，便成为部门编制各自预算的基本依据。应该注意的问题是，各部门拟订的战略目标不能完全由部门自己说了算，而应在公众广泛参与的情况下，充分争取各方专家、社会各界的意见后加以确定。此外，考虑到有些政府部门对自己应该履行的职能可能存在定位不准确问题，这个问题可以通过权力机构主持有关听证会加以解决。

第二，在部门战略目标基础上，要求其编制各自的年度绩效计划。绩效计划一般要包括四项基本内容：（1）阐明部门的绩效目标，并用可量化的指标说明绩效目标以及绩效评价标准，以及预算管理者的权利、义务与责任；（2）详细列明完成绩效目标所需要的人力、物力、资金、技术、信息等各类资源；（3）尽量客观地解释，部门为实现绩效目标可能遇到的主要困难与风险；（4）以（2）、（3）为基础，说明本部门在履行公共职能并完成预期绩效目标所需要的财政拨款，以此编制部门的预算计划。

第三，部门预算经审批阶段后进入执行阶段，在执行阶段各部门主管应该根据（审议通过的）部门预算和（审查批准的）部门绩效计划，与本部门具体预算执行单位层层签订绩效目标合同，明确各方之间的责权利关系。在对部门的预算资金拨付方式改革方面，主管预算拨款的机构应该逐步采取如下拨款方式，即在绩效管理不断规范的情况下，逐渐按照各政府部门提交的预算资金使用计划、拨款申请表和绩效进度表，根据各部门绩效完成情况进行资金拨付。

第四，年度预算执行结束后，预算执行部门除了编制本部门的财务报告并做好预算审计工作外，还须同时根据实际产出对照绩效计划，编制各自的绩效报告。绩效报告的内容主要包括：（1）部门工作的战略规划、绩效目标的制定情况；（2）预期绩效目标的执行情况与实际完成情况（效果如何）；（3）对实现的绩效目标和未能实现的绩效目标都要进行认真细致的原因分析；（4）根据分析结果，提出未来绩效改善的方式、方法，如果分析结果表明某个绩效目标是不可行的，应该提出终止说明并相应制定其他目标。

第五，部门绩效报告完成后，上报政府预算主管部门或政府绩效管理部门，主持或委托专门机构对部门预算执行情况进行专业的绩效评估。预算主管部门或绩效管理部门在完成对部门的绩效评估工作后，将评估结果反馈给预算执行部门，同时将有关评估结果加以汇总并编制"政府绩效报告"。

第六，考虑到各政府部门所进行的绩效预算实践，在性质上还仅仅属于部门预算改革的某种实验活动，其绩效评估结果不必作为下一财年预算拨款的决策依据。但是，随着政府预算管理制度改革的不断深化，绩效预算实践经验的不断积累，可以考虑逐步推行将部门绩效评估结果与预算资金分配建立起某种联系的做法。当然，根据部门预算执行绩效成果调整部门预算资金分配的做法，须在政府预算管理制度切实能够发挥其约束与激励机制作用的情况下慎重采用。否则，在条件不甚合适的情况下盲目采用这种做法，反而可能会带来某种不良后果。

第二章　地方人大全口径预算决算审查监督机制的构建

党的十八大报告指出："人民代表大会制度是保证人民当家做主的根本政治制度。要善于使党的主张通过法定程序成为国家意志，支持人大及其常委会充分发挥国家权力机关作用，依法行使立法、监督、决定、任免等职权，加强立法工作组织协调，加强对'一府两院'的监督，加强对政府全口径预算决算的审查和监督。"在党的代表大会上，第一次将人大对政府预算决算的审查监督和人大立法工作、对"一府两院"监督放在一起强调，充分体现了党对预算决算审查监督工作的重视，同时也表明了全口径预算决算审查监督工作的重要性。

一、全口径预算决算审查监督的内涵

全口径，这个概念在中国就是指在市场经济条件下，政府所有的财政收入和支出均要纳入预算和决算的统计方法。全口径预算决算监督审查是指监督主体通过一系列方法和措施将政府所有的财政收入和支出均纳入预算和决算的法制化运行机制。全口径预算决算的实施主体为政府，政府根据地区财政收入和支出计划，制定财政预算决算草案，报请人大审批形成法制化的财政预算决算。

（一）全口径预算决算审查监督的历史演变

全口径预算决算监督审查与我国的预算外资金紧密相关。我国的预算外资金从新中国成立伊始就存在其发展经历了由小到大，又经过清理整顿范围逐步缩小的过程。新中国成立初期，我国实行高度集中的财政体制，预算外资金规模很小。1957 年，全国预算外收入为 26.33 亿元，仅相当于预算内收入的 8.68％。在"大跃进"和"文化大革命"期间，由于各项规章制度和财经纪律受到严重破坏，预算外资金迅速扩大。1977 年，我国的预算外收入达到 311亿元，相当于预算内收入的 35.6％。

改革开放以后，国家采取了一系列简政放权的措施，允许地方、部门和企业留有一部分自主资金，不纳入国家预算，从而形成了地方税费附加、主管部门集中收入和国营企业利润留成等预算外资金。这段期间，预算外资金的项目迅速增加、规模迅速扩大。1992 年，我国预算外资金相对规模达到高峰，当年预算外收入3855 亿元，相当于预算内收入的 110.7％。应该看到，当时预算外资金的发展，是为了突破旧体制的过于集中、管得过死，尽快地调动各方面的积极性，发展生产力，这是必要的，实践证明也是正确的。但是预算外资金的过度膨胀，也带来了影响财政收入、削弱国家宏观调控能力、加重企业居民负担、脱离人大监督等一系列问题。

针对预算外资金规模膨胀的问题，国家从 1993 年开始对预算外资金进行调整和治理整顿。1994 年颁布实施的预算法规定，各级政府、各部门、各单位应当加强对预算外资金的管理，预算外资金管理办法由国务院另行规定，各级人民代表大会要加强对预算外资金使用的监督。1995 年国务院颁布的预算法实施条例规定，各级政府预算按照复式预算编制，分为政府公共预算、国有资产经营预算、社会保障预算和其他预算。1996 年国务院发布了《关于加强预算外资金管理的决定》，明确预算外资金实行"收支两条线"管理，逐步纳入财政预算管理。经过治理整顿，我国的预算外资金规模得到初步控制，1997 年全国预算外收入 2826 亿元，相当于预算内收入的 32.7％。

在中央提出全口径预算管理要求之前的 2007 年，我国仍然有相当一部分政府收支游离在预算之外。例如，2007年全国预算外资金为62820亿元，相当于一般预算收入的13.3％，从而使得政府预算不能全面反映政府实际收支情况，这部分收支也脱离了人大的监督。这些收支主要有：一是仍在预算外管理的政府非税收入；二是地方政府性基金，当时地方政府性基金已部分在地方政府的预算中反映，但尚未汇总到全国预算中反映；三是国有土地有偿使用收入；四是国有资本经营收益；五是社会保险基金。人力资源和社会保障部汇总编制全国社会保险基金收支计划，但尚未纳入政府预算。

（二）实行全口径预算审查监督改革共识的形成

进入21世纪以后，实行全口径预算审查监督很快就成为包括人大和国务院在内各方面的共识。这背后有着深刻的历史原因：

第一，它是全面贯彻实践科学发展观的客观要求。党的十六大以后，科学发展观逐步成为指导我国经济社会发展的基本方针。科学发展观的基本要求是全面、协调、可持续发展，其根本方法是统筹兼顾，这就决定了国家财政资源即公共资源的筹集、配置和使用必须从经济社会全局统筹安排，兼顾各方，以确保经济社会全面、协调、可持续发展。如果不实行全口径的预算管理制度，有很大一块公共资源游离于统一的预算安排之外，就肢解了国家预算统筹兼顾的功能，背离了科学发展观统筹兼顾的要求。

第二，它是全面落实依法治国基本方略，加强宪法和法律实施的客观要求。实行全口径预算，是落实党的十七大提出的落实依法治国基本方略，加强宪法和法律实施战略部署的必然要求。人民代表大会及常务委员会审查和监督国家预算，是宪法和法律明确规定的职责。如果不实行全口径的预算管理制度，使相当一部分政府收支脱离了人大的审查和监督，实际上是架空了人民代表大会的权力，削弱了人民代表大会的严肃性和权威性。因此，全面落实党中央提出的依法治国基本方略，建设社会主义法治国家，就必须在预算管理上，根据宪法的规定，实行全口径的预算管理制度改革，接受人民代表大会的全面审查和监督。

第三，实施全口径预算制度改革，是建设公共财政体系的客观要求。随着我国财政向公共财政转变，财政的覆盖范围更广，提供公共服务的内容也日趋丰富。一方面，履行政府职能或公共职能的主体变得多样化。不仅是传统的政府机构在提供公共服务，而且许多由政府机构所控制或主要通过政府提供资金的非市场、非盈利性机构，也介入到公共服务的提供当中。另一方面，政府履行公共职能的方式也变得多样化，社会保险资金、使用者收费、国有资源、资产收益、税收支出等，都是近些年所出现的政府履行公共职能方式的变化。公共财政发展所导致这两个方面的变化，使得原先并不怎么突出的财政收支方式和范围问题凸显出来。建设公共财政，就必须要把各类政府主体、政府各种履行职能方式所形成的政府收支都囊括到财政预算中，实行全口径的预算管理，以全面反映政府的各项活动及其效果、影响。

第四，实施全口径预算制度改革，也是建设惩治预防腐败体系，强化监督的客观要求。建设惩治预防腐败体系，实现从源头治理腐败，其中一项核心的内容就是建立全方位、没有空隙的权力监督制衡机制。如果继续维持不完全的预算制度，就会使很大一部分公共资源的收支脱离预算之外，不受人民代表大会审查监督的制约，也不受财政管理部门的监督制约，就不可避免地造成国家惩治和预防腐败体系不完整，削弱监督、制约的效力。

正是基于以上的共识，2003 年中共中央十六届三中全会《关于完善社会主义市场经济体制若干问题的决定》中提出，"实行全口径预算管理和对或有负债的有效监控"，这是中央文件中首次出现全口径预算的概念。此后，国务院在《关于 2005 年深化经济体制改革的意见》中进一步提出"改革和完善非税收入收缴管理制度，逐步实行全口径预算管理。"2013 年，党的十八大报告再次对各级人大及其常委会加强对政府全口径预算决算的审查审批和监督提出了更高更明确的要求，我国的全口径预算管理制度建设就已入了快车道。

（三）全口径预算的具体内容

完整的政府预算包括公共财政预算、国有资本经营预算、政府性基金预算，以及社会保障预算。四本预算之间既相互区别，又有紧密联系，共同为政府履行职责提供财务支持。

1．公共财政预算

公共财政预算是指政府凭借国家政治权力，以社会管理者身份筹集以税收为主体的财政收入，用于保障和改善民生、维持国家行政职能正常运转、保障国家安全等方面的收支预算，又称为"一般预算收支"。公共财政预算收入包括税收收入、不具有特定用途的非税收入以及债务收入等，预算支出由财政部门统筹安排，用于维持政府各项活动，提供公共产品和公共服务等。

2．政府性基金预算

政府性基金预算是指政府通过向社会征收基金、收费，以及出让土地、发行彩票等方式取得收入，专项用于支持特定基础设施建设和社会事业发展等方面的收支预算。政府性基金预算收入主要是具有特定用途的非税收入，支出由基金主管部门安排，用于特定社会公益事业，实现政府特定目标。政府性基金预算实行收支两条线管理，专款专用，在预算上单独编列，自求平衡，结余结转由项目继续使用。

3．国有资本经营预算

国有资本经营预算，是国家以所有者身份依法取得国有资本收益，并对所得收益进行分配而发生的各项收支预算。国有资本经营预算收入主要包括从国家出资企业取得的利润、股利、股息和国有产权（股权）转让收入、清算收入等，支出主要用于对国有经济和产业结构调整以及弥补一些国有企业的改革成本等。国有资本经营预算支出按照当年预算收入规模安排，不列赤字。设立国有资本经营预算的目的，是通过国有资本收益的合理分配及使用，完善国有企业收入分配制度，增强政府宏观调控能力，促进国有资本合理配置，推动国有企业改革和发展。国有资本经营预算与公共财政预算既相对独立，又相互衔接。总的来看，国家用于国有企业的改革支出，将逐步从政府公共预算中退出，主要由国有资本经营预算安排；必要时，可以将上缴的部分国有资本经营收益，调入公共财政预算用于社会保障支出。

4. 社会保障预算

社会保障预算指政府通过社会保险缴费、政府公共预算安排等方式取得收入，专项用于社会保障支出的收支预算。健全的社会保障预算模式，是将社会保险基金、住房公积金、就业保障金、社会福利基金等各类社会保障基金，一般预算安排的各项社会保障资金，以及社会筹集的捐款、赞助等资金，统筹编制社会保障预算。由于目前全面编制社会保障预算的条件还不成熟，因而由国家先单独编制社会保险基金预算。截至 2012 年，纳入社会保险基金预算编报范围的有：企业职工基本养老保险基金、城镇居民社会养老保险基金、新型农村社会养老保险基金、城镇职工基本医疗保险基金、城镇居民基本医疗保险基金、新型农村合作医疗、失业保险基金、工伤保险基金和生育保险基金等九项社会保险基金。社会保险基金预算按统筹地区编制执行，专款专用，收支平衡，留有结余。在预算体系中，社会保险基金预算单独编报，与公共财政预算和国有资本经营预算相对独立、有机衔接。社会保险基金不能用于平衡公共财政预算，而公共财政预算可补助社会保险基金。

二、地方人大财政预算决算审查监督的法律依据

（一）地方人大监督权力来源

地方人大及其常委会监督职权的现行规定主要源自宪法和代表法、地方组织法、预算法、审计法等。法律明确了地方国家权力机关监督的地位。《中华人民共和国宪法》（简称《宪法》）第二条规

定：中华人民共和国一切权利属于人民。人民行使国家权力的机关是全国人民代表大会和地方各级人民代表大会，人民依照法律规定，通过各种合法途径和形式，管理国家事务，管理经济和文化事业，管理社会事务。对国家权力的监督，是人民的重要权利，各级国家权力机关作为人民的代表机构对其他国家机关的监督，体现了人民的主人翁地位和我国的社会主义性质。《宪法》第二十七条规定：一切国家机关和国家工作人员必须依靠人民的支持，经常保持同人民的密切联系，倾听人民的意见和建议，接受人民的监督，努力为人民服务。这明确了不同层次的监督主体的地位。即人民选举产生人民代表大会，人大接受人民的监督；人民代表大会选举产生国家行政、审判、检察机关，这些国家机关受人大的监督，同时也受到人民的监督。

在同级的国家机关之间，人大对政府、法院、检察院的监督是单向的，不存在与"一府两院"互相监督的关系，这也是人民代表大会制度与西方"三权分立"制度的明显区别。

法律规定了地方人大监督的主要任务。《地方组织法》第八条规定：在本行政区域内，保证宪法、法律、行政法规和上级人民代表大会及其常务委员会决议的遵守和执行，保证国家计划和国家预算的执行。地方组织法对地方人大及其常委会规定的十多项职权中，把上述规定列为第一位的任务。所以地方人大的各项职权中，法律监督无疑是主要目标和首要任务。从地方人大的职能作用来看，审查监督财政预算也是地方人大维护宪法权威，保证宪法、预算法等法律实施的固有内容，这是建设社会主义法治国家的重要组成部分。

法律规定了地方人大监督的形式。《地方组织法》第八条规定了县级以上的地方人大对政府的监督形式主要是听取工作报告。第五十五条规定：县级以上的地方各级人民政府在本级人民代表大会闭会期间，对本级人民代表大会常务委员会负责并报告工作。由此可见，在现行法律的规定中，听取政府工作报告是地方人大开展监督工作的最主要的形式，对财政预算草案的审议，主要也是通过工作报告的形式向地方人大提出，并由地方人大进行审议。

（二）地方人大预算决算审查监督的法律依据

审查和批准财政预算，监督财政预算的执行，是地方人大及其常委会的法定职责，也是公众行使管理国家社会事务权利的一种体现。1982 年《宪法》已授权各级人大对政府预算进行监督，全国人大及其常委会分别于 1994 年和 1999 年通过了《预算法》和《全国人民代表大会常务委员会关于加强中央预算审查监督的决定》，又为各级人大及其常委会对预算进行审查监督提供了具体的法律依据。到目前为止，我国的人大预算监督制度已经建立并逐步完善，形成了贯穿预算管理全过程的监督体系。

根据《宪法》第一章第二条和第三条的规定："中华人民共和国的一切权力属于人民。人民行使国家权力的机关是全国人民代表大会和地方各级人民代表大会。人民依照法律规定，通过各种合法途径和形式，管理国家事务，管理经济和文化事业，管理社会事务。""全国人民代表大会和地方各级人民代表大会都由民主选举产生，对人民负责，受人民监督。国家行政机关、审判机关、检察机关都由人民代表大会产生，对它负责，受它监督。"

在现代西方国家，预算监督是代议机关的主要职权，它是通过控制财政资金监督和制约政府的活动。我国《预算法》第九章第六十六条也规定：各级人大及其常委会对本级及下级政府预算、决算进行监督。地方各级人大的职权是：预算的监督权、预算的调整方案审批权；根据授权对决算进行审计，对决算方面不适当决定的撤销权。《预算法》第十三条规定：县级以上地方各级人民代表大会审查本级总预算草案及本级总预算执行情况的报告；批准本级预算和本级预算执行情况的报告；改变或者撤销本级人民代表大会常务委员会关于预算、决算的不适当的决议；撤销本级政府关于预算、决算的不适当的决定和命令。县级以上地方各级人民代表大会常务委员会监督本级总预算的执行；审查和批准本级预算的调整方案；审查和批准本级政府决算（以下简称本级决算）；撤销本级政府和下一级人民代表大会及其常务委员会关于预算、决算的不适当的决定、命令和决议。地方人大及其常委会对预算、决算进行监督，具体来讲，就是对预算编制的审查批准（包括初审在内）、预算执行的监督和对决算的审查和批准。以行政机关实际执行预算为基准，可以将整个过程分为事前监督、事中监督和事后监督三部分。《预算法》还规定了预算执行情况报告的次数，第六十九条规定："各级政府应当在每一预算年度内至少二次向本级人民代表大会或其常务委员会作预算执行情况的报告"。

《审计法》从专业的角度规定了国务院和县级以上地方人民政府应当每年向本级人民代表大会常务委员会提交对预算执行和其他财政收支的审计工作报告。审计工作报告应当重点报告对预算执行的审计情况。必要时，人民代表大会常务委员会可以对审计工作报告作出决议。监督法的出台是保障人大监督工作的重要举措，这对各级人大常委会依法行使监督职权，健全监督机制，加强和改进监督工作，增强监督实效，促进依法行政和公正司法，更好地发挥人大的特点和优势，推进社会主义民主政治建设都具有重大的现实意义和深远的历史意义。《监督法》关于预算监督审查的职权与《预算法》的规定保持了一致。也就是说，县级以上地方各级人大常委会审查和批准本级决算、预算调整方案、预算执行报告等，具有这些职权。《中华人民共和国各级人民代表大会常务委员会监督法》扩充、细化、进一步明确预算审查监督的一些规定。

目前，以《预算法》和《审计法》及其配套实施条例的制定和实施为标志，新中国历史上相对较完善的预算监督体系已经初步建立起来。这个预算监督体系，是以《宪法》赋予全国人民代表大会的最高预算监督权为统领，以政府监督和预算部门内部监督和审计部门监督为重要力量，以社会中介（如会计师事务所、审计师事务所）和大众及社会舆论监督为补充的立体化预算监督体系。

三、地方人大全口径预算决算审查监督机制的构建

全口径预算决算审查监督，就是要对全部政府性收支，实行统一、完整、全面、规范的预算管理，即凡是凭借政府行政权力获得的收入与为行使行政职能所管理的一切支出，都应纳入政府预算管理。从而实现预算作为行政层面内部控制与立法层面外部控制的管理工具，最终使得以财政部门为财务统领的政府整体能够对立法机构负责，进而确保整个政府活动对全体公民的负责。地方人大全口径预算审查监督机制包括三层含义。

（一）内容监督机制

内容监督机制一方面是指全部预算决算草案，包括公共财政预算决算草案、政府性基金预算决算草案、国有资本经营预算决算草案、社会保障预算决算草案；另一方面是指全部预算决算收支，公共财政预算决算包括各种税收收入，非税收入以及上级返还、补助、转移支付等收入和各项支出，政府性基金预算决算包括各项基金预算决算收入和支出，国有资本经营预算决算包括所有单位拥有的全部国有资本的收益和支出，社会保障预算决算包括各项保障预算决算收入和支出。

1. 公共财政预算决算监督

遵循预算编制程序，提高各部门、各单位及人民群众对预算编制的参与程度。更加突出预算的公共性特征，不断提高基本公共服务均等化水平。按政府收支分类科目的要求，细化预决算编制，特别是要提高年初预算到位率。凡是涉及民生的项目和人民群众反映强烈的问题，如涉农专项资金、"三公经费"等项目要及时公开。继续规范、整合专项资金，加快推进绩效预算，提高使用效益。

2.政府性基金预算决算监督

加强基金征收管理，不得随意减征、缓征和免征，也不得违规多征，加重企业和公民负担。以效益为导向，切实安排和使用好政府性基金项目，确保专款专用，发挥出最大的效益。加强对基金合法性、合理性审查监督，及时清理、压减一批不合理的基金项目。

3.国有资本经营预算决算监督

目前，国有资本经营预算很多地方还停留在政府内部试编的阶段，需要进一步完善制度，突破难点，全面推行。一是在编制范围上实现全覆盖，不能有游离于国有资本经营预算之外的特殊企业；二是利润上缴的比例要科学合理，提高国有资本收益上缴比例；三是合理安排和使用好国有资本经营预算收入，除了支持国有企业改革和发展之外，这块资金还应当安排一部分补充公共财政预算和社保基金预算，更好地体现国有企业的全民性特征。

4.社会保险基金预算监督

完善社会保险基金预算，适时向社会保障预算过渡。社保基金预算要实现全覆盖，各项社会保险基金都要分别编制预算，以清晰地反映每一方面社保基金的收支情况。要把全部收入都编入预算，不管是个人和企业缴纳的，上级和本级财政补充的，还是基金的增值收入，都要完整地加以反映。要科学测算收支标准，确定合理的支出水平，既保证人民群众的生活水平稳步提高，又要实现预算平衡，确保国家社会保险事业的可持续发展。

5.非税收入监督

在大部分非税收入已经纳入预算管理的前提下，要进一步清理和规范非税收入项目，取消财政专户管理的非税收入资金。规范地方政府土地出让金的管理和监督，在预算编制中明确土地出让金的安排和使用。

6.地方政府负债监督

地方政府负债，从我国目前税式支出制度建设的进展情况来看，各项税收优惠补贴的数据获得成本较高，纳入到预算管理范畴尚有一定难度。关于地方政府负债，则必须纳入地方政府预算，逐步公布相关数据。

7. 转移支付监督

要进一步规范转移支付资金管理和监督，对于名目繁多的专项转移支付首先应当进行清理归并。要取消到期项目、一次性项目以及按照新形势不需要设立的项目；整合使用方向一致、支出类似的项目；同时要严格控制新增项目的设置条件。事实上，国务院已经提出"减少、合并一批财政专项转移支付项目，下放一批适合地方管理的专项转移支付项目"的要求，但至今相关方案依然没有落实，主要原因是相关部委不愿意放弃本部门的专项资金审批权。

（二）过程监督机制

过程监督机制是对全部预算单位预算决算及预算执行情况的过程监督。从预算的编制、审批，到执行及反馈的全程监督。完善全口径预算管理和监督，需要对每一个环节都管理和监督到位。

1. 预算编制阶段监督

在预算编制阶段，预算编制范围是全口径预算的直接表现，要扩大预算编制范围，纳入和政府活动相关的每一笔财政资金。预算编制程序要探讨和中国国情相适应的方式，进一步探讨"两上两下"的必要性和可行性、"自下而上"还是"自上而下"更能体现公平和效率。预算编制方法方面要注意"基数加增长"的增量预算存在的现实性，同时要细化预算编制，将科目尽量落实到"项"级，按照实际需要和资金可能来安排具体的预算，确定能满足各部门日常行政活动支出需要。对于一些重点项目预算编制和管理，目前很多地方已经摒弃滚动项目库的管理方式，原因是项目预算的计划性较差。通过事前充分认证评审确定项目、项目预算重新细化、事中紧密跟踪评价、事后加大项目资金审计和绩效评价几个方面来加强项目资金管理。

2. 预算的审批监督

目前，我国很多省份依据现行的《预算法》规定，预算调整审批仅限于公债数额的变更和使用，某些省份则规定，超过一定数额的结构性调整也必须经过权力机关的审批。因此，在预算调整阶段一定要明确需要审批的预算调整范围和法定程序。当然，在现今西方各国逐渐放松对预算合规性监督的情况下，也不是所有的预算调整都需要经过审批，如公债数额变更、一些重大专项资金调整或者与国家经济、民生有重大关系的资金变动一定要经过论证和审批。如果建立了规范严格的预算调整制度，则会推进预算编制阶段的进一步细化和规范。

3. 预算的执行监督

一是实时掌握预决算信息。建立提前调研制度，在初审预决算草案之前，深入预算单位了解情况，把握预算编制和执行的总趋势及新动向，做到心中有数。要求财政、国税、地税等部门定期报送收支月报、情况通报、政策信息等内容，及时了解财税领域最新动态。在条件许可时，建立与财政部门联网的"国库集中收付计算机信息监控系统"，实时掌握财政资金收入和拨付情况，解决人大与财政掌控信息不对称的现象。二是重点关注项目资金使用情况。项目支出已成为预算支出的主要组成部分，管住了项目资金，就管住了大半的财政资金。要加强对专项资金预算的监督，尤其是对农业、教育、科技、社会保障、文化、卫生等法定支出情况，政府投资项目的资金支出情况，关系人民群众切身利益的资金投入情况，超收收入和上级补助收入的使用情况等，集中力量进行重点监督。

4. 预算的绩效管理

在预算决算和绩效评价阶段，要牢固树立预算绩效理念，更加关注预算资金的使用效益。督促建立和完善绩效评价的指标体系和评价标准，在搞好试点的基础上，要进一步扩大绩效管理的覆盖面。资金使用的效益成为管理和监督的重点内容。这有赖于预算编制和预算执行等信息的充分、细化和完整，才能有效评价资金绩效。评价的结果要及时向社会公开，并将绩效评价结果作为下一财年预算安排的重要依据。当然，绩效预算在美国实行了多年仍然没有完全达到评价结果和预算安排的联动关系，我国可从重点民生财政支出开展绩效评价，绩效评价的结果可以一定比例（如 10%）

影响下一财年的预算安排，然后逐步推开和深入。对于人大来说，不仅要在预算审批阶段发挥实质性作用，提出相应修改建议，还要针对预算执行、预算调整以及决算和绩效评价各个阶段探索不同的工作方式和方法，实行全口径监督。

5. 预算的反馈与公开

人大及其常委会作出的关于预决算方面的决议、决定、审议意见和财经委、预算工委的初审意见，要认真督促落实到位，这是增强监督实效的关键。尤其是财经委、预算工委提出的初审意见，应书面函告财政部门研究办理，说明要求限期回复作出调整的情况和不能作出调整的理由。预决算信息公开是公共财政的本质要求，也是推进政府信息公开的重要内容。应督促财政和各预算单位充分发挥预算公开的主体作用，及时、主动、准确地公开本级预决算和各部门预决算，细化公开内容，回应"三公经费"等社会关切的问题，主动接受社会监督。

（三）制度建设机制

制度建设机制包括预算的法制建设、财政透明度建设以及财政绩效及问责制建设。如果地方人大对这"三个部分"实施了审查和监督，那就应当称之为全口径预算决算审查和监督。

1. 法制建设

全口径预算管理和监督都必须依法进行，法律是监督的基本前提。要加快《预算法》的修订工作，进一步规范预算编制的完整性、预算调整的内容和程序，增加预算监督的有效性，完善财政责任追究制度等。同时，强化人大在全口径预算监督中的权威地位，由人大组织制定更多的财政预算决算方面的基本法律。

2. 财政透明度建设

在《中华人民共和国政府信息公开条例》的基础上制定《财政信息公开条例》，规定财政信息公开的范围、内容等。考虑制定《转移支付法》、《地方政府债务管理办法》等法律法规。规定公民参与预算审议和决策过程，制定一些预算项目的审批必须有公民参

与才能通过的硬性规定，从而使预算制定更合理更科学，财政资金
的使用取之于民用之于民。提高公众的民主意识是加强财政透明度
建设的基本途径。公众拥有较高的民主意识后，将更多地要求在税
收政策、公共支出决策、公共资金使用等方面获得知情权、发言权
和监督权，这必将推进财政透明度进程。

3. 财政绩效与问责制建设

建立健全财政绩效考核体系，要按照法律法规规定进行绩效审
计问责。因此，需要完善相关法律法规，从法律上规定绩效问责的
对象、范围、时限和权限。完善地方问责制度体系，根据《审计
法》的规定原则，制定《地方政府绩效审计实施细则》、《地方政府
绩效审计评价准则》等法规，以规范绩效审计内容、范围、程序及
审计职业者的法律责任，解决绩效审计"缺位"和"越位"等不规
范问题。要实现绩效审计问责信息的公开，不应再局限于政府系统
内部的自我监督，应该通过电视、报纸、网络等媒体向社会公开地
方政府问责信息，对问责的地方政府部门、责任人、事由、结果进
行公开，形成全社会和舆论的监督。

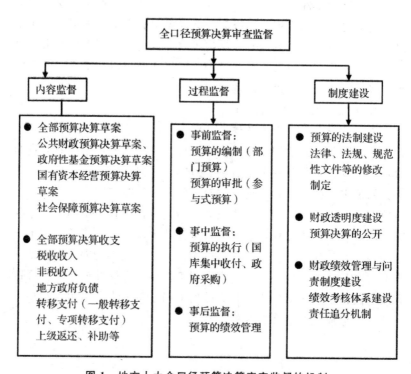

图 1　地方人大全口径预算决算审查监督的机制

第三章　民间社会组织参与
政府预算绩效监督

——国际经验及启示

预算监督分析和基于预算监督结果的政策倡导，被视为民间社会组织提高政府责任性的重要方法。作为独立于立法监督和审计监督的第三方，民间社会组织参与政府预算分析及监督，有助于提高资金配置的效率性和公平性，并加强预算过程的合法性。第三方监督相对于内部监督而言具有一定的独立性，更能保证监督评价的公正性。因此，研究民间社会组织参与政府预算监督的国际经验，并探讨我国第三方监督机制的构建思路，对完善我国预算监督体系并增强预算工作的整体效果，具有重要的现实意义。

一、民间社会组织预算绩效监督工作简介

预算程序的内在技术性及其核心政治功能（收取并分配公共资源）使其经常缺乏透明性，并且外部参与者很难介入。但随着时间的推移，民间社会组织已经积极地参与到预算绩效监督活动中，旨在影响公共支出。民间社会组织通过预算分析和政策倡导活动参与预算，已经在很多发展中国家变得越来越普遍。

参与预算监督工作的民间社会组织有两个主要的共同点：其一是将应用性预算分析和政策倡导活动相结合；其二是主要将精力集中于监督预算政策（针对弱势群体）的效果。参与预算工作的团体包括非政府组织、研究机构和社区组织等，这些组织在不同收入水

平和民主程度的国家表现活跃。预算活动包括培训、对预算文件的技术分析、预算支出跟踪、建立政策倡导网络并组织相关活动等。

民间社会组织的工作目标分为三部分：第一部分是预算责任性，其中包括对预算透明性的影响、公众对预算问题的认知性以及公众对预算过程的参与性；第二部分是对预算政策的影响，如预算制度的改进、资金配置的调整以及预算资金绩效的提高；第三部分属于长期目标，主要体现在社会民主程度、社会公平以及社会正义的改进。

二、民间社会组织预算绩效监督工作的成功经验

民间社会组织参与政府预算绩效监督工作不乏成功案例，其结果是有效提高了资金配置的效率性和公平性、政府责任性以及预算过程的合法性。本章对民间社会组织参与预算监督工作的成功经验进行了总结，以期对我国第三方预算监督机制的建设有所启示。

（一）有效构建多层次的社会关系，扩大政策影响

通过分析各国民间社会组织参与预算监督的经验发现，民间社会组织与其他参与者的关系在预算监督和政策倡导中发挥了重要作用，其中包括与其他民间社会组织、政府、国际援助机构、媒体的关系。这些关系是每个民间社会组织政策倡导战略的重要组成部分，通过这些关系建立联盟、传递信息、施加影响，最终实现预期目标。民间社会组织如果能够在政府内外建立广泛的网络，与不同的参与者建立更多的战略联盟，将有助于扩大政策影响。

1. 与其他民间社会组织的横向联盟

首先，多个民间社会组织组建横向联盟可以壮大力量，使各组织在面对政府时更具信心。基于对失去民众支持的担忧，政府预算部门会更加认真地考虑民间社会组织的建设性意见。其次，横向联

盟有助于民间社会组织之间资源共享，并加强其预算监督和政策倡导能力，进而推动预算监督活动的快速发展。再次，综合运用各组织的资源优势，保证预算分析数据的质量和时效性，进而有助于民间社会组织确立自身的合法性。

例如，乌干达债务网络（UDN）① 通过提供培训的方法，帮助其他民间社会组织引入 UDN 监督体系，鼓励这些组织及其网络对政府预算绩效进行监督，从而壮大了民主监督团队。赞比亚民间社会扶贫组织（CSPR）② 也采取了同样的方式，对初涉预算绩效监督领域的其他民间社会组织提供能力建设培训。南非民主研究院（IDASA）③ 与儿童权利组织的联盟，有效支持了 IDASA 的预算监督和政策倡导工作。

CSPR 网络是民间社会组织组建横向联盟的成功案例。CSPR 网络中包括非独立民间社会组织④、多个开展政策倡导的独立民间社会组织以及一个秘书处。秘书处代表 CSPR 网络开展政策倡导工作，但不提供任何公共服务，因而摆脱了对政府的资金依赖。其中，非独立民间社会组织向 CSPR 网络提供监督数据，或者参与联合监督工作，而政策倡导活动由秘书处或其他组织成员代表 CSPR 网络来完成。这样，非独立民间社会组织可以远离政策倡导活动，因而有力保证了其与政府的资金关系；而秘书处或其他成员对政府不存在资金依赖关系，因而更便于开展政策倡导工作。

在菲律宾，由马尼拉雅典耀大学发起的 Gwatch 运动是民间社

---

① UDN：乌干达非政府组织，参与广泛的预算监督分析、政策倡导和反腐败活动，其地方预算监督活动支持了国家政策的有效制定。

② CSPR：赞比亚非政府组织，成立于 2000 年，致力于扶贫工作，确保民间社会广泛参与政府扶贫规划，并监督规划方案的执行情况。

③ IDASA：1995 年建立预算信息服务（BIS），致力于监督多个政府预算支出领域，如艾滋病防治、儿童教育等；同时支持其他一些非洲国家的民间社会组织预算监督工作。

④ 非独立民间社会组织：是指面向社会提供公共服务，其资金运转由政府支持，对政府存在资金依赖。

会组织开展合作的又一成功案例。Gwatch 运动旨在发动民众对政府公共服务（包括教材采购、校园基础设施建设等）的提供情况开展监督。多家不同的民间社会组织组建成一个联盟，监督政府对教材采购的全过程。由于菲律宾童子军组织（BSP 和 GSP)① 的直接参与，监督工作取得了成功。BSP 和 GSP 两家组织利用其网络，监督在全国范围内 5000 万份教材（价值 4000 万美元）的采购和配送工作。在开展 Gwatch 运动之前，教育部被视作菲律宾最腐败的政府部门，预计每年有三分之一的公共教材采购资金被贪污。通过开展 Gwatch 运动，提高了教材采购透明度并引入了竞争机制，进而降低了教材采购成本，共节省约 1400 万美元的预算资金。

2. 与政府层面的纵向联合

经验表明，与立法者及政府官员之间建立联系有助于民间社会组织介入政策制定领域。为取得地方政府的信任和支持，民间社会组织一般会选择将监督程序告知政府官员，有些还会邀请政府官员来选择监督者、划分监督区域、任命监督团队等。然而，与政府联合的程度是一个微妙的问题。民间社会组织的独立性保证了其监督结果的可信性，但完全平行于政府的监督过程并不能保证最有效率。而部分政府人员被邀请进入民间社会组织的监督程序，有助于民间社会组织更便利地获取数据；而且发现问题时，地方政府更愿意采取必要的改进措施。

例如，南非 IDASA 与立法机构建立了直接关系，这样可以将预算监督结果传递到立法机构的预算审议过程中，一定程度上保障了预算监督工作的合法性及有效性。巴基斯坦奥玛尔阿斯汗发展基金会（OAKDF)② 曾经指出了震后重建工作中的资金滥用问题，进而提高了资金使用效率。其成功之处在于与地方政府进行了合作，成为震后重建机构（由地方政府联盟理事会设立）中的执行委

---

① BSP 和 GSP：菲律宾民间社会组织，旨在提高儿童和青年人接受教育的机会。

② OAKDF：奥玛尔阿斯汗发展基金会，成立于 1999 年，致力于推动民众权利和社会公平。

员之一，有助于相关政策建议的传达及执行，进而有效支持了预算监督及政策倡导工作。

乌干达联合教会委员会（UJCC）① 的工作经验是在完成预算数据分析工作后，邀请包括地方政府官员及社区成员在内的所有利益相关者参与公共会议，针对预算监督发现的问题，共同决定应该采取的措施，进而会有一个集体汇报过程。这种模式取得了很好的效果，地方预算中存在的相关问题得到有效解决。

民间社会组织还可以协助政府部门进行预算研究和预算知识培训。例如，在尼日利亚，联合国妇女基金会（UNIFEM）② 与国家经济管理中心开展合作，共同对性别预算问题进行研究，进而改进了政府部门的预算培训课程。在合作过程中，民间社会组织获得了政府的支持，有助于预算绩效监督工作的顺利开展。

3. 与国际援助组织的合作

国际援助组织向一些发展中国家提供预算资金支持，其中预算援助资金的透明性和效率性变得日益重要。然而国际援助组织担心援助资金的实际配置情况可能会与初衷相悖。因为国际组织无法保证援助资金是否被挪用，他们会通过监督资金使用结果的方式，要求受捐方负责任。这为国际援助组织与民间社会组织合作提供了机遇。例如，援助方会要求政府改进预算程序和预算透明度，这些都使得民间社会组织监督政府支出变得更加便利。由于援助方没有能力监督预算执行情况，民间社会组织的监督工作将有助于援助方了解政府资金使用情况。基于此，民间社会组织的预算监督工作已成为援助方检查政府数据真实性的重要方式。

此外，虽然国际援助组织可以使用政府提供的数据来判断资金使用情况，但政府数据的局限性在于未包含来自草根阶层的数据。而民间社会组织监督数据可以为援助方提供有益的补充。例如，在

---

① UJCC：乌干达教会联合组织，监督政府基础教工作和扶贫工作执行情况，旨在提高民主程度并降低腐败。

② UNIFEM：联合国妇女基金会，旨在提高妇女权利。

赞比亚，国际援助机构在检查扶贫战略项目（PRSP）①的资金使用情况及效果时，会使用民间组织的数据与政府提供的数据进行交叉检验。在乌干达，由于民间社会组织 UDN 将政府腐败指标融入监督内容，因而英国国际发展部（DFID）②寻求与 UDN 的合作。经验表明，国际援助组织 DFID 在向乌干达提供预算资金支持时，会综合考虑 UDN 的预算监督结果。UDN 在预算绩效监督中发现的各种问题，已经造成 DFID 削减了对乌干达的预算资金支持。同样在乌干达，多家民间社会组织组成联盟 UMP。UMP 开发了一个扶贫指标框架，该框架与国际援助组织的框架相一致，每个UMP 成员都要按照指标框架中的特定板块上报监督结果。该报告每年发布一次，国际援助机构对此表示欢迎。民间社会组织旨在运用该报告寻求与政府对话的有效机制。此外，在监督政府的同时，民间社会组织也对国际援助机构进行了有效监督。

4. 与媒体的合作

与媒体开展合作是许多民间社会组织的另一成功经验。民间社会组织使用多种媒体平台，来赢得民众和政府对预算绩效监督工作的关注。一些民间社会组织选择雇佣具备传媒专业能力的人员开展培训或其他相关工作。

例如，克罗地亚公共财政研究所（IPF）③，通过各种媒体平台公开其预算分析结果，包括书籍、学术期刊等。IPF 为了向公众广泛传递信息，将很多研究结果都以信件或报纸的形式进行公开发行。巴西社会经济研究院（IBASE）④拥有自己的传媒部门，定期发布预算分析结果，并且雇佣传媒专业人员与主要商业媒体接触，

---

① PSRP：由世界银行和国际货币基金组织发起的扶贫项目，在特定条件下，可以减免穷国债务并向其提供资金资助。

② DFID：英国政府扶贫部门，旨在促进世界可持续发展并消除贫困。

③ IPF：克罗地亚非营利机构，主要研究财政资金管理，并向公众提供政府政策制定的信息。

④ IBASE：1990 年成立于巴西。其预算工作重点是帮助其他团体建立预算信息分析能力，并基于预算分析来影响中央和地方政府。

如国家报纸、广播或电视频道。从媒体覆盖面看，IBSAE 已经吸引了社会的广泛关注。如召开媒体见面会，与会者包括里约热内卢三大报纸的记者、地方电视台主持人以及广播频道的记者等。黎巴嫩残疾人联合会（LPHU）① 通过多种传媒渠道进行预算信息发布和政策倡导，其中包括：每周发布简报，传播与国家预算、经济指标和政府经济政策相关的信息；在杂志上发表与预算监督相关的文章；利用官方网站并发起 Facebook 社团群；对不同媒体的记者进行预算知识培训，使得记者对预算问题更加熟悉，进而在提高预算认知上施加影响。

（二）提高民众意识，加强能力建设

预算透明度的提高，不足以确保民间社会组织和其他预算参与者能够积极地介入预算过程。一些民间社会组织、议员和记者缺乏参与预算问题的基本能力。民间社会组织因此投入大量精力用来提高公众对预算的认知性，进而以提高公众更深层次的参与性。

在巴西，IBASE 选择开发远程培训项目，旨在覆盖更广泛的民众群体。从 2002 年开始，IBASE 已经将两个主要培训模块转化成在线远程学习包，以辅助巴西国民通过网络深入学习预算知识。每年有三百多人参与该学习项目。第一个学习模块称为"市长的一天"，主要集中于一般性话题，如政治和机构、公民权利以及预算编制的基本知识等；参与者为一个小城镇编制基本预算，回应来自不同选民的压力，并编制联邦法规和行动指南。第二个学习模块称为"分析预算"，该模块培训学员寻求方法，来获取或解释有关市政预算的信息，并就具体问题向地方官员展开游说。其他一些国家的民间社会组织做法与此类似，如西非社会发展基金会（SEND）②、UDN、CSPR 等，首先通过宣传信息来提高民众和社

---

① LPHU：黎巴嫩残联，成立于 1981 年，是一家为残疾人服务的非营利组织。
② SEND：加纳非政府组织，成立于 1988 年，主要工作目标是旨在促进政府治理能力和加纳的社会平等。

区团体对其基本权利的认知，并提供包括预算重要性、预算编制方法等基本应用知识培训。为了辅助培训，UDN 和 CSPR 还提供了简单的学习指南。通过培训，基层社区民众对预算知识和公民权利的认知更加清晰，社区成员不仅参与预算绩效监督，而且还积极地参与到地方发展和规划过程中。南非 IDASA 向来自 220 多个组织的学员提供培训课程。同时 IDASA 开发了地方政府预算程序指南，主要目标群体是国会议员、省级立法者以及国家部委官员。该指南对南非预算工作的核心概念进行了讨论，并对预算过程的时间表和具体细节问题进行了阐述。基层监督人员的频繁变动以及监督活动的不断扩展，要求增加基层监督人员持续加入监督团队。因此，一些民间社会组织通过培训基层培训师的方式来满足对培训工作的需求。例如，在乌干达，UDN 通过培训社区基层预算监督者来监测地方公共服务，特别是地区基础设施建设项目，旨在解决腐败和低效率问题。

（三）积极确立合法地位，并争取介入预算信息的立法

为了获得地方政府人员对民间社会组织预算绩效监督工作的支持，民间社会组织需要寻求中央政府的正式授权，明确民间社会组织在参与预算监督方面的合法地位。此外，提供高质量且及时的预算分析结果，有助于民间社会组织确立自身合法地位。很多国家都对民间社会组织参与预算监督进行了立法改革，如玻利维亚的《公众参与法》（1994）、秘鲁的《预算参与法》（2003）、菲律宾的《地方政府法》（1991）、乌克兰的《地方自治法》（1997）和《预算法》（2001）。

印度工人和农民权力组织（MKSS)[①] 发起的社会审计运动是一个成功案例。该组织通过民众的广泛参与来监督政府支出，并揭露政府腐败问题。同时，社会审计模式在印度的大力推广，推动了

---

① MKSS：印度民间社会组织，成立于 1990 年，致力于加强民众参与性，促进社会正义和公平。

整个社会对知情权（right to information）的讨论，并最终形成立法。

墨西哥预算研究分析中心（FUNDAR）① 运用知情权，来揭露政府在公众资金（艾滋病防治）使用方面存在的重大腐败事项。FUNDAR 早期监督工作，促使联邦立法机构对知情权进行立法，以确保公众准入预算信息，并设置相应机构来督促政府部门对相关法律条款的遵从。借助知情权，FUNDAR 从财政部获取预算信息，进而增强了民众对 FUNDAR 监督工作重要性的认知。

三、民间社会组织参与政府预算监督工作对我国的启示

从国际经验看，立法监督、审计监督、第三方监督及公众参与是三位一体的预算监督框架。民主政府应有效发挥三者之间的相互协同作用，以促进预算工作的经济性、效率性、有效性和公平性②。我国政府预算监督工作与其他国家相比处于较低水平（如表1所示），在立法监督、审计监督、第三方监督及公众参与等方面尚需进一步完善。政府预算缺乏监督、问责的主体，目前已成为制约我国整体预算工作水平的"瓶颈"。部分预算资金的使用游离在监督体系之外，为部分官员利用资金分配权进行寻租提供了基础。

---

① FUNDA：1999 年成立于墨西哥，通过监督公共政策来促进社会正义和维护人权。监督公众资金（用于降低婴儿死亡率、艾滋病等领域）的使用，同时参与拉丁美洲预算透明指数的编制。

② Stephen J. Bailey 在《Strategic Public Finance》一书中提出了评价财政收支政策的 4E 框架，分别是经济性（economic）、效率性（efficiency）、有效性（effectiveness）和公平性（equity）。

表 1 　　　　　　　　政府预算监督的国际比较

国家	立法监督	审计监督	第三方监督及公众参与
新西兰	61	100	58
南非	88	75	58
英国	49	100	56
瑞典	91	100	50
韩国	79	67	92
巴西	61	100	36
中国	12	25	14

数据来源：International Budget Partnership 2012 年

注：评价分为立法监督、审计监督、第三方监督及公众参与，每项总分均为 100 分。

预算本质上是一个民主政治程序，即作为配置资源的公共权力在不同主体之间的分配。第三方参与政府预算分析及监督，有助于提高资金配置效率并加强预算过程的合法性。因此，构建第三方参与政府预算监督的机制，可以对现有立法监督和审计监督形成有益补充。我国第三方社会组织参与预算绩效监督还处于起步阶段，要真正建立完善的第三方预算绩效监督体系，尚需探索和尝试。通过分析国外民间社会组织的预算监督工作，为我国民间社会组织参与国家预算工作提供了有益启示。

（一）培育良好的法治生态环境，支持民间社会组织参与预算监督工作

首先，应加强政府预算透明度。与其他国家相比，我国预算透明度处于较低水平，我国政府每年公开的预算文件数量和质量都较低。例如，国际预算合作组织（IBP）对全球 100 个国家预算透明度进行分析后，发布 2012 年预算透明度指数，中国得分 11 分（满分 100），排名第 85 位，远低于平均分 43。上海财经大学以我国 31 个省级政府财政决算数据为调查对象，在 2011－2012 年对省级

政府预算透明度进行调查，最终平均得分为 23.14 分和 25.33 分（满分 100 分）。不断增加各级政府预算公开性是预算民主监督的基础，要深化参与式预算改革并细化预算内容是增强预算透明度的保障。其次，应赋予民间社会组织参与政府预算监督的合法地位，以应对可能遇到的政治阻力。我国民间社会组织身份的"合法性"一直饱受质疑，其发展面临法治困境，需要构建和完善多层次、有机统一的社会组织立法体系。再次，应加强公众信息获取权立法，保障公众的知情权，确保公众可以更广泛地获取信息。这样可以有效提高我国公众对公共事务的参与程度并增强自身的维权意识，为民间社会组织参与预算绩效监督工作提供民众基础，最终促进社会进步。

（二）预算监督要循序渐进，积累实践经验

尽管受到预算认知缺乏等内在限制，民间社会组织仍然可以对预算过程和预算政策产生影响。预算监督是一项适应性较强的工具，通过识别预算过程不同的切入点，可以在不同环境中加以使用。任何形式的社会组织，如政策智囊团体、社会活动团体和社区网络团体等都可以成功地参与到预算监督工作中。通常民间社会组织最初仅集中于监督一个较小的领域，随着信心和能力的增强，进而扩展其监督范围。例如，赞比亚民间社会组织 CSPR，起初工作仅涉及小范围贫困问题监督，在经验和能力积累后才开展了扶贫资金的监督，以加强其对贫困问题的分析能力。对于我国民间社会组织而言，可以首先尝试针对城镇社区的某些公共开支项目开展预算监督工作，随着经验的积累进而扩展预算监督领域。同时可以参考国外经验，尝试与对我国进行资金援助的国际组织开展合作，协助国际援助组织对政府部门资金的使用绩效进行监督。民间社会组织参与预算监督工作，可以有效提高预算透明度和民众参与性；而对预算过程以及政策调整方面的影响，需要长期的战略规划和不懈努力。同时，如何利用现代化信息处理手段，并有效降低民间社会组织参与预算监督的成本，是我国民间社会组织所面临的严峻挑战。

（三）加强预算分析能力建设，提高预算监督效果

预算分析工作是有效预算监督的基础，预算分析结果须以准确性（以确保公信力）、可获得性（需要传达到更多的民众）、即时性（对政策产生影响）为前提。技术限制会极大影响预算监督效果，在获得透明预算信息的基础上，社会监督者需要有专业能力对其进行整理和分析，考虑到一些发展中国家的教育水平较落后，因而其预算分析能力面临供给不足的问题。SEND、UND 都出现过预算监督报告失真的问题，直接导致一些地方官员轻易就否定了监督报告。因此，参与政府预算绩效监督的民间社会组织，需要有效应对可能遇到的技术障碍，并加强预算分析能力建设。我国民间社会组织可以参考国外经验，开展预算编制和预算分析能力的培训工作，编制学习手册并开展网络培训等。

（四）构建多层次的社会关系，提高监督团队的影响力

最有效的民间社会组织在社会关系建立方面进行了大量投入，与广泛的利益相关者建立关系，帮助对政府行为施加影响。民间社会组织仅控制有限的人力和资金资源，而一旦与其他专业组织构建联盟，影响力将得到显著提升。同时，民间社会组织与立法者建立直接关系，在一定程度上保障了其预算监督工作的合法性及有效性，并降低了监督政府预算工作的政治阻力。旨在开展预算监督工作的我国民间社会组织，应积极寻求与其他组织的横向合作以及与政府的纵向合作；运用多种传媒渠道，发布预算信息以及进行有针对性的政策倡导；同时积极寻求与国际援助组织的合作。

第四章 沈阳市人大全口径预算决算 审查监督的办法研究

近年来，沈阳市人大对预算决算的审查监督不断加强，进行了许多有益的实践和探索，但由于多种原因导致人大对全口径预算决算审查监督工作还存在不少困难和问题，监督审查的效果有待进一步改进。

一、2013 年沈阳市人大全口径预算决算审查监督取得的成效

沈阳市人大常委会为贯彻落实党的十八大精神，加强对政府全口径预算决算的审查监督，从 2013 年开始就将此项工作列为常委会的工作要点，提出"促进政府逐步建立包括公共财政预算、政府性基金预算、国有资本经营预算和社会保险基金预算在内的完整预算管理体系工作"，并责成财政经济委员会负责。财经委经过广泛的调查研究，查阅大量资料，借鉴外埠经验，并赴广州、深圳等城市考察学习，多次召开由市财政局、市审计局、市国资委、市人社局等有关部门参加的座谈会，听取相关意见和建议，最终形成《沈阳市人大常委会关于加强全口径预算决算审查监督工作的若干意见》（以下简称《若干意见》），于 2013 年 7 月 25 日经沈阳市第十五届人民代表大会常务委员会第四次会议全票通过，并以沈阳市人大常委会文件（沈人大发〔2013〕10 号）印发沈阳市人民政府遵照执行。

自《若干意见》下发以来，市政府及市发改委、市财政局、市审计局等多个市直部门高度重视，认真贯彻落实《若干意见》的工作要求，沈阳市政府常务副市长顾春明多次主持召开相关工作部署会议，市发改委、市财政局等 20 多家市直各行业主管部门参加会议，要求市直各部门认真贯彻落实《若干意见》的文件精神，进一步做好财政预算和政府投资项目计划编制执行工作，加快推进沈阳市全口径预算管理工作规范化、制度化、科学化建设，有力促进沈阳市经济社会又好又快发展。

（一）预算编制的完整性进一步提高

2014 年，市财政局在将公共财政预算草案、政府性基金预算草案、国有资本经营预算草案报送市人代会审议的基础上，首次将市本级部门预算报送市人代会审议，并按照要求将社保资金预算报送市人大财经委备案。同时，为贯彻市人大关于提高年初部门预算完整性要求，除征地拆迁成本等不宜纳入具体部门核算的资金外，其他专项资金全部纳入部门预算管理，纳入部门预算资金占应纳入总额的 90％以上（2013 年市本级部门预算总额为 110.7 亿元，2014 年市本级部门预算总额 376.2 亿元），预算编制完整性得到大幅提高。

（二）市本级部门预算编制及下达时间大幅提前

市人大在全口径预算编制时间方面提出了新要求后，市财政局认真完成 2014 年市本级部门预算草案编制工作，经市人大财经委初步审查后于 2014 年 1 月首次提报人代会审议，审议通过后的市本级部门预算已于 1 月末正式下达各预算部门（单位）执行，下达时间与往年相比提前 3 个月。

（三）预算绩效管理体系框架初步确立

为贯彻落实中央、省关于加强预算绩效管理的部署，着力推进沈阳市预算绩效管理工作，按照《若干意见》的相关要求，沈阳市已初步搭建起预算绩效管理政策制度体系，为预算绩效管理工作的顺利开展提供了制度保障。沈阳市已从 2014 年部门预算中选取重点项目，填报项目绩效目标，与 2014 年市本级部门预算一同批复至各部门，同时开展绩效预算全程监控，为年底绩效预算评价做好充分准备。

（四）预算编制的准确性进一步提升

在预算编制的准确性方面，市本级各部门统一按照国家、省有关政策以及"零基预算"编制方法的有关要求，市财政局结合国家、省政策调整、市场价格变动等因素，形成了 26 大类 1132 项财政预算审核标准。同时，按照中央厉行节约的要求，并考虑 2013 年以来中央和省关于压减一般性支出的相关精神，在深入调研大连市、广州市 2013 年公用经费定额体系的基础上，沈阳市制定了 2014 年公用经费定额体系。市直各部门按预算编制的统一要求，贯彻落实党政机关厉行节约的相关规定，对纳入压减范围的支出预算严格控制，体现了厉行节约和过"紧日子"的精神。

（五）预算编制内容进一步细化

编制 2014 年部门预算时，市财政局要求项目支出必须符合国家、省、市有关方针政策和财政资金支持的方向，紧密围绕市委、市政府以及本部门的中心工作，明确建设目标和组织实施计划，并经过充分的调查研究，要提早谋划、充分论证、尽量细化，杜绝"打捆"、"切块"项目。根据《若干意见》的相关要求，从 2014 年起，市本级公共财政预算及政府性基金预算中重点科目已编列到"款"。

（六）政府投资项目建设加快推进

按照《若干意见》的要求，《2014 年度市政府投资重大项目计划草案》于 2013 年底通过审议，较往年提早了一个多月的时间。一方面为政府投资建设项目争取了更多的前期工作时间，保证了政府投资建设项目 2014 年如期开工建设；另一方面也促进了相关单位抢先抓早，提前开展项目策划、筛选和申报工作。

（七）政府投资的科学化、规范化程度进一步提高

根据《若干意见》的规定，2013 年底通过的计划草案扩大了计划范围，由原先编报重大项目计划变为提报政府投资建设项目总规模及重大项目计划，进一步实现了统筹安排各领域建设专项资金，提高了政府投资的科学性。同时，市发改委结合近几年完成计划编制工作的经验，建立了由市发改委牵头、各相关部门参与的政府投资建设重大项目管理机制，形成了快捷高效的联动工作体系，实现政府投资建设项目"一盘棋"。

（八）预决算公开逐步推进

为落实推进政务公开，做好预决算公开工作，按照中央、省的要求，市财政局出台了一系列相关政策，同时按照市局要求制定预决算公开方案，2014 年 4 月底之前完成预算（含财政预算、部门预算及三公经费预算）公开，9 月底之前完成决算（含财政决算、部门决算及三公经费决算）公开。

二、沈阳市人大开展全口径预算决算审查监督所面临的问题

预算改革在不断推进，但尚未脱离传统预算管理模式的束缚，大量政府收支未纳入实质性预决算管理，预算体系还存在诸多问题，所以沈阳市人大在开展全口径预算决算审查监督中也面临许多问题。

（一）预算制度体系还存在诸多问题

预算制度体系的不完善在一定程度上阻碍了全口径预算决算的

审查监督。目前，只将财力性的转移支付纳入预算，专项转移支付和明确了用途的一般性转移支付没有纳入预算，与决算的对比差异较大。主要原因是许多转移支付年初无法预测，再加上转移支付上级下达时间较晚。同时，地方政府性债务也没有纳入预算编制范围，由于政府性债务涉及面广，基础性工作量大，提交人大审查的条件还不太成熟。向人大提交国有资本经营预算和社保基金预算也没有完全做到位。一方面，国有资本经营预算资金量小；另一方面，社保基金资金量大，向人大提交的基础性工作做得不够，目前只是在预算草案中反映了收支总额。

（二）预算编制内容没有涵盖所有财政性资金

财政性资金是指以国家财政为中心的预算资金、国债资金及其他财政性资金，既包括各级政府的财政收支，还包括与国家财政有关系的企业、事业和行政单位的货币收支。目前政府预算体系，预算管理的完整性、统一性还不够，纳入预算管理资金尚未涵盖所有类型的财政性资金，还没有做到"横到边，纵到底"，不能完整而全面地反映政府财务信息，没有形成真正意义上的综合预算。另外，对于防止在城镇化建设中过度土地城镇化，表现在财政上土地出让金收入占财政收入比重过高，实现财政可持续发展也具有重要意义。2013年以前，沈阳市财政部门上报年初人代会审议的预算草案仅包括政府公共财政预算及政府性基金预算。从2013年开始，根据国家、省相关要求，我市本级国有资本经营预算上报人代会审议（2011年沈阳市开始试编国有资本经营预算并上报财经委审查）。目前，沈阳市社会保险基金预算还没有上报人代会审议。

（三）预算编制方法的科学性需要加强

目前，我国的财政预算编制模式，已从基数加增长转型到零基预算。零基预算编制模式，通俗地讲就是办什么事，给什么钱，办多少事，给多少钱，每个财年不留积余。预算编制采用"基数法"，各部门获得批准预算的额度取决于原有基数，而不是部门事权大小。这种情况下，预算编制与以前年度财政资金的支出结构、支出比例等使用效益割裂开来，而且缺乏合理的支出定额标准，导致部门之间预算的不平衡。目前的转移支付、非税收入、债务收支、政府性基金、国有资本经营收支、社保基金收支等预算管理还存在诸多问题，这依然是因体制和制度上的欠缺所造成的。我国自1994年实行分税制改革以来，地方财权与事权的不匹配日益突出，使地方政府不得不考虑自身利益。由于目前财政管理体制财权大多在上，事权大多在下，从而使各级政府在财政预算和决算编制中很难找到一个事权与财权最恰当匹配的结合点。在财政预算决算编制中有时不得不考虑地方经济利益的得与失，在财力的安排上不同程度地存在该办的事多而钱少的现象。

（四）监督审查机构设置不到位

人大常委会对预决算审查的专门机构人员少，审计局、监察局、反贪局，归属政府和检察院，不能有效地、实质性地加强全口径预决算的审查监督。财政主体多元化导致各级政府将财政预算简单等同于计划，预算权分散在政府各个部门，没有办法统一管理，尚未实现政府内部的财政统一。尽管我国部门预算改革进行中实行一个部门一本预算，但目前财政部门还无法行使统一的预算分配权，财政、发改委等部门都可以行使预算分配权，这导致预算分配权分散于很多部门，对预算管理制度的运行和预算监管不到位。从人代会审查情况来看，人大代表往往在大会召开时才拿到预算报告。在会期短、议程多、任务重的情况下，人大代表难以对预算报告进行全面、具体和深入的审查，结果只是履行表决程序。

（五）预算透明度不高，不利于公开监督

尽管近年来沈阳市人大在预算公开的范围和内容上大有进步，但由于认知偏差等原因，预算公开还存在一些问题：一是预算公开的内容不细化。从这几年公布的预算情况来看，基本上都是"大类"预算、笼统预算、原则性预算，没有细化到具体项目和具体支

出用途。二是预算公开的项目不全面。在预算公开上有选择性地进行，尤其对于公众感兴趣的"三公"费用没有明确的公开时间表。三是预算公开的内容不易懂。各地公开的预算信息外行看不懂，内行看不清。四是预算公开的时间不及时。人大通过年度预算、决算后，各地并没有及时公布相关预决算信息，有的延后数月才公布，有的甚至不公布。虽然广大人民群众作为国家预算收入的承担者，有权知道和监督上缴收入的使用情况，但由于不能了解自己所在辖区人代会审批的预算情况，对自己上缴的钱具体怎么花的，花在哪里根本不清楚，因而无法进行监督。

三、加强全口径预算决算审查监督的对策与建议

加强全口径预算决算的审查监督，对于贯彻落实好党的十八大精神，长期坚持科学发展观的指导思想，确保经济社会可持续发展，全面建成小康社会，具有非常重要意义。在此，从依法履行人大职责，做好人大加强全口径预算决算审查监督工作出发，提出以下可行性建议。

（一）制定人大预算决算监督办法，实行依法监督

沈阳作为沈阳经济区新型工业化综合配套改革试验区的中心，就应该坚持解放思想，先行先试；坚持以点促面，示范带动。所以2013 年 6 月沈阳市人大率先在全国出台了可操纵性的《关于加强全口径预算决算审查监督工作的若干意见》，为人大全口径预算决算审查监督提供了依据，并为国家相关办法的出台提供了试验示范性参考。预算决算监督办法的制定从完善预算编报、加强制度建设、有效进行过程控制和绩效考核等方面加大了改革力度。

（二）坚持主权在民，预算编制要实现全口径

1. 建立和完善预算管理制度

制度是全口径预算决算审查和监督保障。通过政府及其财政部门在法定时限内提交预算决算草案，将全部政府收入和支出都纳入预算管理，使政府预算管理覆盖到政府全部公共服务活动，横向到边（全口径），纵向到底（全过程），提高政府财政预算的完整性。政府在行政层面对所有政府收支进行全口径管理，各级人民代表大会在法律层面对同级政府所有收支进行全口径审查和监督，真正做到全口径预算决算审查和监督有法可依，有章可循。

沈阳市人大应进一步提高预算编报的完整性。人大应该要求编制从 2014 年预算开始，市财政部门提交的预算草案要逐步实行全口径预算，市财政部门及相关市直部门要提早部署，继续加快编制进度，提高编制质量，在 2014 年人代会召开前 30 天将包括公共财政预算（含市本级部门预算及市本级政府专项资金预算）、政府性基金预算、国有资本经营预算草案上报财经委初审，并全部上报人代会审议。同时将社会保险基金预算报市人大财经委员会，并根据国家和省的相关要求，适时提请市人代会审议。

2. 完善预算编制内容

预算编制内容要细化部门预算科目，促进预算编制的科学性。政府应建立以部门为反映主体的预算科目体系，以此为基础完善政府收支科目，建立按部门、经济性质和功能为衡量标准的政府收支指标体系，逐步缩小未纳入预算的政府性收支项目，合理界定公共财政事权范围，推动财政性资金全部纳入政府预算管理，促进政府预算的统一和完整。2013 年中央财政预算报告采用全口径首次编报了社会保险基金预算，实现了我国政府预算体系的完整编报，更加清晰地反映国家财政整个盘子的收支安排情况，让"国家账本"更加规范科学。

具体到沈阳市人大工作中，应该要求市政府及有关部门做到：一是公共财政预算及政府性基金预算收支科目编列到款，国有资本

经营预算及社会保险基金预算要尽量细化到单位及项目。二是市财政部门要将市本级政府专项资金据实编入相关职能部门的预算，并由市人大批复下达。其中：属于一个部门主导分配的专项资金，要落实到部门；属于跨部门分配的专项资金，能确定具体金额的要落实到部门，确实无法确定具体金额的要放到执行中下达，并要求各部门抓紧制订和下达项目计划，原则上在 2014 年 6 月底之前要细化下达完毕，对逾期仍未下达的专项资金，由主导分配的市直部门提出书面报告，报市人大财经委备案。逐步将政府专项资金预算全部落实到部门，使预算编制更加真实、完整、准确。

（三）坚持过程控制，预算执行要实行在线监督

1. 监督预算的批复程序和预算执行进度

预算经国家权力机关批准后，财政部门和有二次分配资金权力的部门应当在法定时间内批复预算。在部门预算执行过程中，要严格按照执行进度及时拨付资金，减少专项资金预留，避免到下半年甚至年底才拨付专项资金，克服"跑部钱进"等腐败现象的发生。

2. 完善预算的审查和批准

目前，沈阳市及市本级公共财政预算、政府性基金预算及市本级国有资本经营预算已经上报市人代会审议。在此基础上，一是推进社会保险基金预算上报市人代会审议。二是要求部门预算上报市人代会审议。三是在人代会期间设立专门的查询系统，将完整的部门预算草案电子版放入其中，供代表查询。四是选取 30 个一级预算单位的部门预算汇编成册，每个代表团一本，便于代表审议。五是在人代会期间召开预算草案专题审议会，对若干部门预算草案或政府专项资金预算草案进行审议。审议人员由财政经济委员会、财税专业小组人大代表和各代表团推荐的人大代表组成，市政府财政部门，被审议预算的政府部门负责人或项目负责人到会说明情况，听取意见，回答询问。六是财经委根据人代会前对预算的初步审查意见及人代会期间专题审议会的意见形成审查结果的报告，提交人代会主席团审议。

3. 依法审议决定政府的重大投资项目

政府的重大投资项目占财政收入的比重较大，把重大项目管好了，就管住了大半的财政资金。同时，也加强了对政府工作的监督，规范和调整政府的施政行为、执政导向，确保经济社会科学发展、协调发展。为此，人大要通过视察、调研、专题询问等形式，了解重大项目的建设、资金使用等情况，适时提出有针对性、可操作性的意见和建议，促进重大项目顺利进行，发挥应有的作用。要建立重大投资及项目人大审议决定制度，地方人大要通过规范重大事项决定权，明确人大及其常委会审议决定重大项目的资金额度、资金来源、项目选址等权限和程序，广开言路，多方听取意见，必要时可以组织专题询问和辩论，以规范政府行为，用好有限的财力，避免行政冲动、盲目决策、盲目投资，推进民主政府、法治政府建设。

4. 加强对国库集中收付的在线监督

国库集中收付制度是市场经济国家的通行做法，我国从2001年开始试行，根据具体国情，建立了以国库单一账户体系为基础、资金缴拨以国库集中收付为主要方式的财政国库管理制度。国库管理部门在办理支付的过程中，可以直接对各预算单位支出实行全过程监督。这种全过程监督为人大更加有效地开展预算执行监督奠定了基础。当前，各级人大及其常委会可以考虑通过与国库集中收付部门计算机联网的方式，加强对财政预算执行情况的动态监督，即实行人大在线监督制度，为人大及其常委会依法监督预算执行情况提供了及时准确的信息。目前，我国广东、四川等地已经进行了有益的尝试。沈阳市要积极建立网络在线监督，从2014年开始与市人大财经委实现网络连接，在人大设立国库集中支付系统的查询端口，网络接口可初步设在财经委，并逐步扩展升格为网络中心，以便于财经委及人大常委会各组成人员对财政收支预算执行情况进行实时监督，逐步实现财政预算决算的公开透明。

5. 加强预算执行的监督

加强预算执行的监督。一是日常监督。结合沈阳市宏观经济运行状况，以财政及税务部门每月报送的月报为切入点，进行研究分析，通过调研走访、适时听取有关部门关于预算执行的汇报等多种形式，及时掌握收入收缴和资金拨付进度及收支预算的执行情况，并针对存在的问题及时提出分析、改进意见。二是专项监督。选取若干部门或若干重点项目，作为预算监督的重点内容，开展全过程监督。适时组织部分委员、代表并借助"外脑"，对预算安排及执行情况深入项目实施部门进行调研、检查和视察，重点关注项目资金的安排、拨付和使用情况，及时解决项目及预算执行中存在的问题，确保财政资金使用安全有效。三是在线监督。财经委在与市财政部门实现网络连接后，对财政收支预算执行情况进行实时监督。由专人负责，密切关注财政资金的走向及拨付进度，实时掌握财政支出信息，实现对财政资金的实质性监督。

（四）坚持依法调整，预算变更要经过严格审批

为保证预算执行的严肃性，在出现变更的情形时，政府及有关部门要严格履行法定审批程序。按照预算管理权限，中央预算调整由全国人大常委会审批，地方各级预算调整由同级人大常委会审批。提请人大常委会审批的预算调整方案必须按照预算科目详细列出调整项目、调整部门、调整数额、调整理由，并且要有详细的说明材料，便于常委会组成人员审查和社会公众监督政府预算资金的去向。

另外，实际工作中，需要明确初步审查的法定程序。这是因为，既然预算调整要完成一个完整的预算编制审批程序，那么，对预算调整方案的初步审查也应当明确为必须履行的法定程序，强化预算的初步审查。

（1）审查时间：人代会召开前的 30 天内。

（2）审查内容：市预算草案和市本级预算草案，包括四本（公共财政、政府基金、国有资本经营、社会保障）预算草案及市本级部门预算草案、市本级政府专项资金预算草案。

（3）审查方式：

a. 提前介入，深入有关部门调研，了解财政部门及市直各预算部门编制预算的指导思想、依据、重点和措施，掌握影响财政收入的增减因素，以及财政支出安排的合理要求。组织部分市直预算单位召开座谈会，了解各部门当年预算执行情况及下一年度部门预算安排情况。

b. 听取市财政部门关于下一年度全市及市本级预算安排情况的汇报。内容包括：全市及市本级预算安排情况，农业、教育、科技、社会保障等重点民生支出安排情况，市本级部门预算总体安排情况，市本级政府专项资金预算安排情况，市本级债务情况等。

c. 选取 30—50 个市直一级预算单位，由财经委人员及预算审查工作委员会成员进行封闭审查，对每一个部门的部门预算审查结果形成初步审查意见。

d. 就预算初审中出现的问题与市财政部门沟通修改，形成对总预算及部门预算的初审报告上报人大主任会议。

（五）逐步推动绩效预算，预算决算审查要彰显资金绩效

1. 建立财政预决算报告提交人大审议前实行双重审计的制度

对政府提交的财政预决算报告，先行审计，严格把关，是提高人大预决算监督质量、增强监督的针对性和实效性的重要途径和措施。因为现行的人大预算监督机构人员少，尤其是专业人员严重不足，同时，也不可能、也没时间和精力对政府提交的预决算报告进行审计式检查，只能借助外力。这是客观实际，也是现实情况。为了增强审计的客观公正，建议建立双重审计制度。一方面，请政府审计机构，组织力量对财政预决算进行审计，提供审计意见，作为人大审查批准的重要依据。另一方面，聘请社会审计机构，对预决算进行审计，查找问题，提出改进工作的意见和建议。因为代议机关的财政监督，实质上是从财政资金方面制约和监督政府的活动，对国家生活具有重要影响，在审查和批准国民经济和社会发展计划、财政预算、财政决算的过程中，审计监督具有重要作用。世界上很多国家的议会设置有审计机构，专司对政府财政收支活动的审

计监督，但我国目前实行的审计体制是政府审计，从审计性质和工作实践的效果来看，政府审计仍属于内部审计监督性质，这种审计受政府的制约和影响比较大，具有诸多弊端。双重审计，不失为现行体制下的现实选择。这样，既可克服在现行体制、机构隶属关系下，政府审计机关自己审自己的弊端和不足，又有利于发挥社会审计机构的作用，互相监督制约，提高审计质量，为人大依法决策、民主决策提供客观科学的依据。

2. 加强人大审查监督的知识培训，提高履职能力

为保障全口径预算决算监督的顺利开展，加强全口径预算决算审查监督知识和能力的培训极为重要。应适时举办人大代表和人大常委会委员培训班，举办人大及其常委会预算审查监督专门委员会和工作机构人员培训班。在培训中，坚持以把握全口径预算决算审查监督基本知识为基础，以提高全口径预算决算审查监督履职能力为重点。通过培训和培训后大家在实践中的学习和努力，不断提高自身进行全口径预算决算审查和监督的本领。

3. 深化决算及审计监督，强化审计职能

深化决算及审计监督。一是充分发挥审计职能作用，保持与审计部门的密切沟通，与审计部门共同研究确定审计工作重点，将人大预算监督的重点和审计计划有机结合起来。积极支持和督促审计部门依法加强对预算执行情况的审计监督，进一步增强预算监督实效。二是切实加强对决算的审查监督，结合审计工作报告中提出的问题，对本级决算进行初步审查，确定重点，分析预算执行中存在的问题，探求问题的解决办法，促进市本级决算编制的规范、真实、合法。三是强化审计跟踪监督，确保整改工作落实到位。对审计查出的问题，督促政府及有关部门认真进行整改，从制度上、机制上研究和落实解决问题之策，规范预算执行。四是审查市本级决算时，在原审查程序的基础上，将部门决算纳入审查内容，可在2014年适当选取5个部门审查其决算，并逐步推进，最终将全部部门决算纳入审查内容。

4. 开展绩效监督，并逐步推进绩效预算编制工作

一是要求市财政部门尽快建立预算绩效管理体系，认真编制绩效预算。二是敦促市审计部门根据所编制的绩效预算及绩效目标对部门及项目实施绩效审计。三是财经委将适时听取有关部门关于绩效预算、绩效审计情况的汇报，并根据绩效目标围绕经济性、效率性和效果性三个原则进行全程跟踪监督，适时组织财经委委员、人大代表、相关方面专家对选取的绩效评价项目进行视察、检查，并结合绩效评价和绩效审计报告对项目资金使用情况进行评审，就评价报告和视察、检查中发现的问题要求有关部门说明情况，回答询问。通过绩效监督，让用钱受监督，使花钱不容易，真正把钱用在刀刃上，不断提高财政资金的使用效益。沈阳市人大在 2014 年预算中可针对若干部门的重点项目进行绩效预算编制试点，设立绩效目标及考评机制，报人大财经委审查。以后年度要逐步推进，最终将绩效预算全面铺开，形成"预算编制有目标，预算执行有监控，项目完成有评价，评价结果有反馈，反馈结果有应用"的全过程预算绩效管理体系。

（六）坚持阳光理财，预算决算信息要公开透明

为推进预算决算信息公开工作，市人大要针对预算决算公开工作中存在的问题，督促政府及有关部门深化认识，更新理念，从民主政治和公共财政的高度充分认识推进预决算公开的重要性，扎实做好财政预决算公开工作，真正让公共财政自觉接受社会各界的监督。

要结合各地实际，制定推进预算决算公开工作的具体方案和相关制度，明确政府和部门预算决算公开的责任主体、公开内容、公开程序和时间要求，保证财政预算决算公开让群众看得见、看得清、看得懂。同时，要建立预算决算公开反馈机制，及时收集、整理和反馈预算决算公开后社会各界提出的意见和建议。作为国家权力机关，也要加强对财政预决算公开工作的督促和检查，确保预算决算公开工作落到实处。

全方位推进财政预算决算的公开透明。人大要建立公开平台，设置专门的网站栏目，适时公开财政预算决算和审计报告，包括一级科目、二级科目，包括部门预算，包括"三公"经费等，要将完整的政府预算决算信息置于公众的监督之下。财政收入取之于民，用之于民。政府怎么花钱要对人民有个交代，要把每一分钱都花在刀刃上，让百姓看得明明白白。不断扩大公众的有效参与，有利于对行政权力进行有效的监督，有利于增强预算决算的透明度和刚性约束，有利于增强政府的权威和公信力。

参 考 文 献

[1] 亚当·斯密. 国民财富的性质与原因研究 [M]. 上海：商务印书馆，1972.

[2] 张志超. 现代财政学原理 [M]. 天津：南开大学出版社，2003.

[3] 张志超，雷晓康. 我国转型时期的公共政策 [M]. 北京：中国财政经济出版社，2005.

[4] 张志超. 美国政府绩效预算的理论和实践 [M]. 北京：中国财政经济出版社，2006.

[5] 丛树海. 公共支出分析 [M]. 上海：上海财经大学出版社，2006.

[6] 申书海，等. 财政支出效益评价 [M]. 北京：中国财政经济出版社，2002.

[7] 高培勇，等. 中国财政经济理论前沿（6）[M]. 北京：社会科学文献出版社，2011.

[8] 中国社会科学院财政与贸易经济研究所. 中国财政政策报告（2009－2011）[M]. 北京：中国财政经济出版社，2010.

[9] 财政部财政科学研究所. 地方公共财政预算管理改革与实践 [M]. 北京：中国财政经济出版社，2011.

[10] 中国社会科学院. 2014 年中国经济形势分析与预测 [M]. 北京：社会科学文献出版社，2013.

[11] 毛太田. 地方政府公共财政支出绩效评价研究 [M]. 北京：光明日报出版社，2013.

[12] 范毅. 走向财政民主，化解乡村债务长效机制研究

[M]. 北京：法律出版社，2013.

[13] 国务院研究中心，中共中央政策研究室农业投入总课题组. 中国农业支持与保护 [M]. 北京：中国农业出版社，2004.

[14] 郑玉歆. 应用福利经济学 [M]. 北京：经济管理出版社，2004.

[15] 海金玲. 中国农业可持续发展研究 [M]. 上海：三联出版社，2005.

[16] 谢旭人. 进一步深化财税体制改革　促进经济平稳较快发展 [J]. 农村财政与财务，2011（1）.

[17] 战俊. 深化我国财税体制改革的思考 [J]. 宏观经济管理，2012（7）.

[18] 财政部财政科学研究所. 中国财税体制改革的战略取向：2010－2020 [J]. 改革，2010（1）.

[19] 李绍平，王甲山. 加强东北区域生态安全的税收政策研究 [J]. 东北大学学报，2007（3）.

[20] 佟岩. 产业结构变革中的辽宁经济结构调整升级研究 [J]. 社会科学辑刊，2008（4）.

[21] 张万强. 探寻新形势下辽宁装备制造业新的支撑点 [N]. 辽宁日报，2009－02－01（18）.

[22] 阙澄宇，柳天恩. 辽宁装备制造业集聚分析与路径选择 [J]. 辽宁大学学报，2013（3）.

[23] 梁启东，刘晋莉. 辽宁装备制造业发展研究 [J]. 财经问题研究，2013（5）.

[24] 王玉波. "后土地财政时代"地方政府角色转变与公共财政体系重构 [J]. 改革，2013（2）.

[25] 张霓. 辽宁地方政府融资平台转型与融资方式创新 [J]. 辽宁经济，2012（4）.

[26] 熊吉峰. 财政支农绩效的数量分析 [J]. 统计与决策，2006（2）.

[27] 唐在富. 中国土地财政基本理论研究——土地财政的起

源、本质、风险与未来 [J]. 经济经纬，2012 (2).

[28] 吴越. 土地财政三问与制度变迁 [J]. 政法论坛，2011 (4).

[29] 樊继达. 治理土地财政：一个公共经济分析框架 [J]. 国家行政学院学报，2011 (4).

[30] 周建军，代支祥. 论房地产市场调控中的中央与地方政府的博弈 [J]. 财经理论与实践，2012 (1).

[31] "我国推行财政支出考核绩效考评研究"课题组. 我国推行财政支出考核绩效考评研究 [J]. 经济研究参考，2006 (29).

[32] 何利辉，经庭如. 农业科技投入的国际比较与中国的对策 [J]. 世界农业，2005 (1).

[33] 董宁，郑玉坤. 现阶段我国地方财政与金融关系研究 [J]. 生产力研究，2011 (4).

[34] 贺虹，秦其文. 分税制下地方财政与地方金融关系的实证研究 [J]. 求索，2012 (5).

[35] 张利. 安徽省地方金融发展存在的问题与对策 [J]. 时代金融，2011 (20).

[36] 赫国胜. 发展辽宁地方金融体系的对策思考 [J]. 辽宁经济，1997 (5).

[37] 董梅. 基于 VAR 模型的 CPI 影响因素分析及预测 [J]. 兰州商学院学报，2010 (3).

[38] 邹小苋，牛嘉，汪娟. 对地方金融风险的研究：文献综述视角 [J]. 技术经济与管理研究，2008 (4).

[39] 许传华. 建立地方金融稳定协调机制的若干思考 [J]. 湖北经济学院学报：人文社会科学版，2007 (2).

[40] 童彦岭. 我国金融地方化趋势与地方金融发展战略 [J]. 海南金融，2007 (4).

[41] 王学信. 区域经济发展与地方金融关系的实证研究 [J]. 河南金融管理干部学院学报，2007 (2).

[42] 徐小青，樊雪志. 村镇银行试点的成效、问题与建议

[J]. 中国农村金融, 2010 (4).

[43] 沈高峰, 张吉光. 我国村镇银行发展现状问题及对策建议 [J]. 金融研究, 2010 (5).

[44] 赵东青, 王树贤. 我国村镇银行发展现状的实证研究 [J], 农村经济, 2010 (7).

[45] 杨东, 姚璐. 我国村镇银行规模问题研究 [J]. 金融经济, 2010 (10).

[46] 黄军岳. 探索建立财政支农资金绩效考评机制 [J]. 农村财政与财务, 2006 (1).

[47] 尹希果, 桑守田. 地方财政政府干预、金融发展与区域资本配置效率 [J]. 财经研究, 2010 (1).

[48] 母宇. 中国地方金融发展差异的财政因素研究 [J]. 西安交通大学学报, 2009 (2).

[49] 高培勇. "一体两翼": 新形势下的财政学科建设方向——兼论财政学科和公共管理学科的融合 [J]. 财贸经济, 2002 (12).

[50] 高培勇, 马蔡琛. 中国政府预算的法治化进程: 成就、问题与政策选择 [J]. 财政研究, 2004 (10).

[51] 马蔡琛. 中国公共预算管理改革的制度演化和路径选择 [J]. 中央财经大学学报, 2007 (7).

[52] 马蔡琛. 中国公共预算研究的财政学视角考察 [J]. 现代财经, 2007 (7).

[53] 马蔡琛. 中国政府预算超收资金的形成机理与治理对策 [J]. 财贸经济, 2009 (4).

[54] 马蔡琛, 李璐. 中国预算管理公共化进程的典型特征与路径选择 [J]. 广东社会科学, 2009 (6).

[55] 王淑杰. 改革开放以来人大预算监督工作的变迁和思考 [J]. 中央财经大学学报, 2009 (1).

[56] 王淑杰. 议会监督预算能力研究——兼论我国人大预算监督 [J]. 财经论丛, 2009 (3).

[57] 王雍君. 中国的预算改革：评述与展望 [J]. 经济社会体制比较，2008 (1).

[58] 王雍君. 中国《预算法》的修订：精神、理念和核心命题 [J]. 经济社会体制比较，2009 (2).

[59] 袁治杰. 德国土地征收中的公共利益 [J]. 行政法学研究，2010，(2).

[60] 何琳，周艳媚. 中、德房屋征收拆迁补偿制度之比较研究 [J]. 特区经济，2011 (2).

[61] 朱秋霞. 土地税收入在德国市镇财政中的作用 [J]. 税务研究，2006 (7).

[62] 王金洲，颜秀金. 发达国家土地征用补偿实践经验及其借鉴 [J]. 广东土地科学，2010 (10).

[63] 顾红. 日本房地产税制概况及经验借鉴 [J]. 涉外税务，2006，(8).

[64] 杜官印，蔡运龙. 1997－2007 年中国建设用地在经济增长中的利用效率 [J]. 地理科学进展，2010 (6).

[65] 张琦. 我国百强县土地利用与经济增长关系相关度分析 [J]. 宁夏社会科学，2007，(3).

[66] 杜雪君，黄忠华. 土地财政与耕地保护——基于省际面板数据的因果关系分析 [J]. 自然资源学报，2009 (10).

[67] 辛波，于淑俐. 对土地财政与地方经济增长相关性的探讨 [J]. 当代经济，2010 (1).

[68] 肖然. 我国土地财政对地方政府财政风险的影响——基于房地产行业的视角 [D]. 西南财经大学，2009.

[69] 肖潇. 中国地方政府"土地财政"问题研究 [D]. 中央民族大学，2011.

[70] 杨圆圆. "土地财政"规模估算及影响因素分析 [J]. 财贸经济，2010 (10).

[71] 李齐云，马万里. 中国式财政分权体制下政府间财力与事权匹配研究 [J]. 理论学刊，2012 (11).

[72] 倪红日. 基本公共服务均等化与财政管理体制改革研究 [J]. 管理世界，2012（9）.

[73] 马万里，李齐云. 公共物品多元供给视角下的财政分权：一个新的分析框架 [J]. 当代财经，2012（6）.

[74] 侯一麟. 政府间职能、事权事责与财权财力：1978 年以来我国财政体制改革中财权事权划分的理论分析 [J]. 公共行政评论，2009（2）.

[75] 黄琳. 辽宁省 2013 年公共财政收入 3337 亿元，增长 7.5% [N]. 辽宁日报，2014-01-02.

[76] 财政部. 关于 2012 年中央对地方税收返还和转移支付预算的说明 [EB/OL]. www.yss.mof.gov.vn，2012 年 1 月 14 日.

[77] 易毅. 现行体制下我国"土地财政"问题的解决 [J]. 经济师，2009（5）.

[78] 刘姿含. 沈阳经济发展的"土地财政"依赖与转型研究 [D]. 东北财经大学，2011.

[79] 新华网. 工业化城镇化推进，导致我国耕地年减少 600 多万亩 [EB/OL]. http://www.hnai.gov.cn/new/73791，2013-10-17.

[80] 欧阳德. 中国大城市上月房产交易量同比下降 39% [N]. 金融时报，2011-11-22.

[81] 新华网每日经济新闻. 土地市场降温冲击地方债 土地交易量已经出现萎缩 [EB/OL]. http://news.xinhuanet.com/house/gy/2014-05-13/c_1110655442.htm.

[82] 孔志峰. 绩效预算改革与财政监督机制创新（上）——绩效预算理念下财政监督管理的特点 [J]. 财政监督，2008（10）.

[83] 寇琳琳. 健全我国财政支出绩效评价体系的思考 [J]. 北方经贸，2012（4）.

[84] 李建国. 公共财政支出绩效评价探讨 [J]. 财经界（学术版），2011（6）.

[85] OECD. OECD 2007 Survey on Budget Practices and Procedures [M]. OECD, 2007.

[86] OECD. Advances in Risk Management of Government Debt [M]. OECD, 2005.

[87] OECD. Modernising Government The Way Forward [M]. OECD, 2005.

[88] OECD. Budget towards a new role for the legislature [M]. OECD, 2001.

[89] Deles P, Mendoza R U, Vergara G. Social budgeting initiatives and innovations: Insights using a public finance lens [C]. Background paper prepared for The African Child Policy Forum, 2010.

[90] Ruth Carlitz. Improving Transparency and Accountability in the Budget Process: An Assessment of Recent Initiatives [J]. Development Policy Review, 2013, 31 (1).

[91] Robinson M. Budget analysis and policy advocacy: The role of non-governmental public action [J]. Institute of Development Studies working paper, University of Sussex, 2006.

[92] Sarangi P. Can the Right to Information Help [J]. Journal of Democracy, 2012, 23 (1) 4.

[93] Allport, W G, Postman, L J. The psychology of rumor [M]. New York: Holt, Rinehart and Winston, 1947.

[94] Prasad, J. The psychology of rumor: a study relating to the great Indian earthquake of 1934 [J]. British Journal of Psychology, 1935, 26: 1—15.

[95] Jaeger, M E, Anthony, S, Rosnow, R L. Who hears whatfrom whom and with what effect: A study of rumor [J]. Personality of Social Psychology Bulletin, 1980, 6 (3): 473—478.

[96] Gunther, A C. What we think others think-cause and

consequence in the third-person effect [J]. Communication Research, 1991, 18 (3): 355—372.

[97] Kelman, H, Hovland, C. Reinstatement of the communicator in delayed measurement of opinion change [J]. Journal of Abnormal and Social Psychology, 1953, 21: 107—128.

[98] Einwiller, S A, Kamins, M A. Rumor has it: The moderating effect of identification on rumor impact and the effectiveness of rumor refutation [J]. Journal of Applied Social Psychology, 2008, 38 (9): 2248—2272.

[99] LaurentFranckx. Environmental enforcement with endogenous ambient monitoring [J]. Environmental & Resource Economics, 2005, (30): 195—220.

后　记

　　笔者自 2009 年到辽宁社会科学院工作以来，一直以辽宁为研究对象，以财政问题为研究中心，承担了辽宁社会科学基金项目、辽宁财政科研基金项目以及多项辽宁社会科学院课题，并在国家核心期刊发表了多篇文章。本书就是在此基础上继续深入研究完成的。

　　当前，伴随着后土财政时代的到来，辽宁面临着土地出让金收入减少，财政收入增速放缓和经济结构调整升级压力增大等问题。在新时期，辽宁如何加快财税体制改革步伐、完善相关财政税收政策，转变政府职能，从而更好地为经济社会发展服务是本书研究的目的所在。因此，本书以辽宁财政发展问题概述为研究基础，重点分析了辽宁财政支农问题、辽宁财政支持地方金融发展问题以及辽宁财政预算绩效改革和监督问题，通过这四部分的深入研究，为辽宁财税体制改革的顺利推进提供参考性政策建议。

　　值本书出版之际，首先，我要感谢辽宁社会科学院财政金融研究所张献和研究员，正是在他的指导和鼓励下，我一直致力于辽宁财政发展问题的研究，感谢辽宁社会科学院副院长梁启东研究员对本书撰写提出的宝贵指导意见；其次，我要感谢培养我的博士生导师辽宁大学杨志安教授，我的硕士生导师南开大学财政系张志超教授、曲绍宏副教授，他们渊博的知识、严谨的学风和独具的探索精神是我一生治学的楷模和追求的目标；最后，感谢我的父母、丈夫和儿子对我的支持和鼓励，没有他们无怨无悔的付出，就没有我今天的成绩。

　　由于时间和水平所限，加之部分数据难以获得，本研究最终成果和预期的设想还有一定的差距，尚存在一些问题，有待今后进一步深入地研究加以解决。另外，本书写作中参阅了大量的相关文献，如有引用都已做了标注，若有遗漏，敬请原作者谅解。欢迎读者对本书内容提出意见与建议。

邢文妍

2014 年 5 月